三十六计解析

三十六计

【美绘国学书系·文墨千秋】

三十六计解析

丛云 编著

北京燕山出版社
BEIJING YANSHAN PRESS

图书在版编目（CIP）数据

三十六计解析 / 丛云编著 . -- 北京：北京燕山出版社，2020.9

ISBN 978-7-5402-5815-3

Ⅰ. ①三… Ⅱ. ①丛… Ⅲ. ①兵法—中国—古代②《三十六计》—研究 Ⅳ. ① E892.2

中国版本图书馆 CIP 数据核字（2020）第 188730 号

三十六计解析

编　　著	丛　云
责任编辑	金贝伦
装帧设计	余　微
出版发行	北京燕山出版社有限公司
社　　址	北京市丰台区东铁匠营苇子坑 138 号
电　　话	010-65240430
邮　　编	100079
印　　刷	德富泰（唐山）印务有限公司
开　　本	710mm×1000mm　1/16
字　　数	208 千字
印　　张	18
版　　次	2020 年 10 月第 1 版
印　　次	2020 年 10 月第 1 次印刷
定　　价	76.00 元

版权所有　　盗版必究

出版说明

《三十六计》，是根据我国古代卓越的军事思想和丰富的斗争经验总结而成的一部兵书。它集历代韬略、诡道、兵法之大成，被中外兵家、政治家广为援用，素有"谋略奇书"之称，是世界文化的瑰宝。

"三十六计"一语，最早出自南朝宋将檀道济语，据《南齐书·王敬则传》记载："檀公三十六策，走是上计，汝父子唯应急走耳。"宋代惠洪《冷斋夜话》中也提到"三十六计，走为上计"之语。及明末清初，此语已广为流传，于是有心人采集史料，编撰成书，名之《三十六计》。此书作者为谁，已难考证，其内容来源广泛，在历代流传中，又不断加以总结发扬，并逐步衍变完善，成为妇孺皆知、吟诵如流的"三十六计"。

《三十六计》共分六套，即胜战计、敌战计、攻战计、混战计、并战计和败战计。前三套是处于优势所用之计，后三套是处于劣势所用之计。每套又包含六计，按计名排列，总共三十六计。为便于人们熟记这三十六条妙计，后人在每计中各取一字，编排成诗：金玉檀公策，借以擒劫贼，鱼蛇海间笑，羊虎桃桑隔，树暗走痴故，釜空苦远客，屋梁有美尸，击魏连伐虢。全诗除了"檀公策"一语外，每字均包含了三十六计中的一计（"伐虢"二字为一计），依序为：金蝉脱壳、抛砖引玉、借刀杀人、以逸待劳、擒贼擒王、趁火打劫、关门捉贼、浑水摸鱼、打草惊蛇、瞒天过海、反间计、笑里藏刀、顺手牵羊、调虎离山、李代桃僵、指桑骂槐、隔岸观火、树上开花、暗度陈仓、走为上计、假痴不癫、欲擒故纵、釜底抽薪、空城计、苦肉计、远交近攻、反客为主、上屋抽梯、偷梁换柱、无中生有、美人计、借尸还魂、声东击西、围魏救赵、连环计和假道伐虢。

《三十六计》原文依据《易经》中的阴阳变化之理及古代兵家刚柔、奇正、

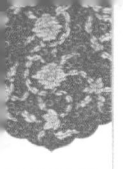

攻防、彼己、虚实、主客等对立及其相互转化的思想推演而成，含有朴素的军事辩证法的因素，但由于全部以文言写成，今天的读者一般很难理解，也就很难真正领悟到这些妙计所蕴含的哲理，很难把这些思想应用在实际生活中。本次出版对原著进行了全新编辑和整理，在原文的基础上增加了导读、计名探源以及妙计品读等内容。导读概括各计的基本精要；品读则在原文的基础上加以引申，扩展其应用领域。此外，每一计后都附有此计在实际应用中的历史故事，以及针对故事的精辟分析。纵观全书，犹如欣赏一场中国古代军事政治家们在千变万化的历史舞台上出神入化的精彩表演。

"人生如弈，深谋远虑者胜。"《三十六计》不仅是中国古代军事指挥理论的经典之作，其思想早已渗透到社会生活的各个方面，对现代人的谋事为人、经商从政都有着积极的指导、借鉴意义。希望通过本书，使读者在感受我们伟大祖先无穷智慧的同时有所收获，将其中精华为我所用，在竞争激烈的现代生活中立于不败之地。

目录

第一套　胜战计 ················· 1
　　第 一 计　瞒天过海 ············· 2
　　第 二 计　围魏救赵 ············· 9
　　第 三 计　借刀杀人 ············· 15
　　第 四 计　以逸待劳 ············· 25
　　第 五 计　趁火打劫 ············· 33
　　第 六 计　声东击西 ············· 38

第二套　敌战计 ················· 46
　　第 七 计　无中生有 ············· 47
　　第 八 计　暗度陈仓 ············· 55
　　第 九 计　隔岸观火 ············· 64
　　第 十 计　笑里藏刀 ············· 74
　　第十一计　李代桃僵 ············· 81
　　第十二计　顺手牵羊 ············· 87

第三套　攻战计 ·················· 94

第十三计　打草惊蛇 ·················· 95

第十四计　借尸还魂 ·················· 101

第十五计　调虎离山 ·················· 108

第十六计　欲擒故纵 ·················· 115

第十七计　抛砖引玉 ·················· 123

第十八计　擒贼擒王 ·················· 129

第四套　混战计 ·················· 137

第十九计　釜底抽薪 ·················· 138

第二十计　浑水摸鱼 ·················· 146

第二十一计　金蝉脱壳 ·················· 152

第二十二计　关门捉贼 ·················· 162

第二十三计　远交近攻 ·················· 167

第二十四计　假道伐虢 ·················· 172

第五套　并战计 ·········· 180

第二十五计　偷梁换柱 ·········· 181

第二十六计　指桑骂槐 ·········· 189

第二十七计　假痴不癫 ·········· 199

第二十八计　上屋抽梯 ·········· 209

第二十九计　树上开花 ·········· 216

第 三 十 计　反客为主 ·········· 225

第六套　败战计 ·········· 230

第三十一计　美人计 ·········· 231

第三十二计　空城计 ·········· 238

第三十三计　反间计 ·········· 245

第三十四计　苦肉计 ·········· 253

第三十五计　连环计 ·········· 263

第三十六计　走为上 ·········· 270

第一套 胜战计

本套为处于绝对优势地位之计谋,共有瞒天过海、围魏救赵、借刀杀人、以逸待劳、趁火打劫及声东击西六计。

用计之时,以"瞒天过海"作为战役的伪装,可达到出其不意的战争效果;而面对来势汹汹的敌人,则可用"围魏救赵"避其锋芒;"借刀杀人"是一种相互利用的权诈之术,用计者不必亲自动手,便可击溃敌人;"以逸待劳",取守势,以逸待劳,待进攻的敌人疲惫之后,趁机出击;"趁火打劫"指敌人陷入混乱或困境之时,抓住时机,便可不费吹灰之力夺取胜利;"声东击西"其实就是虚晃一枪,令敌人作出错误判断,而后攻其不备,使之处于下风。

第一计 瞒天过海

"瞒天过海","天"喻指皇帝,本义是瞒住皇帝,让他在轻松的氛围中平稳渡海,后比喻用谎言和伪装向别人隐瞒自己的真实意图,在背地里偷偷地行动。此计的奥妙在于:用对方习以为常的事情使其放松警惕,暗地里进行自己的秘密军事行动,常有出其不意的效果。

原 文

备周则意怠①,常见则不疑。阴在阳之内,不在阳之对。②太阳,太阴。③

【按语】阴谋作为,不能于背时秘处行之。夜半行窃,僻巷杀人,愚俗之行,非谋士之所为也。如:开皇九年,大举伐陈。先是弼请缘江防人,每交代之际,必集历阳,大列旗帜,营幕蔽野。陈人以为大兵至,悉发国中士马,既而知防人交代,其众复散。后以为常,不复设备。及若弼以大军济江,陈人弗之觉也,因袭南徐州,拔之。

注 释

①备周则意怠:防备十分周密,往往容易让人斗志松懈,削弱战力。

②阴在阳之内,不在阳之对:阴,指的是秘密谋略。阳,指公开的行动。对,指对立、相反的方面。全句意为:秘密的谋略就隐藏在公开的行动之中,而不与公开行动相对立。

③太阳,太阴:太,这里是指极端、特别、非常之意。全句意为:在最公开的行动后面往往隐藏着最秘密的阴谋。

译 文

防备得十分严密周到，往往容易斗志松懈，麻痹轻敌；司空见惯了的东西，往往不容易引起人们的怀疑。密谋就隐藏在公开的行动之中，并不是与公开行动相对立。最公开的行动当中往往隐藏着最秘密的阴谋。

【按语】秘密筹划的计谋，不能在不合适的时候和秘密的地方进行。在半夜里偷窃、在偏僻的小巷中杀人，这些都是愚蠢的俗人干的事，谋划计策的人不会做这样的事。比如开皇九年（589年），隋兵讨伐陈国。战前，隋将贺若弼驻军江岸，每次换防的时候，都把兵士集中在历阳（今安徽省和县），大张旗鼓，野地里支满了营帐。陈国以为隋将要大举进攻，于是调发全国兵马，准备御敌，后来才发现隋军只是在换防，便把军队遣散了。后来习以为常，陈国就不再防备。等到贺若弼率军渡江，陈国军队也没有察觉，于是隋军趁机攻下了陈国的南徐州（今江苏省镇江市一带）。

计名探源

计名出自《永乐大典·薛仁贵征辽事略》：

唐贞观十八年（644年），唐太宗李世民率三十万大军出征高丽。大军来到海边，唐太宗便向群臣询问过海之计，群臣一时面面相觑，无一应答。前部总管张士贵回到营帐之中，询问薛仁贵。薛仁贵稍加思忖，便得一计。这天，忽有一位海边的豪富老人求见，并称三十万大军渡海所需的粮草已在家中备齐。唐太宗大喜，便随老人来至一处幔帐，百官进酒，说说笑笑，好不热闹。过了一会儿，众人只觉得四面的帷幕被风吹得呼呼作响，哗哗的涛声如雷震响。唐太宗惊疑，命人揭开围幕察看，只见一望无际的涛涛海水，哪里还是豪富老人家里，分明是海上！原来这豪富老人就是薛仁贵假扮的，"瞒

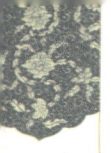

三十六计 解析

第一套 胜战计

天过海"之计就是他那日想出的计策。

品 读

瞒天过海是一种示假隐真的疑兵之计。在战争中，它是一个利用人们"常见不疑"的心理状态，进行战役伪装、隐蔽军队集结并发起进攻，以期达到出其不意取胜的计谋。运用到现代的政治、商业等方面，其技巧和方法的基本思想就是用"欺骗"的手段暗中行动，将各自的企图隐藏在明显的事物中，以达到自己的目的。因为一般人对司空见惯的事物往往不会怀疑，对方就会利用这一惯常思维，来掩盖自己的真正意图，从而能够出其不意取胜。这"瞒天过海"之计，是最常见的，也是用得最多的。正因为如此，才更容易被人们忽视。

【经典案例】

回江东孙策质玺

孙策自从父亲孙坚死后，率父旧部退居江南，礼贤下士，以图东山再起。可是，徐州牧陶谦由于与孙策的舅父丹阳太守吴景不和，十分忌恨孙策，孙策为立身计，只好把母亲及家眷移居于曲阿，投靠了与陶谦为敌的袁术。

袁术得了孙策，见他英勇无敌，遣他攻克了泾县。并常叹息说："如果我有孙策这样的儿子，死也不遗憾了。"

孙策在袁术处栖身久了，心中也十分郁闷。一天，他在庭中赏月，想到父亲一世英雄，而自己却沦落至此，不觉伤心落泪，扶栏大哭起来。这时，忽听背后一人大笑道："伯符何故如此？令父在时，有事多与我策划，今君有什么难事伤心至此？"孙策回头一看，原来是他父亲以前的从事官，丹阳故鄣人朱治。孙策收住泪水，让座说："策所哭的是恨我不能继父之志啊！"朱治问："君为什么不向袁公路借兵，佯说去救舅父吴景，而实去江东图大业？"未等孙策答话，突然一个人闯进来说："公等所谋，吾已知之。我手下有精壮兵马百余，可助伯符一臂之力，只恐袁公路不肯借兵与你。"孙策抬头一看，原来是袁术的谋士，汝南细阳人吕范。孙策在袁术处与吕范十分交好，此刻见他仗义而来，便让座与其共议。孙策对二人说："我有家父留下的传国玉玺在此，以它作为质当，向袁术借兵如何？"吕范一听，拍案叫好说："袁术欲得此物久矣！若以此物为质，他必肯借兵。"三人商议好后，各自回去歇息了。

次日，孙策去拜见袁术，一见面就哭拜在地说："臣父仇未报，如今舅父吴景又被扬州刺史刘繇逼迫。我母亲及家眷都在曲阿，若老母再遇兵害，我还有何面目再立于世间？策请求借雄兵数千，渡江去救母难。主公若不肯信，我可留下亡父遗下的玉玺作为质当。"

袁术见孙策竟以玉玺为质来借几千兵马，心中暗自高兴，欣然应允说："我不是要你的玉玺，而是舍不得你啊！我借三千精兵、五百良马给你，你平定扬州后，可要速回。你现在官职低微，难掌大权，我立即上表奏请朝廷封你为折冲校尉、殄寇将军，即日领兵便行。"

孙策见袁术答应得如此痛快，心中暗自庆幸。当天便带领朱治、吕范，及其父旧将程普、黄盖、韩当等率兵南下而去。

齐姜乘醉遣重耳

齐姜是晋国公子重耳的妻子。晋献公死后，国内发生叛乱，她跟着丈夫逃出晋国，辗转流浪，最后在齐国安下身来。她是一个很有抱负的女子，希望重耳日后能回到国内，重振国威，干一番伟大的事业。想不到丈夫一过上安定的日子，满足于儿女情长，便把复国的大业置之脑后。这一天，齐姜摆出一桌丰盛的酒宴，准备趁着酒兴，再好好劝说一番。

"公子，妾身有话说。"齐姜敬上一杯酒，神色庄重地说："诸位老臣为什么不辞劳苦，跟随您辗转列国？就是因为他们盼望着有朝一日能重振国业，共享富贵。可是……"

"可是怎么样呀？"重耳催促妻子说下去。

"可是自从公子在齐国站稳脚跟，就沉浸在卿卿我我的温情之中。妾能得到公子厚爱，万死也要报答您的恩情。不过，如果因为妾而耽误了您的复国大业，那妾可担当不起呀！"她停下话头，观察着丈夫的脸色，狠狠心又说了下去，"我看，晋国局势已发生了变化，我们现在回去，正是时机！"

重耳怒气冲冲，几欲发作。齐姜不便再劝，于是满脸堆笑地陪着公子饮酒，她一杯接一杯地敬着，重耳一一喝干了。齐姜实实在在是想把重耳灌醉，她看到好言劝说无效，就想到丈夫的舅父狐偃的主意。原来狐偃看到外甥沉湎于酒色之中，十分生气，决定把他劫掠回晋国。齐姜决定做好配合。重耳不知是计，喝得酩酊大醉。齐姜就果断地用被子把丈夫包裹起来，交给狐偃。狐偃把重耳装上马车，日夜兼程向晋国进发。

后来，重耳在狐偃等大臣的协助下，经过一番艰苦的努力，登上了王位，就是晋文公。他想起齐姜的作用，派人到齐国隆重地接回了妻子。齐姜看到当上国君的丈夫，想到当年颠沛流离的逃亡生活，涕泪交加地说："当年那样做，正是为了今天的夫妻团聚啊！"

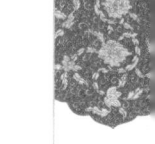

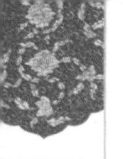

王羲之装睡避祸

举世闻名的王羲之，也曾经靠瞒天过海保全性命。在他十岁时，因为聪明伶俐，深得大将军王敦的喜欢，经常被他带在身边。但王敦是一个有政治野心的人，他想推翻东晋的皇帝，自立为君主。

有一天，王敦起得很早，他的一个部下进营帐和他谈论造反的事情，王敦忘了王羲之还在自己的帐中睡觉，两个人便密谈造反的事情。

王羲之则将这逆谋听得清清楚楚，不由大惊失色，继而猜到王敦回过神来之后一定会杀自己灭口。

果然，王敦突然想起自己的营帐里还躺着个十岁的王羲之，立即恶向胆边生，杀气腾腾地走进营帐要了结了王羲之。结果掀起被子一看，王羲之鼾声如雷，睡得满脸都是鼻涕唾沫，连被子都弄脏了。

王敦一看，认为王羲之睡得非常沉，肯定没有听见刚才的密谋，所以就放过了这个小孩子。但这其实是王羲之急中生智，自己抠喉咙干呕，并将脏兮兮的黏液涂在脸上故作熟睡的样子，这才险中逃生。

第二计　围魏救赵

"围魏救赵"是古代以少胜多的著名战役，本义是指战国时齐军用围攻魏国的方法，迫使魏国撤回攻赵部队而使赵国得救。后指袭击敌人后方的据点，以迫使进攻之敌撤退的战术。它的精彩之处在于：运用逆向思维，绕开问题的表面现象，直接从事物的本源上去解决问题。

原　文

共敌不如分敌①，敌阳不如敌阴②。

【按语】治兵如治水，锐者避其锋，如导疏；弱者塞其虚，如筑堰。故当齐救赵时，孙子谓田忌曰："夫解杂乱纠纷者不控拳，救斗者不搏击。批亢捣虚，形格势禁，则自为解耳。"

注　释

①共敌不如分敌：共敌、分敌，这里是指集中的敌人与分散的敌人。

②敌阳不如敌阴：打击气焰正盛的敌人不如打击气势衰竭的敌人。敌，攻打。阳，指气势旺盛；阴，指气势衰竭。

译　文

攻打集中之敌，不如攻打分散之敌。打击气焰正盛的敌人不如打击气势衰竭的敌人。

【按语】作战就像治理洪水一样，对于来势凶猛的敌人，要避开他的锋芒，就好比治理洪水要导流一样。对于弱的敌人，要堵住他、歼灭他，

就好比治理洪水要修筑河堤一样。所以，当齐国派兵去解赵都邯郸之围时，孙膑对田忌说："要解开杂乱纷繁的纽结，不能握紧拳头去打；要解救打架的人，不能自己参与打斗。只要抓住敌方要害，攻其虚弱之点，使敌方处于受阻的困难局面，赵都之围便自然而然解除了。"

◆◆ 计名探源 ◆◆

计名源于《史记·孙子吴起列传》：

公元前354年，魏将庞涓率领大军围攻赵国都城邯郸，赵国危急，便以土地贿赂齐国，请求齐国救赵。齐王以田忌为统帅，孙膑为军师，领兵八万援助赵国。孙膑趁魏国精锐部队都被庞涓带去攻赵，魏国内部兵力空虚之际，带兵向魏国的都城大梁扑去。魏军听闻老巢起火，急忙撤出赵国，回军救援。齐军于桂陵伏击魏国军队，魏军大败，邯郸之围遂解。

品读

"围魏救赵"是孙膑指挥齐军打败庞涓率领的魏军从而援救了赵国的著名战役，已成为兵家用兵之典范。此次战役充分体现了"围攻来犯之敌的

后方，迫使其撤兵"的作战方法。巧妙地挖敌人的"墙脚"，墙脚破坏了，敌人的力量也就消灭了。当所面对的对手力量强大时，就要尽量避免与之正面对抗，免得两败俱伤，应该像孙膑所说的那样避实就虚，寻找机会攻击敌方在其他方面的薄弱点，把对方分散开应对。此计可以说是摆脱困境、绝处逢生的最佳方法。

【经典案例】

晋国攻曹卫救宋国

公元前632年，楚成王拜成得臣为大将，亲统大军，纠合陈、蔡、郑、许四路诸侯，一同攻伐宋国。宋成公派遣公孙固向晋国求救。然而，晋文公由于在十九年的流亡生涯中曾得到楚成王的帮助，不便直接和楚军作对。

这时，晋文公的谋士狐偃便出了个主意，他说：既然我军不便直接与楚军作对前去救援宋国，何不先去攻打与楚国结盟的曹国和卫国呢？这两国的国君在您流亡时期都曾对您极不友好，晋军师出有名；卫国的楚丘城是楚成王舅父的领地，而曹国则紧靠楚国本土，我军攻打这两国，楚军势必回师救援，这样便可解除宋国之围了。

晋文公听取了狐偃这番用计，便一面叫公孙固回报宋成公务必坚守阵地，一面则以先轸为将，率领三军人马向卫国进军，一举攻占了卫国的五鹿城，直逼楚丘，迫使卫成公向晋国谢罪请和；接着，又挥军东进，一举攻破了曹国。这期间，楚成王讨伐宋国正是连连告捷：在攻占了宋国缗邑后，又围困宋都睢阳。这时却忽然听说晋军已占领卫国五鹿城，直逼楚丘，楚成王眼见自己舅父的领地不保，不可不救，于是只留下一部分兵马由成得臣率领，继续攻打宋国，自己则亲自率领劲旅回师救援楚丘。但当他的兵马才走到半路时，又听说晋军已经攻破曹国，对楚国本土造成直接威胁了。情势紧急，迫于无奈，楚成王只得命令成得臣从宋国撤出全部人马，以确保本土安全。就这样，晋文公用狐偃"围魏救赵"之计，成功地解了宋国之围。

王守仁计解安庆之围

1519年6月，明宗藩宁王朱宸濠起兵叛乱。7月，朱宸濠留下宜春郡王拱樏等守卫南昌，自己亲率6万大军出鄱阳湖，蔽江东下。朱宸濠指挥叛军直趋安庆城下，安庆危在旦夕。

汀赣巡抚、佥都御史王守仁此时率各府州兵八万人行至丰城，闻知安庆告急，立即召集众将会商军事。会上，谋士王晖对大家说："宁王攻打安庆，连日不能下，说明他兵疲气沮。若此刻率大军前往救援，与安庆守兵前后夹攻，必能取胜。在安庆打败朱宸濠之后，南昌城唾手可得。"听了王晖的分析，众将议论纷纷，有的赞同，有的反对。王守仁反驳了王晖的观点，他说："王君只知其一，不知其二。试想我军欲救安庆，必然越过叛军镇守的南昌，困难情形暂且不说，就是

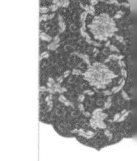

到了安庆与朱宸濠相持江上，势均力敌，胜负也未可知。况且安庆守军经过连日激战，一定疲惫不堪，不足为我援应。如果此时南昌之敌出现在我军背后，绝我饷道，南康、九江的敌人趁机谋我，使我军腹背受敌，岂不自蹈危地吗？依我之见，不如首先攻打叛军的老巢南昌。朱宸濠的精锐之师已蔽江东下，南昌的守军一定单弱，而我军新集，气势正盛，不难攻破南昌。朱宸濠闻南昌危急，必然不肯坐失巢穴，一定会还兵自救，安庆之围自可解除。等朱宸濠回到南昌，我已夺下南昌，这样一来，叛军的士气会非常低落。我军再乘势攻击，必可大获全胜。"听了王守仁深入细致的分析，王晖和众将官心悦诚服，一致同意攻打南昌。

正当王守仁临行之际，有侦骑来报：叛军在南昌城南预置伏兵，作为城援。王守仁立即派骑兵5000人，贪夜出发，从间道潜行，掩袭叛军伏兵。王守仁率大军来到南昌城下，即刻发兵攻城。果然不出王守仁所料，南昌叛军势单力孤，渐渐不支。城南的伏兵欲来相救，却被王守仁派来的5000骑兵杀得落花流水，四散溃逃。几日后，王守仁攻克了宁王朱宸濠的老巢南昌。

此时的宁王日夜督军进攻安庆，由于守军顽强抵抗，战争没有任何进展。南昌失守的消息令他大惊失色，急令撤兵还救南昌。李士实进谏说："现在救援南昌恐怕已经来不及了。我们应当一不做、二不休，即刻起兵径取南京。"朱宸濠沉吟半晌，方说道："南昌乃我之根本，金银钱谷，积储颇多。我无论如何要夺回南昌。"李士实见朱宸濠主意已定，只好作罢。

朱宸濠率军登舟，溯江而上，还救南昌。王守仁先把叛军的先锋船队引进埋伏圈，然后出奇兵大败叛军。朱宸濠增兵再战王守仁，结果又吃了败仗。朱宸濠并不甘心，收拢各部舟船，在江面上联结成一个方阵，以求固守。王守仁见状，决定用火攻。朱宸濠万万没有想到，王守仁的一把大火使他的船队变成灰烬。

王守仁在安庆被围的危急时刻，采取"围魏救赵"的办法，率军急攻南昌，不仅迫使朱宸濠撤兵还救，解除了安庆之围，而且还攻占了叛军的根据地，使叛军士气衰落，连战连败，最后落得个全军覆没的下场。

太平军巧施"围"

1858年，在太平军发生内讧的时候，清军重整江南、江北的两座大营，以此围困太平天国的都城南京。

为了打破清军包围，忠王李秀成向洪秀全献上"围魏救赵"之策，让天国的太平军先进攻清军的粮饷重地杭州，迫使清军分兵自救，而太平军乘清兵江南大营空虚，反攻击江南大营，以解救南京之围。洪秀全同意了这一计划。

1860年2月，李秀成分兵五路急袭浙江，攻占杭州。清军江南大营统帅和春得知杭州失守。急忙拨五分之二的大营兵力，派总督张良玉率兵援助浙江。李秀成一见和春中了太平军的计，便在杭州城上竖起许多面太平军的旗帜，虚设疑兵。暗中却是"金蝉脱壳"，退出了杭州。而张良玉疑心城中有伏兵，不敢进城。

李秀成撤出杭州后，日夜兼程，奔赴南京。清军还没有弄清李秀成的方向时，太平军各路兵马已云集南京外围，向江南大营发起总攻。南京城内的太平军从内响应，内外夹击，大获全胜。和春见势不好，率兵潜逃。太平军乘胜追击，攻占了常州、无锡、苏州等地，歼、俘敌人五六万。和春兵败自杀。

这一战例，成功地运用了"围魏救赵"之计，使清军苦心经营达三年之久的江南大营完全毁灭。

第三计 借刀杀人

"借刀杀人",原指不用自己的刀,而借用别人的刀去杀人。比喻自己不出面,借别人之手去害人。保存自己的实力,巧妙地创造和利用各种矛盾,千方百计地诱使别人出击,借第三者的力量去消灭自己的敌人,这是本计策的精髓所在。

原 文

敌已明,友未定,①引友杀敌②,不自出力,以《损》推演③。

【按语】敌象已露,而另一势力更张,将有所为,便应借此力以毁敌人。如:郑桓公将欲袭郐,先向郐之豪杰、良臣、辨智、果敢之士尽书姓名,择郐之良田赂之,为官爵之名而书之,因为设坛场郭门之处而埋之,衅之以鸡猪,若盟状。郐君以为内难也,而尽杀其良臣。桓公袭郐,遂取之(《韩非子·内储说下》)。

诸葛亮之和吴拒魏,及关羽围樊、襄,曹欲徙都,懿及蒋济说曹曰:"刘备、孙权外亲内疏,关羽得志,权必不愿也。可遣人劝蹑其后,许割江南以封权,则樊围自释。"曹从之,羽遂见擒(《长短经·格形》)。

注 释

①敌已明,友未定:指打击的敌对目标已经明确,而盟友的态度却一时尚未确定。

②引友杀敌:引,引诱。引友杀敌,即引诱盟友的力量,去消灭敌人。

③以《损》推演：根据《损卦》"损下益上""损阳益阴"的逻辑去推演。

译文

敌人已经明确，盟友的态度尚在犹豫之中，这时应（极力、设法）诱使盟友去攻打敌人，而非自己出力。这是从《损卦》卦义中推演出来的。

【按语】敌人的情况已经明了，而与此同时还有另外一种强大的力量在扩张，将要有所行动，这种情况下就应当借用这一强大的力量去消灭我们的敌人。就好比郑桓公在将要攻打邻国之时，先将邻国的豪杰、良臣、辨智、英勇果敢之士的名单列了出来，并公开张贴布告，说将要选取邻国的良田赠送给他们，给他们封各种名称的官爵，并在城郊设起祭坛，把名单埋在地下，用公鸡、公猪做祭品，装出一副盟誓的样子。致使邻国国君误以为国内的这些豪杰、良臣都要勾结郑国作乱，便按照以上公布的名单把他们一个个杀掉了。看到邻国豪杰、良臣都已被除尽，桓公便立即攻打并占领了邻国。

又好比诸葛亮与吴国结盟，抗拒魏国。当关羽围攻魏地襄阳、樊城时，曹操打算迁都，司马懿及蒋济劝曹操道："刘备、孙权表面上是亲戚，其实彼此都心存芥蒂。关羽得志，孙权却不甘心。因此，可以派人跟随孙权身后做说客，答应将江南的土地割让出来封给孙权，这样，樊城之围将自然解除。"曹操听从此计，关羽终于兵败麦城，束手被擒了。

计名探源

"借刀杀人"的思想由来已久，《周易》六十四卦中的《损卦》就包含这种思想。《损卦》里说："损下益上，其道上行。"意思是说"损"和"益"不能截然划分，二者可以互相转化。"借刀杀人"这个词出现较晚，学界一般认为出自明代汪廷讷的戏剧《三祝记》，其中《造陷》

一回"恩相明日奏仲淹为环庆路经略招讨使,以平无昊,这所谓借刀杀人"一句。这出戏的主要内容是范仲淹的政敌密谋,让没有任何打仗经验的范仲淹领兵征讨西夏,借西夏人的手除掉范仲淹。

品读

借刀杀人是为了保存自己的实力而巧妙利用矛盾的谋略。当敌方动向已明,就千方百计诱导态度暧昧的友方迅速出兵攻击敌方,自己的主力即可避免遭受损失。此计多是封建官僚之间尔虞我诈、相互利用的一种政治权术。用在军事上,主要体现在善于利用第三者的力量,或者善于制造敌人内部的矛盾,达到取胜的目的。

【经典案例】

晏婴借二桃杀三士

春秋时,齐国有田开疆、古冶子、公孙接三名勇士,很得国君齐景公宠爱。这三人矜功恃宠,目中无人。这时一伙乱臣趁机把他们收买过去,阴谋夺取政权。相国晏婴眼见这种恶势力逐渐扩大、危害国政,时刻担忧。他屡次想把三人除掉,又怕齐王不依从。

一天,鲁昭公带着国相前来谒见齐景公,景公设宴款待,叫相国晏婴负责司礼,文武官员全体列席,三位勇士也奉陪左右。酒过三巡,晏婴奏请去御园摘些蟠桃来宴客。不一会儿,桃摘回来了。两位国王和国相各吃一个后,盘里只剩下两个桃了。晏婴请示景公,传谕两旁文武官员,着各人自报功绩,功高者得食此桃。

公孙接首先自夸起来,说:"从前我跟主公打猎,打死一只吊眼白额虎，解了主公的围，这功劳大不大呢？"晏婴说："这是擎天保驾之功，应该受赐！"

古冶子也站起来说："我当年在黄河斩妖龟之头，救回主上一命，你看这功劳怎样？"景公说："那次若不是将军相救，怕一船人都要溺死了！"说着，便把剩下的桃和酒赐给他。

另一位勇士田开疆却说："本人曾奉命去攻打徐国，逼徐国纳款投降，威震邻邦，为国家奠定了盟主地位。这算不算功劳？"晏婴回奏景公说："田将军的功劳确比公孙接和古冶子两位将军大十倍。但可惜桃已赐完了。"

田开疆大声嚷了起来："我为国家跋涉千里，血战功成，反被冷落，而且在两国君臣面前受此侮辱，为人耻笑，还有什么脸面见人？"立即拔剑自刎而死。公孙接亦拔剑而出，说："我们功小而得到赏赐，田将军功大，反而吃不着桃，于情于理，绝对说不过去！"顺手一剑，也自刎了。古冶子激动得几乎发狂地说："我们三人是结拜兄弟，誓同生死，今二人已亡，我又岂可独生？"话刚说完，人头已经落地。

从此以后，晏婴便顺利地把奸党逐个收拾，畅通无阻地施展他的伟大抱负。

周瑜借刀杀蔡、张

东汉末年，曹操以能战善谋，挟天子以令诸侯，诛董卓、擒吕布、灭袁绍、破荆州，逼得刘备亡魂丧胆。后陈兵长江，传檄江南，想以泰山压卵之势，迫孙权臣服。

东吴的孙权，在都督周瑜的鼓励、孔明的煽动下，奋然发兵抵抗，隔江对峙。当时曹操雄师百万，周瑜仅有五六万兵，形势十分严峻，无异螳臂当车，鸡蛋对炮弹，不要说进攻，连守也相当困难。

周瑜知道军事上争取主动的必要，他了解北军不善水战，想先除掉曹操的水军都督蔡瑁、张允，却苦于无计可施，这两人原是刘表部下投降曹操的，熟悉水战，对北军的水战至为重要。

他正在帐中议事的时候，闻报同窗蒋干到访，便笑着对诸将说："曹操的说客到了。"吩咐各将领如此如此，这般这般，各人立即应命而去。

周瑜重整衣冠出迎，一见蒋干就问："子翼！隔河来访，是不是来做说客，劝我投降曹操？"

蒋干一听，愕然说："什么？你疑心真大，我不过是和你离别得久，特来叙叙旧，干吗疑我是说客呢！"

周瑜笑着说："闻弦歌而知雅意，在这个紧急关头……"

蒋干不等他说完，顿然作色，说："你待同窗这样疑心，再见吧！"

周瑜立即挽住他的胳膊，笑着对他说："不外说句笑话罢了，看在老友面上，这算什么？既然老兄不是来做说客，不妨住在这里玩几天，叙叙旧情！"

周瑜不由分说就把蒋干请入帐去，寒暄过后，周瑜传令各文武将士入帐与蒋干见面。接着大摆筵席，故意对各将士说："蒋先生是我最要好的同窗，虽是从江北来的，却不是曹操的说客，各位不要见疑！"说完，解身上佩剑付与太史慈，说："你拿着我的剑做监酒，今天宴饮，只叙叙朋友之情或谈论一下诗词歌赋，如有人提起曹操和本国军情者，可当席处斩！"

蒋干惊愕，不敢说些什么。周瑜又说："我自领军以来，从没有饮过酒，今日见了老友，理当饮到不醉不归！"

说罢大笑，和各人频频敬酒，猜拳行令，热闹非凡。

大家有点醉意了，周瑜拉着蒋干的手，一同出帐外漫步。周

瑜问："你看我的将士英勇吗？"

蒋干答："真是名不虚传，强将手下无弱兵！"

周瑜又带他到帐后一望，见粮草堆积如山，又问："你看军粮充不充足？"

"果然兵精粮足，你真不愧文武全才！"蒋干漫不经心地应着。

周瑜佯醉狂笑起来，说："想周瑜当年和你同窗之时，做梦也想不到会有今日哩！"

"那自然，以兄之才，实不为过！"

"大丈夫处世，得此际遇，还有什么话可说？遇知己之主，名虽君臣，情同骨肉，言必听，计必从，祸福相依，甘苦共尝，纵使苏秦张仪再生，口若悬河，舌如利剑，也难动我初衷了！"

周瑜这番话，明明是一种暗示，吓得蒋干面如土色。再回帐复饮，蒋干始终不敢谈及军旅之事。

夜深了，蒋干不胜酒力，乃兴尽而散。周瑜诈做大醉之状，挽住蒋干说："很久没有和子翼同床了，今晚要联床夜话，说个痛快！"

真是个同床异梦，各怀鬼胎。一个诈醉，呕吐狼藉；一个是假睡，提心吊胆。

军中已打过二更了，蒋干如何睡得着？起身看一看，残灯尚明，周瑜却鼻息如雷，他看见帐内的桌子堆着一沓公文，便蹑手蹑脚地走过去偷看，都是来往书信，内一封写着：张允、蔡

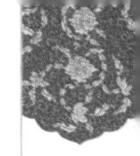

瑁谨封,急取出一看,上面写着:"某等降曹,实迫于形势。今已赚北军困于寨中,一有机会,即将曹贼之头,献于麾下……"

蒋干暗惊,原来张允、蔡瑁有这般阴谋,便将此信藏在身上。

周瑜翻身了,蒋干忙把灯吹熄,潜步回来。听周瑜在作呓语:"子翼!在这几天内,我拿曹贼头颅给你看看!"

"唔……"蒋干也发起蒙来。

"真的,子翼!我……我要你看看他脑袋……"

"什么?你说什么!"蒋干问他。周瑜的鼻音又响起来了。

蒋干伏在枕上假睡,留心四周的声响。已是四更了,听得有人走进帐来,低声唤:"都督!都督!"

"唔?"周瑜被摇醒了,蒙眬中问:"床上睡着的是什么人?"

"这是都督的同窗蒋先生呀,怎么又忘却了呢!"那人答。

"唉!糟了!"周瑜懊悔地说,"我平日未曾饮过酒,这次会醉后失事,不知曾说过什么?"

那人说:"江北有人来了!"

"嘘……"周瑜警告他。即叫声:"子翼!子翼!"

蒋干假装睡着,周瑜潜出帐外,和外面人低声说:"张、蔡二位都督叫我来报,近日防范甚严,一时未能下手……"以后的话更低,听不清楚。不一会儿,周瑜回来了,又唤蒋干,蒋干只是不应,蒙头假睡。周瑜又上床睡觉,鼻音慢慢大了起来。

睡到五更,蒋干低唤周瑜,周瑜已睡得像死猪一样。当即戴头巾,披上衣,带了同来的小厮,径出辕门。守军问他往哪里,蒋干托词以唔,守军才放他走。

蒋干乘小船回到江北去见曹操,说起周瑜雅量高致,说服不来,曹操责他无能,反为东吴所笑。

蒋干说:"我不能说服周瑜,却与丞相探得一件要紧事,请遣开左右!"

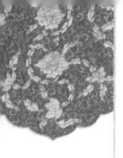

曹操把旁人遣开了，蒋干取出那封信来交给曹操，并将经过情形报告一番。

曹操不听则已，一听勃然大怒，立即命人将蔡瑁、张允叫来帐中，厉声说道：我命你二人今日进军东吴！蔡、张二人不知底里，便回禀道："目下水军尚未练熟，不宜轻进。"曹操听罢大怒，喝道："等到水军练熟，我的首级早已献给周瑜了吧！"蔡、张听了这话，一时摸不着头脑，慌忙之中，也不知如何对答，正在犹豫之时，曹操已下令将二人立即推出辕门斩首了。

等到曹操一时省悟过来，知道是中了周瑜"借刀杀人"之计时，却是为时已晚，后悔莫及了。

宋太祖智杀敌臣灭南唐

宋朝建立后，宋太祖赵匡胤通过"杯酒释兵权"稳固了中央政权，在无后顾之忧的情况下开始了统一中国的战争。

在灭掉南汉之后，宋太祖把进攻目标转向南唐。南唐后主李煜昏庸无能，只知道吟诗填词，整天沉湎于酒色，不理朝政，南唐国力日衰。宋太祖此时有心灭南唐，但又不敢轻举妄动。原来，南唐有一位勇猛无敌的武将名叫林仁肇，宋太祖认为林仁肇是宋朝灭南唐的一大障碍。凑巧的是开宝四年（971年），李煜派其弟李从善前来朝贡，宋太祖忽然心生一计，当即热情款待李从善，并把他留下任泰宁军节度使。李从善不敢违命，只得报告李煜。李煜也不知宋太祖的葫芦里卖的是什么药，正好想通过李从善探听一些宋朝的情况，便同意他在宋朝任职。宋太祖又派一名使者到林仁肇那里，使者用钱财贿赂林仁肇的仆人，搞到了一张林仁肇的画像。使者拿着画像回来复命，宋太祖命人把画像挂在自己的侧室。

第一套 胜战计

一天，李从善来见宋太祖，廷臣先把他领到侧室。李从善一眼就看到了林仁肇的画像，不解地问道："这是我国武将林仁肇的画像，怎么会挂在这里？"侍臣支支吾吾，欲言又止，半天才说："你已经是宋朝的人了，告诉你也没什么。皇上爱惜林仁肇的才干，下诏书让他来京城，他已经答应投降，先送来画像以表诚心归顺。"侍臣又指着附近一座华美富丽的房子说："听说皇上准备把这所房子赐给林仁肇，等他到了京城，还要封他为节度使呢！"

李从善立即回江南向李煜报告了此事。李煜真的怀疑林仁肇怀有二心，在一次设宴招待林仁肇时，让人事先在酒里下了毒药。林仁肇回到家中，毒性发作，七窍流血而死。宋太祖听到林仁肇的死讯后，立即发兵攻打南唐，很快就灭了南唐，统一了中国。

第四计　以逸待劳

"逸",安闲。"劳",疲劳。"以逸待劳"的本义是指用修整好的军队攻打疲惫不堪的军队,后指作战时采取守势,养精蓄锐,等敌人疲惫之时再迎头痛击。此计强调的是:积极调动敌人创造战机。要让敌人陷于困顿之中,不一定非要进攻,关键在于适时掌握主动权,以静制动。

原文

困敌之势①,不以战;损刚益柔②。

【按语】此即致敌之法也。兵书云:"凡先处战地而待敌者佚,后处战地而趋战者劳。故善战者,致人而不致于人。"(《孙子·虚实篇》)兵书论敌,此为论势,则其旨非择地以待敌,而在以简驭繁,以不变应变,以小变应大变,以不动应动,以小动应大动,以枢应环也。如:管仲寓军令于内政,实而备之(《史记·管晏列传》);孙膑于马陵道伏击庞涓(《史记·孙子吴起列传》);李牧守雁门,久而不战,而实备之,战而大破匈奴(《史记·廉颇蔺相如列传》)。

注释

①势:情势、趋势。这里主要是指的军事态势。
②损刚益柔:语出《易经·损卦》:"损刚益柔有时。"《损卦》为兑下艮上,是由《泰卦》乾下坤上变来的。《泰卦》的九三变为《损卦》的上九,而《泰卦》的上六则变为《损卦》的六三,说明由《泰卦》变为《损卦》是损乾益坤、损刚益柔的结果。但这种损刚益柔只要因时也会吉利。

译文

迫使敌人处于困难的局面,不一定用直接进攻的手段,而可采取疲惫、消耗敌人的手段。可以根据《易经·损卦》中刚柔互相转化的原理来使敌人由强变弱,从而使我方由弱变强。

【按语】这是调动敌人的方法。兵书上说了:"凡是先在战场上等着敌人来的人轻轻松松,而后赶到战场上来的疲惫不堪。所以善于打仗的人,制人而不受制于人。"兵书上是在讨论制敌之法,《三十六计》是讨论势——气势的势,而不是鼓励让你就蹲在那里等敌人来;这一计里面的精神主旨是:以简单驾驭繁杂,以不变应付变,以小变应付大变,以不动应付动,以小动应付大动,把握事物的关键,从容应对。比如管仲寓军于内政事务之中,以扎扎实实加强战备;孙膑在马陵道伏击庞涓;以及李牧坚守雁门关,久不出击,只为不断充实、装备自己,最终大破匈奴。

◆◆ 计名探源 ◆◆

计名出自《孙子·军争篇》:"以近待远,以佚待劳,以饱待饥,此治力者也。""以佚待劳","佚"同"逸"。这句话的意思是说,在自己部队较近的战场上等待远道而来的敌人,在自己部队得到充分休整的状态下等待疲惫不堪的敌人,在自己部队吃饱肚子的情况下等待饥饿的敌人,这就是正确掌握军力的方法。又有《孙子·虚实篇》云:"凡先处战地而待敌者佚,后处战地而趋战者劳,故善战者,致人而不致于人。"意思是说,凡是先到达作战地点等待敌人的,就会从容、主动;凡是后到达作战地点被迫应战的,就一定疲劳、被动。所以善于打仗的人,总是调动敌人,而不会被敌人调动。

品 读

两个拳师对垒,聪明的拳师往往退让一步,蠢人则气势汹汹,劈头就使出全副本领,结果往往被退让者打倒。此计正是根据《损卦》的道理,以"刚"喻敌,以"柔"喻己,意谓困敌可用积极防御的方式,逐渐消耗敌人的有生力量,使之由强变弱,而我方因势利导又可使自己变被动为主动,不一定要用直接进攻的方法,同样可以制胜。

【经典案例】

晋军崤山败秦兵

春秋时期,秦穆公不顾上大夫蹇叔和老臣百里奚的再三劝告,不远千里去进攻晋国东面的郑国。这一次东征,秦穆公派百里奚的儿子孟明视、蹇叔的儿子西乞术和白乙丙三人为将。出发前,蹇叔哭着告诫儿子:"我看着你们出发,再也看不到你们回来了。这次远征,晋国人一定在崤山截杀你们。崤山有两座山,那南边的山是夏帝皋的坟墓;那北边的山,是周文王避风雨的地方。你一定会死在这中间,我到那里收你的尸骨吧。"

孟明视率秦军进入滑国地界向郑国疾进,忽然有人拦住去路,说他是郑国派来的使者,要见秦军主将。孟明视大惊失色,连忙接见该"使者"。"使者"说:"我叫弦高,我们的国君听说三位将军要到郑国来,特派我送上四张熟牛皮和十二头肥牛来犒赏贵军将士。"说罢献上熟牛皮和肥牛。

孟明视原来打算去偷袭郑国,现在一听郑国已知道了他们来袭击的消息,只好收下牛皮和肥牛,敷衍了弦高几句,灭掉滑国,班师回国。

其实，弦高不过是个牛贩子，他在滑国遇到孟明视并发现秦军企图的这件事，纯属偶然。弦高用计骗得孟明视相信后，连夜派人回郑国报告消息去了。

晋国得知秦军远袭郑国的消息，十分愤怒。如今见秦军自己送上门来，便不愿意错过消灭秦军生力军的机会，在东崤山、西崤山之间和殽陵关裂谷两侧的高地设下埋伏，专等秦军进入"口袋"。

前627年4月13日，疲惫不堪的秦军从滑国返归本国，途中经过崤山。崤山地形险恶，山路崎岖狭窄，特别是东、西崤山之间，人走都很吃力，车马行进更是难上加难。西乞术望着险峻的山岭，不安地对孟明视说："临出发时，父亲再三警告我，过山要小心，说晋人肯定会在这里设下埋伏，消灭我们。我们的队伍拉得太长，再不收拢一些，就很危险了！"孟明视叹道："我何尝不想这样做？只是道路太窄，做不到啊！"

孟明视率领部队小心地进入山谷，突然，金鼓齐鸣，一支强悍的异族部队率先杀出——原来，这是晋国南部羌戎的兵马，羌戎是晋国的附庸，一直听从晋国的调遣。随后，在晋襄公的亲自指挥下，晋军大将先轸率晋军一拥而出，以排山倒海之势将秦军分割、包围、消灭，孟明视、白乙丙、西乞术三人都成了晋军的俘虏。

三通鼓曹刿胜齐

春秋时，齐王拜鲍叔牙为大将，率兵进犯鲁国。

鲁庄公过去曾在乾时吃过齐国的败仗，听到齐军又来了，很是惊慌失措，便问大臣施伯说："齐国简直太欺侮人了，有什么办法可以抵抗呢？"

施伯想了好一会儿，依然无法可想，却说："我可以推荐一个人来，也许他有办法应付！"

"是谁？"

"曹刿！"施伯说，"他是一位隐士，虽然没有做过官，我看此人却有将相之才！"

"去请他来谈谈吧！"

施伯于是去看曹刿，寒暄过后，把来意告诉他。曹刿便笑起来，问："难道在朝的文武百官没有一个可以当此大任吗？反而到这穷乡僻壤来找我！真是笑话、笑话！"

"老实说，有人才的话，也不会麻烦你了。"施伯一边答，一边看看曹刿的脸色，"如果你有办法把敌人打退的话，不也一样可以列朝为官吗？"

曹刿考虑了一会儿才答应，说："好吧，去试试看。这不是做官不做官的问题，而是国家兴亡，匹夫有责！"

于是一同去见鲁庄公。庄公问："你有什么办法可以抵抗齐国的侵略吗？"

曹公答："战争的情况是变化莫测的，不可以遽下结论，如果能够给我一个随军参战的机会，也许可以临机应变，设计制胜。"

庄公听他这么说，心里很是欢喜，便叫他做参谋，随军出征，于是庄公亲率鲁军到了长勺，和齐军对垒起来。

齐将鲍叔牙看见鲁军出迎了，立即展开攻势。他从前在乾时打败过鲁军，把庄公视为手下败将，有轻敌之心，下令全面出击，想一下把庄公捉过去。一时战鼓齐鸣，喊杀连天，兵士如山崩海倒般冲过来。

庄公很慌张，也连忙下令擂鼓出击。曹刿立即制止，说："且慢！敌人的锐气正旺盛，必须严阵以待，急躁不得！"于是传令偃旗息鼓，坚守阵地，不准惊扰喧哗、轻举妄动，违令者斩。

齐军一阵冲锋过来，却如木板碰铁桶一样，冲不进去只得退

下；过了一会儿，再次擂鼓冲锋，鲁军依然不动摇，铁桶似乎更加坚固，又退了下来。鲍叔牙很得意地对部属说："鲁军吃过了苦头，一定害怕起来了，两次挑战都不敢出，证明已心怯胆丧，如果再来一轮冲锋，哈哈，不埋头夹尾逃跑才怪！"

鲍叔牙紧接着下达第三次冲锋命令，战鼓又像雷一样响起来。这时齐兵虽然嘴里叫喊着，心里也认为敌军不敢出来，斗志无形中已松懈下去。

曹刿听到齐军的第三次鼓响了，便对庄公说："是出击的时候了，下令冲出去！"

鲁兵一闻鼓响，如猛虎扑食一样，迅雷不及掩耳地冲了出去。齐兵未料到这一招，慌忙招架，被杀得七零八落，大败而逃。

庄公见打了胜仗，欢喜得很，忙下令乘胜追击。曹刿又加以制止："别忙！等一会儿。"说完跳下车去，看看地上的车辙马迹，又站回车顶，向齐军望了一阵，然后说："放心追击下去，杀他个片甲不留！"鲁军追杀了三十里，把侵略军狠狠地赶回齐国去，俘获的战利品堆积如山。

在举行庆功宴的时候，庄公十分高兴地问曹刿："我很不明白你当时为什么要等到敌军三通鼓罢才肯擂鼓出击，可以告诉我其中的奥妙吗？"

曹刿便说："凡打仗，全凭一股勇气，擂鼓就是冲锋的信号。第一次鼓响，是士气最旺盛的时候，好比一群猛虎下山，千万不可撄其锋；第二次鼓响，又碰不到对手的时候，士气就开始松懈，斗志逐渐下降了；到了第三次鼓响，士气就消失了，纵能鼓噪，战斗力也减少了大半。所以，我乘敌人的三通鼓罢，然后出其不意，一鼓作气，策新羁之马，攻疲乏之兵，自然会将他们打垮！"

"可是，当敌人败退的时候，你又阻我即刻追击，待看过地，望过天之后，才下令穷追，这又是什么道理呢？"庄公再问。

曹刿又向他解释："兵不厌诈，乃古之名训。齐军是诡计多端的，他败走，说不定其中有诈，诱我交锋，一旦不慎，很可能会中埋伏，致使全军覆没。因此，我特别下车去，看到车辙马迹杂沓非常，证明这是他仓皇逃命，不规则的败阵了，但还信不过，再跑上车顶望望，见他们一窝蜂狼狈而逃，连军旗也东倒西歪的，就确信他们已真的败退，再没有什么生力军和奇兵了，因此才敢大胆进军。"

"你真是一个卓越的战略家！"庄公说完，满赐曹刿一杯胜利酒，下令班师回朝。

铁木真以逸待劳破敌师

铁木真成为蒙古部首领之后，招携怀远，举贤任能，势力一天天地强盛起来。曾与铁木真结为盟友的札木合心怀不满，寻机要与铁木真一比高低。

铁木真的叔父拙赤居住在撒阿里川一带，他经常令部属到野外放牧马群。一次，他的一群马被人劫走，放马人急忙通报拙赤。拙赤极为愤怒，只身一人前去追赶。傍晚时分，拙赤追上劫马者，把为首的那个人用箭射倒，然后乘乱将马群赶回。

然而，拙赤射中的那个人正是札木合的弟弟。札木合闻讯悲恨交加，遂联合塔塔儿部、泰赤乌部等十三部，合兵三万，杀奔铁

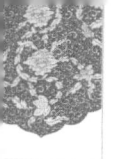

木真的营地。

铁木真得到消息后,立即集合部众三万人,分作十三翼,做好迎敌的准备。战斗开始的时候,铁木真的部队抵挡不住气势汹汹的札木合军,不得不且战且退。

在军务会议上,博尔术对铁木真说:"敌军气焰方盛,意在速战速决,我军应以逸待劳,等敌军力衰之时再出击掩杀,定获全胜。"铁木真采纳了博尔术的意见,集众固守。札木合几次遣军进攻,都被铁木真的弓箭手一一射退。

本来,草原兴兵,不带军粮,专靠沿途抢掠或猎获飞禽走兽。札木合远道而来,军粮渐少,又无从抢夺,士兵只得四处觅野物,整日不在军营当中。博尔术见敌军相率出游,东一队、西一群,势如散沙,立即入帐禀报铁木真。铁木真认为时机已到,遂命各部奋力杀出。

此时的札木合正在帐中休息,得知铁木真发动进攻,慌忙吹号角集合部队,可是他的士兵大多数出外捕猎,来不及归队。札木合手下的12个主将敌不过排山倒海而来的铁木真军队,纷纷落荒而逃。札木合见大势已去,骑快马从帐后逃走。已养足精力的铁木真军,像砍瓜切菜一样,将帐营中的札木合部队数千人全部消灭。

这场战斗结束后,铁木真在蒙古草原的声威日振,附近的部落纷纷前来归附。

第五计　趁火打劫

"趁火打劫",原意是趁别人家里失火,一片混乱、无暇自顾的时候,去抢人家的财物。比喻乘人之危,谋取私利。此计的要义在于:当对手处于危难之中自顾不暇的时候,我方趁机出手,谋取平时难以得到的利益。这一计策虽然不那么光明磊落,但却是屡试不爽的破敌良策。

原　文

敌之害大①,就势取利,刚决柔也②。

【按语】敌害在内,则劫其地;敌害在外,则劫其民;内外交害,则劫其国。如:越王乘吴国内蟹稻不遗种而谋攻之,后卒乘吴北会诸侯于黄池之际,国内空虚,因而捣之,大获全胜。(《国语·吴语·越语下》)

注　释

①敌之害大:害,这里是指遇到严重灾难,处于困难、危险的境地。

②刚决柔也:决,冲开、去掉,这里引申为摈弃、战胜。王夫之《周易内传》卷三说:"夫之为言决也,绝而摈之于外,如决水者不停贮之。决而任其所往。"全句意为:乘刚强的优势,坚决果断地战胜柔弱的敌人。

译　文

敌人的处境艰难,我方正好乘此有利时机出兵,坚决果断地打击敌人,以取得胜利。这就是"以刚克柔"的方法。

【按语】敌人遭遇内乱,就乘机占领其土地;敌人遭受外患,就乘机

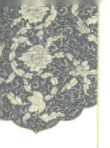

掠夺其民财；敌人内忧外患，就乘机占领其国家。例如：越王勾践乘吴国国内遭遇大旱灾，连螃蟹和稻谷的种子都缺乏的困境下，乘机策划进攻吴国。后来终于等到吴王夫差率领精锐部队北上到黄池与诸侯会盟，趁其国内空虚的大好机会，越国大举进攻吴国，不费吹灰之力，大获全胜。

◆◆ 计名探源 ◆◆

《孙子·计篇》云"乱而取之"，已有"趁火打劫"的思想，但此词语最早出现在明代吴承恩的小说《西游记》，其中第十六回说："正是财动人心，他也不救火，他也不叫水，拿着那袈裟，趁火打劫，拽回云步，经转山洞而去。"说的是黑熊怪趁寺院着火，偷走唐僧的宝贝袈裟一事。

品 读

"火"即困难、麻烦。敌方的困难不外乎是内忧或者外患。抓住敌方大难临头的危急之时，赶快进兵，肯定稳操胜券。此计是以"刚"喻己，以"柔"喻敌，言乘敌之危，就势而取胜的意思。用在军事上指的是，当敌方遇到麻烦或危难的时候，就要乘此机会进兵出击，制服对手。

【经典案例】

乘内乱扫除袁氏兄弟

袁绍在官渡惨败之后，忧惧而死，这虽然对袁氏是一个沉重的打击，但是他的三个儿子和一个女婿还握有重兵，对曹操来说，

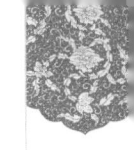

仍是难啃的骨头。公元203年，曹操打算采用逐个击破的办法，消灭袁氏的残余势力。当曹操首先进攻占据黎阳的袁绍长子袁谭时，袁谭抵敌不过，火速向已继承了父位的幼子袁尚求助。袁尚救援不及，两人均被打败，只得一起撤回袁尚的邺城。由于二袁合兵，又加城坚难攻，相持数日，曹军仍无战果。曹操无奈，只得放弃两袁，转而征讨刘表。袁氏两兄弟见曹操撤兵而去，便开始了争夺继承权的内讧，并大打出手。袁谭兵败，逃到平原，袁尚团团围住平原，攻打甚急，袁谭只好向曹操求援。

这时曹操和他的谋士们认为，如果二袁和好，就会力量倍增，如果一个人独得大权，形成统一的局面，那么袁氏的势力就会东山再起，急切难图。所以曹操决定暂时停止进攻刘表，乘二袁内乱之机，取渔人之利。结果曹操很快消灭了袁谭的势力，紧接着又消灭了袁尚、袁熙。河北的冀、青、并、幽四州全部被曹操占领。

袁氏兄弟的内讧是由争夺继承权而引起的，所以这场"火"属自取之祸。曹操就是及时地利用了这种"内忧"，"乘危取利"，他所采取的手段是"明助暗夺"，以援助袁谭为名，消灭袁氏兄弟为实，最终取得了事半功倍的效果。

华雄乘乱击孙坚

在袁绍与曹操聚集各路诸侯结盟，共同征讨董卓时，董卓的大将华雄与吕布的谋士李肃共守汜水关，抵御联军的进攻。

盟军的先锋孙坚骁勇无比，所到之处攻无不克，打败华雄后，率军直逼汜水关下，一面向袁绍报捷，一面到袁术处催粮，准备攻关。

然而有谗言说："孙坚是江东的一只猛虎，如果打破了洛阳，

杀了董卓,如同除狼得虎,莫不如不发给他粮草,以减孙坚的气势。"袁术听信了谗言,便不给孙坚粮草。

正准备攻关的孙坚,迟迟等不到粮草补给,军中因缺少粮食供应,不时发出骚乱。守关的华雄、李肃得到消息后,二人商议说:"我们可趁孙坚军中发生内乱之机去反攻他。这是打败孙坚的大好时机,千万不可错过。"于是下令当夜二更做饭,让军士们饱餐一顿后,李肃率军袭击孙坚后寨,华雄袭击前寨。

孙坚正为军中无粮而气恼,听说华雄前来袭寨,忙披挂上马,率军迎敌。这时又听说后寨也受到了袭击。孙坚的部队本来就因缺少粮食军心浮动,此刻见情势危急,军兵四散而逃的极多,孙坚见势不妙,突围而走,在大将祖茂的掩护下,才脱离险境。在这场战斗中,大将祖茂为救孙坚被华雄杀死。

清兵入关

明朝末年，经济衰退，政治腐败，百姓生活在水深火热之中。明朝最后一个皇帝崇祯虽然勤于朝政，但是他喜欢猜忌别人，又信任奸臣，使得贤臣良将根本无法在朝中立足，连名将袁崇焕都被他下令杀掉了。此时的大明朝，已经走向了灭亡的边缘。

1644年，李自成率领农民起义军一举攻陷了北京城，建立了大顺政权。可是政权建立后，起义军的首领们很快就犯了错误，他们被胜利冲昏了头脑，开始享乐，不顾百姓的死活。

当时地处东北的清朝政府一直对中原虎视眈眈，但是明军坚守山海关，阻挡着清军的进攻。此时的山海关总兵是吴三桂，他本是个势利小人，见风使舵惯了，看到明朝的灭亡已成定局，便想投靠大顺农民政权。

但是想不到，李自成在攻占了北京后，产生了骄傲自满情绪，对于吴三桂这样手握重兵的明朝将领，他不但没有去拉拢，反而抄了吴三桂的家，杀了他的父亲，并把吴三桂的爱妾陈圆圆占为己有。

吴三桂得到消息后十分愤怒，他要报仇，要消灭李自成。可是又知道自己的实力还不足以和李自成对抗，于是他下定决心，引清朝军队入关，借助清军的力量消灭李自成。

当时的清朝皇帝是只有七岁的顺治，摄政王多尔衮才是实际的掌权者。多尔衮时刻都在关注着中原的变化，对于入主中原他早已迫不及待。当他得知吴三桂要放清兵入关联手消灭李自成的时候，欣喜若狂。多尔衮迅速集结军队，与吴三桂联手，一进山海关，只用几天的时间就打到京城，赶走了李自成，奠定了清军占领中原的基础。多尔衮趁着明朝末年的政治腐败、民不聊生的时候进攻明朝，加速了明朝的灭亡，是典型的"趁火打劫"。

第六计　声东击西

"声东击西",本义指声称要去攻打东边,实际上却去攻打西边。比喻制造假象,忽东忽西,即打即离,似可为而不为,似不可为而为之,引诱敌人做出错误判断,然后趁机歼灭敌人,出奇制胜。此计的要点在于我方的企图和行动要绝对保密。

原文

敌志乱萃①,不虞②,坤下兑上之象③,利其不自主而取之④。

【按语】西汉,七国反,周亚夫坚壁不战。吴兵奔壁之东南陬,亚夫便备西北。已而吴王精兵果攻西北,遂不得入(《汉书·周勃传》附)。此敌志不乱,能自主也。汉末,朱隽围黄巾于宛,张围结垒,起土山以临城内,鸣鼓攻其西南,黄巾悉众赴之。隽自将精兵五千,掩其东北,遂乘虚而入。此敌志乱萃,不虞也。然则声东击西之策,须视敌志乱否为定。乱,则胜;不乱,将自取败亡,险策也。

注释

①敌志乱萃:萃,聚集,与"乱"相对。全句意为:敌人神志慌乱,一会儿散乱,一会儿聚集,失去明确的主攻方向。

②不虞:虞,预料。不虞,意料不到。

③坤下兑上之象:《易经·萃卦》中下卦为坤,上卦为兑。此卦三阴聚于下,二阳聚于上,各依其类以相保,群阴虽处致用之地,高居最上之位,都为了保阳,所以《萃卦》六爻都说"无咎"。如果使这种群阴保阳

的局面受到扰乱，就将祸乱丛生，有意料不到的困难与危险。

④利其不自主而取之：不自主，即不能自主地把握自己的前进方向和攻击目标。全句意为：敌人不能把握自己的前进方向，对我方有利，应趁机进攻、打击敌人。

译文

敌人意志混乱，不能正确预料和应付事情变动和复杂局面，这就是《易经》中所说的混乱危殆的征象。要利用敌人这种不能自主的时机，对敌人发起攻击。

【按语】西汉景帝时，吴、楚等七国联合发动叛乱，名将周亚夫奉命平乱，却坚壁不战。围城的吴兵向东南集结，作攻打城东南之形势，周亚夫却置而不顾，命部众重点防守西北。不久，吴军精锐果然向城西北发起攻击，因汉军有备，所以未能得手。这是敌方情志不乱，尚能自我控制的例子。汉末，朱儁率军把黄巾军围困在宛城，张开重围，修筑堡垒，并堆起土山，俯视城内，朱儁首先鸣鼓向城西南发起攻击，黄巾军果然全部赴西南拒战。朱儁乘势率精兵五千猛攻城的东北角，得以乘虚击入。这一战例，便是敌方情志混乱且憔悴、不能正确预料和判断形势发展的典型战例。如此看来，声东击西策略的运用，必须依敌方情志是否混乱而定。敌方情志混乱，运用声东击西的作战策略，就能够取得胜利；敌方情志不乱，运用声东击西的作战策略，那将自取败亡，在这样的情况下，声东击西是一种很危险的策略。

❖❖ 计名探源 ❖❖

计名出自《淮南子·兵略训》，云："故用兵之道，示之以柔而迎之以刚，示之以弱而乘之以强，为之以歙而应之以张，将欲西而示之以东。""歙"，收合。这句话的意思是说，用兵的原则，对敌人先佯做

柔弱的样子，实际上却以强大的军事力量去打击他；向敌方显示我军的弱小，实际上却用强硬的势态将敌方压倒；对敌人先做出收缩的样子，实际上却大张旗鼓地进攻；准备向西面进攻，而先佯做向东进攻的假象。

品 读

"虚张声势向东，暗度陈仓向西"。意为表面上声称攻打东边，实际上却攻打西边，就是做的事与自己说的话截然不同，军事上是迷惑敌人、出奇制胜的一种很好的谋略。此声东击西之计，早已被历代军事家所熟知，也出现过许多著名的战役。但在使用时必须充分估计敌方情况。虽是同一个方法，却可变化无穷。

【经典案例】

声东击西得两城

东汉刘秀称帝之后，曾派建威将军耿明去讨伐张步。为了抵挡耿明，张步命令弟弟张蓝带精兵二万驻守西安，又派各郡太守一万余人守临淄，两地相距不远，互成掎角之势。

耿明大军到后，发现西安城小而坚固，守城的兵将全是精锐，临淄多为大城，守军松懈，很易攻破。

耿明心中有数，立即命令全军五天后攻打西安。张蓝听到消息后也日夜练兵，严加防卫。

第五天的半夜，耿明集合全军，却下令攻打临淄。将士们皆吃一惊，不少人认为大家早已为攻打西安做好准备，总比攻打临淄方便些。耿明说："并非如此，西安守军已知我军前去进攻，日夜防守，自顾不暇，根本顾不上救别人；临淄军根本想不到我军能突然而至，防不胜防，不难攻破。我军先攻下临淄，致使西安孤立，隔断了西安与张步的联系，张蓝只得弃城而逃，可以一举两得。如果先打西安，一时攻城不下，会增加我军伤亡。其次，即使攻下西安，敌军张蓝会率兵退守临淄，两军会合，也不好对付。第三，我军深入敌境作战，不宜久战。拖上十几日，我军粮草会发生困难。"

众人猛醒，一个个争先恐后，要当攻打临淄的先锋。

果然，临淄并无准备，兵临城下，才如梦方醒，不到半天城池就被攻下。张蓝听说后，果然弃城而逃。耿明不费一兵一卒，又得一城，此所谓"声东击西得两城"。

司马懿声东击西

蜀汉建兴七年（229年）四月，诸葛亮兵出祁山，分作三寨，专候魏军到来。

闻知蜀军进犯，魏军统帅司马懿以张颌为先锋，戴陵为副将，率军十万前往祁山迎敌。大军到达祁山后，安营扎寨于渭水之南，当即有前锋部将郭淮、孙礼入寨参见。司马懿问道："前线情况如何？你们已经与蜀军交锋了吗？"郭、孙二人回答说："蜀军刚到数日，尚未出战。"司马懿说："蜀军千里远道

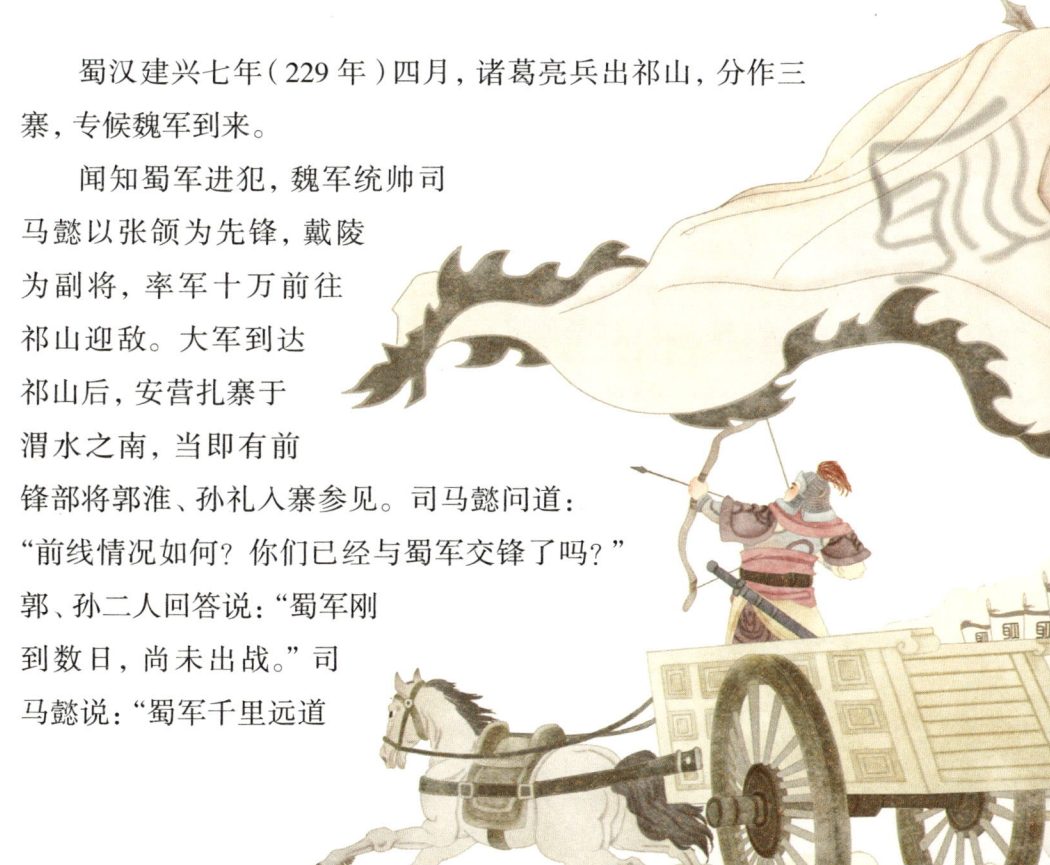

而来，利于速战，今不急于出战，其中必有阴谋。"说罢，又问陇西各路有什么信息。郭淮回答说："据派出的细作探听，陇西各郡守军都十分用心，日夜提防，并无意外情况，只有武都、阴平二处，尚未得到消息。"

司马懿听到郭、孙二将禀报的军情后，用心思索了一下，想出了一条计策，对着郭淮、孙礼说："明日我亲自领兵出阵与诸葛亮交战，你二人可急从小路前往增援武都、阴平，并从背后掩袭蜀军，这样可使蜀军阵势自乱，我军再乘乱出击，可获全胜。"郭、孙二人受命后，立即领五千人马从陇西小路，直奔武都、阴平，并按计就势，打算从蜀军背后发起奇袭。却未料二人领兵正行进间，忽然哨马来报，说是武都、阴平已先后被蜀将王平、姜维攻破，魏军（指郭、孙二将率领的魏兵）前锋已离蜀军不远，孙礼听到这一消息，心中顿时疑惑慌乱，对着郭淮说："蜀军既已攻破二城，为何尚陈兵城外？其中必定有诈，不如赶快退兵！"

郭淮赞成孙礼的意见，正要下令退兵，忽听一声炮响，山背后闪出一支军马来，大旗上写着："汉丞相诸葛亮。"旗门开处，诸葛亮端坐在一辆车上，左有关兴，右有张苞。郭、孙二人见此情景，不禁大惊失色，只听见诸葛亮坐在车上大声笑道："郭淮、孙礼休想逃走，司马懿搞声东击西计，怎能瞒得过我？他每日派人在正面阵前与我军交战，暗地里却教你们袭击我军背后，妄图乱我大营，我只还他个将计就计，现在武都、阴平已被我军攻取，你二人还不早早投降？"郭淮、孙礼听到这话更是慌张，却又听到背后喊杀连天，原来是王平、姜维又领一支蜀军杀到，与前面的关兴、张苞形成前后夹攻之势。一时间，魏兵大败，郭淮、孙礼也只得弃马爬山而走。

孝文帝声东击西巧迁都

在中国历史上,有一个不太受人关注但却意义重大且特别耐人寻味的王朝——北魏。它在五胡十六国的大混战之中神秘崛起,沿着盛乐——平城——洛阳三级跳的轨迹,在历史上划出了一道漂亮的弧线,在汉唐两座中国封建文明高峰之间漫长的低迷岁月中,北魏一朝实现了由弱势到强势,由分裂到统一,由胡族到汉化三大关键性转折,逐渐使北方各族融合进了中华文明之中,开启了通向隋唐盛世的大门。

平城地处塞外,虽经拓跋氏几代经营已初具规模,但交通闭塞,气候寒冷,风沙太大,北魏孝文帝拓跋宏早已心存不满,有意迁都,只是北方贵族大臣们都不愿意背井离乡,虽然同他们商量了几次,都未能说服他们。于是,他暂时把迁都计划搁置起来,不再提起这事。

拓跋宏见强迫命令难以行得通,经过深思熟虑想出一条妙计。他开始放风说,我们不能总是困守北方这一小块地方,我们也要入主中原,发展我们的势力。他颁下旨令,召集群臣集议,共商南下攻齐之大计。在这次集议中,他先命太常卿王湛占卜预测这次进攻齐国的吉凶。占卜的结果是"革"象,孝文帝拓跋宏借题发挥说:"从前成汤和周武革命,顺应天命人心,这是大吉大利的征兆。"任城王拓跋澄认为北魏兵力不足,而进攻齐国征途遥远,劳民伤财,再加上北方人不服南方水土,很不赞同南进,但他不便明讲,就借这一占卜婉转地表达自己的见解说:"陛下累世发达,拥有中原之地,现在将要出师而卜得革命之象,不见得是全吉呀!"孝文帝听了厉声斥责道:"国家是我的国家,由我说了算。你任城王难道想要阻挡众人心愿吗?"任城王拓跋澄争辩道:"国家虽然是陛下的,可是我作为国家大臣,怎能知道有危险而不说出来

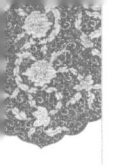

呢？"底下群臣大都赞同拓跋澄的意见，但是看到孝文帝怒气冲冲的样子，都没敢再说什么。

魏主拓跋宏回到宫中召见拓跋澄，把左右人员屏退，悄声对他说："我并不是真想攻打齐国，只是考虑到平城是用武之地，难以长治久安、移风易俗。我想用攻齐这个办法让群臣们避其难而造其易，借此迁都洛阳，你认为如何？"任城王回答说："陛下想迁都中原为家，以便经营天下，古时周、汉两朝就这样做才昌盛起来的，我完全赞同。"拓跋宏又说："北方人的特点是好恋故土，安土重迁，若迁都必遭他们反对，我这样做不知行不行得通？"拓跋宏说："迁都乃国家大事，非同小可，非常人所能料想得到，人们有些议论也是正常的，陛下圣明，应当早做决断，这样，别人也就无可奈何了。"拓跋宏听了，感慨地说："任城王真是我的张良啊！"

计划已定，便开始伐齐。太和十七年（493年）秋，孝文帝拓跋宏亲自率领步兵、骑兵三十万南征。大军到达洛阳，孝文帝带领大臣们参观西晋宫殿的遗址，他指着那满目荒凉的景象，对大臣们说："西晋的皇帝不好好管理国家，导致国家灭亡、宫殿荒废。看了真让人伤感。"那时候，洛阳正是阴雨连绵的季节，大雨一直下个不停，跟随的文武大臣们，对太武帝拓跋焘南征刘宋、战败逃回的情景还记忆犹新。他们担心这次南征的结果也像过去一样，劳民伤财，毫无所获。

正当大臣们忧心忡忡的时候，孝文帝认为各路大军不能再等待下去了。拓跋宏身披战袍，手执马鞭，乘马而行。众大臣不愿意南进受这份苦，都纷纷跪在他的马头之前，劝阻拓跋宏。他们说："如今大举伐齐，天下老百姓都不愿意，天怒人怨，才降下大雨拦阻我们。不知道陛下为什么要独断专行呢？我们情愿冒死相谏。"拓跋宏见状，认为正是施行迁都之计的好时候，便晓谕群臣道："我们这次南征，兴师动众，已经惊天动地，如果事情不能成

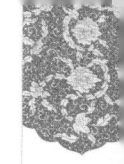

功，用什么昭示后人呢？假如不向南讨伐齐国，也应当找个借口平息他人谤言，就应当迁都到这里。"南安王拓跋桢最不乐意南进伐齐，连忙说道："成大事业者，不与众人谋划。现在陛下如果停止南伐，迁都洛阳，这正是我们的愿望，众百姓的幸福。"群臣皆呼万岁。虽然有些贵族大臣不愿意内迁，但又害怕南伐之苦，也就不再说什么了。于是孝文帝冲破北方贵族、大臣们的重重阻挠，如愿迁都到洛阳。

第二套 敌战计

本套为处于势均力敌态势之计谋,共有无中生有、暗度陈仓、隔岸观火、笑里藏刀、李代桃僵及顺手牵羊六计。

"无中生有"是虚中有实,虚实结合之计,借此可使敌人真假难辨,用计者则可趁乱出击,令其措手不及;"暗度陈仓"为刘邦大将韩信所创,多为后世兵家所借鉴;"隔岸观火"是以静制动之谋略,敌方危难之时,用计者沉着不动,坐观其力量衰减以致灭亡;"笑里藏刀"者表面友善,实则暗藏杀机;"李代桃僵"需有牺牲,但要以最小的牺牲换取最大的胜利;"顺手牵羊"则需要用计者把握时机,乘虚而入,获取利益。

第七计　无中生有

"无中生有",本义是明明没有却说是有。形容凭空捏造。此计的关键在于:真真假假,虚实变化,真中有假,假中有真。以假象掩盖真相,虚实互变扰乱敌人,使敌方判断失误、行动失误。

原文

诳也,非诳也,①实其所诳也②。少阴、太阴、太阳。③

【按语】无而示有,诳也。诳不可久而易觉,故无不可以终无。无中生有,则由诳而真,由虚而实矣,无不可以败敌,生有则败敌矣,如:令狐潮围雍丘,张巡缚蒿为人千余,披黑衣,夜缒城下;潮兵争射之,得箭数十万。其后复夜缒人,潮兵笑,不设备,乃以死士五百砍潮营,焚垒幕,追奔十余里。(《新唐书·张巡传》《战略考·唐》)

注释

①诳也,非诳也:诳,欺骗,迷惑。《武经三书·孙子·用间》即把诳事作为"虚假之事"。全句意为,虚假之事,又非虚假之事。

②实其所诳也:实,实在,真实。实其所诳,是说把真实的东西充实到假象之中。

③少阴、太阴、太阳:原指《易经》中的《兑卦》(少阴)、《巽卦》(太阴)、《震卦》(太阳)。这里少阴是指稍微隐蔽的军事行动,太阴是指大的秘密军事行动,太阳则是指大的、公开的军事行动。全句意为:在稍

微隐蔽的行动中隐藏着大的秘密行动。大的秘密行动，也许正是在非常公开的、大的行动掩护下进行。参考第一计"太阴，太阳"解。

译 文

用虚假情况迷惑敌人，但又不完全是虚假情况，因为在虚假情况中又有真实的行动。在稍微隐蔽的军事行动中，隐藏着大的军事行动；大的隐蔽的军事行动，又常常在非常公开的、大的军事行动中进行。

【按语】一开始是假的，后来又变成真的，这就是欺骗。欺骗不能太长久，因为容易被察觉，所以不能总是假的。无中生有，关键是变假为真。一无所有不能败敌，有所作为才能改变局面。就像安史之乱时，张巡为朝廷戍守雍丘，安禄山派令狐潮带兵围攻雍丘城。张巡收集秸草扎成千余个草人，在草人身上披上黑衣，趁着黑夜用绳子吊下城墙。黑暗中令狐潮不知虚实。只好让部队用弓箭攻击，张巡获得数十万支箭。令狐潮得知中计，气急败坏。第二天晚上，张巡又从城上往下吊人。令狐潮的军队哈哈大笑，并不当真。张巡见敌人已被麻痹，则迅速吊下五百名勇士，他们迅速杀入敌营，烧了敌军的大营，杀得令狐潮大败而逃，损兵折将。

计名探源

计名出自老子《道德经》第四十章："天下万物生于有，有生于无。"老子揭示了有与无相互依存、相互变化的规律。战国时代军事家尉缭子把老子的辩证法思想运用到军事上，进一步分析虚无与实有的关系。《尉缭子·战权》中说："战权在乎道之所极，有者无之，安所信之？"主张以无的假象迷惑敌人，趁敌人对"无"习以为常之际，化无为有，化虚为实，出其不意，打击敌人。

品 读

此计的关键在于真假要有变化，虚实必须结合，一假到底，易被敌人发觉，难以制敌。先假后真，先虚后实，无中必须生有。指挥者必须抓住敌人已被迷惑的有利时机，迅速地以"真"、以"实"、以"有"，也就是以出奇制胜的速度，攻击敌方，在敌人头脑还来不及清醒时，即刻被击溃。

【经典案例】

李广布疑云虎口逃生

飞将军李广带一百多名骑兵单独行动，路上望见匈奴骑兵有几千人。而匈奴看见李广等只有一百多骑兵，以为是诱兵之计，都很疑惑，于是奔驰到山地摆好阵势。李广的部下毫无准备，遇

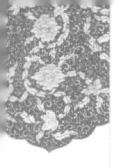

见多于自己几十倍的敌人都很恐惧,想要驰马逃跑。李广说:"我们离开自己的大队人马已数十里,如果现在这样逃走,匈奴人必然追射我们,那就会被他们消灭。如果我们留在此地,匈奴人就会认为我们是大军的诱饵,不敢出击。"于是命令所有骑兵:"向前进!"一下行进到离匈奴阵地二里的地方才停下来。

李广又命令说:"都解下马鞍,原地休息。"手下的骑兵焦虑地问:"敌人众多,而且离得很近,万一有事,我们怎么办?"李广答:"那些匈奴人预计我们要往回走,然后好来追杀,现在我们偏要解下马鞍表示不走。"果然匈奴骑兵未敢出击。这时,胡人方面走出一个骑白马的将领,试图督促他的兵,李广立即上马,与十几个骑兵驰马奔射,杀死了白马将领,然后又回到原处解下马鞍,命令士兵都纵马而卧,等到天快黑了,胡兵始终感到很奇怪,不敢出击。

半夜时分,匈奴人担心埋伏的军队要夜袭他们,于是全部撤离。第二天清早,李广带领百余人,平安返回大军。

张仪无中生有戏怀王

秦国的相国张仪是个著名的谋略家,是倡导"连横"最出名的人。他从小读了很多书,学到了一套能在政治上和外交上实用的本领后,就到各国游说。当时,齐楚结盟,秦国无法取胜。他向秦王建议,离间齐楚,再分别击之。秦王觉得有理,遂派张仪出使楚国。

那时候,楚怀王正宠爱着两个美人,一个是南后,一个是郑袖。不久,张仪见到了楚怀王,楚怀王很不喜欢他。张仪就说:"我到这里也相当久了,大王还不给我一点事做,如果大王真的不喜欢用我的话,请准我离开这里,去晋国跑一趟,看那边有没有需要用到我的地方！"

"好吧！你只管去吧！"楚怀王巴不得他赶快离开，一口答应。

"当然，不管那边有没有机会，我还是会回来一次。"

张仪说："请问大王，对于晋国有什么需要？譬如那边的土特产，我可顺便带一些回来！"

楚怀王淡淡地说："金银珠宝，象牙犀角，本国多的是，对于晋国的东西，没什么可稀罕的。"

"大王难道不喜欢那边的美女吗？"

这句话像电流一样，楚怀王一听就眼睛一亮，连声问："什么，你说的是什么？"

"我说的是晋国的美女。"张仪假装正经地说，还做起手势向楚怀王解释。"晋国的女人那真是妙呀！漂亮极了，哪一个不似仙女一样？粉红的脸儿，雪白的肌肤，头发黑得发亮，走起路来如风摆杨柳，说话娇滴滴，简直比银铃还清脆。"

这一席话引得楚怀王的眼珠一直跟着张仪的手势转，连嘴巴也合不拢，于是说："对对对！本国地处荒僻地区，我也从未见过晋国的那些小女子，你不说我倒忘了，那你就给我去办！"

"不过，大王……"不等张仪说完，楚怀王立即给了张仪很多金子，让他从速去办。

张仪故意把这消息传开，直传到南后和郑袖的耳朵里。两人听了大为恐慌，连忙派人去向张仪疏通，告诉他说："我们听说张

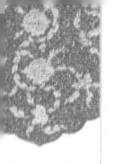

先生奉楚怀王之命到晋国去买土特产，特地送上盘缠，给先生做路费！"张仪因此又捞了一把。

张仪要向楚怀王辞行了，装出依依不舍的样子，说："我这一次到晋国去，路途遥远，交通不便，不知哪一天可以回来，请大王赐我几杯酒，给我壮壮胆吧。"

"行，行！"楚怀王客气地叫人赐酒给张仪。

张仪饮了几杯，脸红起来，又装模作样地再拜请楚怀王，说："这里没有别的人，敢请大王特别开恩，叫最信得过的人出来，亲手再赐我几杯，给我更大的鼓励和勇气。"

"可以。只要能早日完成任务！"

楚怀王看在"土特产"份上，特别把最宠爱的南后和郑袖请了出来，轮流给张仪敬酒。

张仪一见连忙做出连酒都不敢饮的样子，"咚"的一声跪在楚怀王面前，说："请大王把我杀了吧，我欺骗大王了。"

"为什么？"楚怀王惊讶不已。

张仪说："我走遍天下，从未见过有哪个女人比得上大王这两位贵妃这么漂亮的，过去我对大王说过要去找土特产，那是因为没有看过贵妃，现在见了，觉得自己把大王欺骗了，罪该万死！"

楚怀王松了口气，对张仪说："我以为什么呢？那你不必起程了，也不必介意。我明白，天下根本没有谁比得上我的爱妃，是不是？"又连忙向左右贵妃献上殷勤，做足了怪样。南后和郑袖同时眨两下眼，嘴角一撇道："嗯！"从此，楚怀王改变了对张仪的态度。

过了一段时间，张仪觉得时机已成熟，就向怀王进言说，秦国愿意把商於之地六百里（今河南淅川、内乡一带）送与楚国，但要楚国绝齐之盟。怀王一听，觉得有利可图：一得了地盘、二削弱了齐国、三又可与强秦结盟。于是不顾大臣的反对，痛痛快快地答应了。

怀王派逢侯丑与张仪赴秦,签订条约。二人快到咸阳的时候,张仪假装喝醉酒,从车上掉下来,回家养伤。逢侯丑只得在馆驿住下。过了几天,逢侯丑见不到张仪,只得上书给秦王。秦王回信说:"既然有约定,寡人当然遵守。但是楚未绝齐,怎能随便签约呢?"

逢侯丑派人向楚怀王汇报,怀王哪里知道秦国早已设下圈套,于是立即派人到齐国,大骂齐王,导致齐楚之盟破裂。这时,张仪的"病"也好了,碰到逢侯丑,说:"咦,你怎么还没有回国?"逢侯丑说:"正要同你一起去见秦王,谈送商於之地一事。"张仪却说:"这点小事,不要秦王亲自决定。我当时已说将我的俸邑六里,送给楚怀王,我说了就成了。"逢侯丑急忙说:"你说的是商於六百里!"张仪故作惊讶:"哪里的话!秦国土地都是征战所得,岂能随意送人?你们听错了吧!"

逢侯丑无奈,只得回报楚怀王。怀王大怒,发兵攻秦。可是现在秦齐已经结盟,在两国夹击之下,楚军大败,秦军尽取汉中之地六百里。最后,怀王只得割地求和。怀王中了张仪无中生有之计,不但没有得到好处,相反却丧失了大片国土。

望梅止渴

195年,曹操统帅十余万大军,浩浩荡荡去宛城征讨张绣。路上他们经过一片荒无人烟的地方,由于找不到水源,将士们已经三天没有喝到水了,时值初夏季节,烈日高照,闷热异常。将士们身穿铠甲,肩荷武器,还要拼命地向前赶路,真是精疲力竭,烦渴难忍,使得士兵们都怨声载道。曹操心急如焚,如果这样继续下去,军心就要不稳。突然曹操急中生智,用马鞭指着前面,大声地对将士们说："我以前走过这个地方，记得前面有一片梅林，树上长满又酸又甜的梅子，我们大家快点走，取那些梅子解渴。"将士们听说有梅子，想起那股酸劲，顿时口舌生津，打起了精神。后来，又走了一段路，找到了一处水源，终于渡过了难关。

前方本来就没有什么梅林，但曹操却故意编造说前面有又酸又甜的梅子，然而就是这个编造出来的谎言，却产生出同真实情况一样的效果。产生这种效果的原因，一是给大家一个切近的目标，为追求这个目标，而使人精神振奋起来；二是因条件反射，口舌生津，解决了燃眉之急。这就是无中生有中的以假化真之计。

第八计　暗度陈仓

全称为"明修栈道，暗度陈仓"。本义是指韩信表面上大修栈道，表示要从栈道上出击，实际上暗中绕道奔袭陈仓。现指运用迂回战略，从敌人意想不到的地方、方向发起进攻；也比喻暗中进行活动。本计的特点在于：将真实的意图隐藏在不令人生疑的行动背后，从敌人意想不到的地方迂回进攻，出奇制胜。

原文

示之以动①，利其静而有主②，"《益》动而巽"③。

【按语】奇出于正，无正则不能出奇。不明修栈道，则不能暗度陈仓。昔邓艾屯白水之北，姜维遣廖化屯白水之南，而结营焉。艾谓诸将曰："维令卒还，吾军少，法当来渡而不作桥，此维使化持我，令不得还。必自东袭取洮城矣。"艾即夜潜军；径到洮城。维果来渡。而艾先至，据城，得以不破。此则是姜维不善用暗度陈仓之计，而邓艾察知其声东击西之谋也。

注释

①示之以动：动，行动，动作，这里是指军事行动。全句意为：利用敌方平静时做出作战的主张。

②利其静而有主：静，平静；主，主张。全句意为：利用敌人已决定固守的时机。

③《益》动而巽：《易经·益卦》说："《益》动而巽，日进无疆。"是

说《益卦》下卦为震、为动，上卦为巽、为风、为顺。意思是说，行动合理、顺理，就会天天顺利，无有止境。又解：益，收益；巽，动、前进。联系本计则意为：表面上，努力使行动合乎常情；暗地里，主动迂回进攻敌人，必能有所收益。

译文

故意暴露行动，利用敌方平静时做出作战的主张，暗中迂回到敌人的后边偷袭，这就是《易经·益卦》所说的能乘虚而入，出奇制胜。

【按语】出奇制胜的用兵之法来源于正常的用兵原则，假若没有正常的用兵原则也就没有出奇制胜的用兵之法了。推而言之，如果不去佯修栈道，也就不能暗度陈仓了。三国时邓艾驻军在白水的北岸，姜维则派遣廖化在白水的南岸安营扎寨。邓艾对他的几位将领说："姜维把他的军队撤回去了。我们的部队人数少，按常理他应该不等架桥就急速过江来进攻我们。而现在我看他们不急来架桥，这肯定是姜维利用廖化想把我们拖住，使我们不得返回。姜维他自己必定率领大部队向东袭取洮城。"于是邓艾连夜急速带领部队从暗中小路直回洮城。果不出他所料，姜维正在那里渡河。由于邓艾领兵抢先一步赶到，并全力拒守洮城，洮城才没有被姜维攻破。这就是姜维不善于运用"暗度陈仓"之计，而邓艾则识破了他"声东击西"的计谋。

计名探源

本计出自司马迁《史记·淮阴侯列传》：

公元前206年，项羽自封"西楚霸王"，大封诸侯，把与自己不和的刘邦封到了偏僻的汉中（秦岭南边巴蜀一带）。为了防备刘邦今后有非分之想，项羽还把与汉中相邻的关中分成三部分，分别封给三个秦朝降将。直接与刘邦相接的雍王就是原秦将章邯。刘邦受封后，

听从谋士张良的计策,快速率部入驻巴蜀,并把沿途栈道烧毁,意在向项羽宣示自己会老实待在汉中,没有夺取天下之意。不久,项羽到原齐国地区镇压反叛的田荣,刘邦即命韩信做好进攻关中的准备。为了蒙骗敌人,韩信派一些士兵前去修复栈道。章邯得知,认为修复栈道是无用之功,遂不加提防。韩信表面上派人修复栈道,实际上却暗中从故道奔袭陈仓。章邯仓促应战,大败,于是刘邦得以入关中谋取天下。

品 读

此计讲出了"奇""正"的辩证关系。"正"指的是兵法中的常规原则;"奇"指的是与常规原则相对而言的灵活用兵之法。奇正可以互相转化。"明修栈道,暗度陈仓"写入兵书,此法可以说由奇变为正,而适时地正面强攻又可能转化为奇了。此计与声东击西计都有迷惑敌人、隐蔽进攻的作用。不同处在于声东击西隐蔽的是攻击点;暗度陈仓则隐蔽的是攻击路线。此计充分利用迷惑手段蒙蔽敌人,而我即乘虚而入,以达到军事上的出奇制胜。

【经典案例】

邓艾扎寨泄军机

三国后期,魏、蜀、吴三个国家当中,魏国地大人多,力量最强。263年,那时司马懿已经死了,由他的儿子司马昭执政。司马昭派出三路人马,准备一举灭亡蜀国。他派邓艾和诸葛绪各统率三万军队,派钟会带领十万军队,分路出发。

这时候,邓艾领兵打过多年仗,已经是一位经验丰富的将军了。

魏军声势浩大，不久就占领了蜀国好多地方。邓艾一直打到阴平（现在甘肃文县西北）。蜀军统帅姜维，赶快带领人马，守住形势险要的剑阁，抵挡钟会的大军。

这时，钟会已经合并了诸葛绪的人马。三路军队变成了两路，钟会的兵力更加强大了。

钟会兵力虽强，但姜维把剑阁守得牢牢的，一时攻不进去。军粮供应越来越困难。钟会正想退兵，邓艾从阴平赶到了钟会的大营。

钟会的手下有十万人马，邓艾只有三万。钟会自恃兵多，骄傲自大，不把邓艾放在眼里。

邓艾对钟会说："蜀军连吃败仗，我们应该乘胜前进才是。怎么要退兵啊？"

"剑阁被姜维拦住，我们怎么前进得了呢？"

"我想了一个办法。"邓艾建议说，"阴平到蜀国的都城成都，有一条小路。我领兵从小路打进去。姜维要是把守卫剑阁的军队调过去抵挡，你率领大军，就好乘势前进。如果姜维不调兵救应，我就可以一直进逼成都，一举消灭蜀国。"

"那好。"钟会爱理不理地说，"那就请邓将军去完成这个任务吧！"

邓艾一走，钟会嘿嘿冷笑几声，对部下将领们说："邓艾认为自己很聪明，其实他这个办法是行不通的。"

"怎么行不通呢？"将领们问。

"阴平那一带，全是高山峻岭。当年汉武帝征服西南的时候，曾经在那里凿了一条小路，但三四百年来没人走了。邓艾要冒险经过那里，如果蜀军把他的归路一截断，他进不能进，退不能退，非全军覆没不可。我们等着瞧吧！"

邓艾一回到阴平大营，就把将士们召集起来。他对大家说："现在姜维率领的蜀兵都集中在剑阁。我准备从小路偷袭蜀国的后方，一直打到成都去。但这条路十分难走，没有很大的决心和勇气是不行的。大家的意见怎样？"

"我们愿意听从邓将军的命令，万死不辞！"大伙儿异口同声地表示赞同。

邓艾看到将士们很齐心，心里十分兴奋。他先叫自己的儿子邓忠，带领五千精兵，每人拿了斧头、凿子，走在最前面，逢山开路，遇水搭桥。他自己则统率大军，准备了干粮、绳索，紧跟在后面。

为了保证跟后方取得联系，军队每走一百里路，就留下几千士兵，扎下一个营寨。军队在毫无人烟的崇山峻岭中，艰难地前进。每前进一步，都要付出很大的力气。但是大家还是顽强地向前走着。

走呀，走呀，花了二十多天，走了七百多里，扎下了七座营寨，路上没有碰到一个人。每座营寨都留人把守，邓艾身边只有两千多人了。

蜀军根本没有料想到，魏军会越过这一带没有道路的山地，因此魏军一点也没有受到阻挡。

一天，邓忠急匆匆地跑来，对邓艾说："前面碰到一座悬崖。

很难越过去,怎么办?"

邓艾带将领们过去一看,崖下深不见底。大家禁不住抽一口冷气。有的说:"哎呀!这地方怎么过得去?看来我们白费力气,只好掉头回去了!"

"不行!"邓艾斩钉截铁地说,"我们已经走了七百里。一过这个地方,前面就是江油城,那里都是平地了,成功不成功,就靠在这个紧要关头,能不能坚持!就是刀山也要上,火海也要跳!"

说完,邓艾眉头一皱,想了一个办法。他命令大家先把武器和身边的东西从悬崖上扔下去。他自己拿了一条毡毯,把身子一裹,高叫:

"大家准备好,跟着我滚下去!"

邓艾咬紧牙根,带头滚下了悬崖。将士们在他的鼓舞下,都鼓足了勇气。有的学邓艾的样子,也用毡毯裹住身体,滚下了悬崖;有的用绳子缚住崖边小树,小心翼翼地往下滑……

两千多人总算都从悬崖上下来了,找到了丢在悬崖下面的武器。

将士们的衣服被剐破了,有的满身鲜血;有的跌伤了筋骨,走路一瘸一拐。大家的样子虽然狼狈,但心里却都热乎乎的。因为将士们已经胜利地克服了面前的困难。邓艾带领两千多将士,直扑江油城。

蜀国驻守江油城的将军,名叫马邈。他一直提防着在大路方向的魏军,压根儿没料到邓艾会从背后,像天兵一样地降下来。

战鼓声把马邈从睡梦中惊醒,魏军已在身边。吓得他晕头转向,只好竖起白旗向邓艾投降了,邓艾领兵进入了江油城,将士们换了衣服,吃饱了肚子,就朝绵竹方向前进。

驻守绵竹的蜀国将军,是诸葛亮的儿子诸葛瞻。邓艾命令邓忠和另一个将领师纂,去进攻绵竹。

魏军人数太少，两方一接触，就吃了个败仗。邓忠和师纂带领败兵回到大营，邓艾厉声说："我们现在深入敌后，一后退，便没有活路。你们给我再去攻打，打不赢，先砍了你们的脑袋！"

邓忠和师纂这回下了决心，前去拼死命地猛打猛冲。从中午一直战斗到天黑，打死打伤蜀兵一大半。诸葛瞻和他的儿子诸葛尚，都在战场上战死了，魏军胜利地占领了绵竹。

蜀国的皇帝是刘备的儿子刘禅，小名阿斗。刘禅是个昏庸无能的人，他一听说诸葛瞻战死，邓艾率领魏军已经迫近成都，此时要调回姜维的人马，已经来不及了。刘禅慌得六神无主，不知怎么办才好，只得召集大臣们商量对策。

大臣们，你一言，我一语，都找不出好的对策来，只好投降。

刘禅通知蜀军不要继续抵抗，亲自带了亲属和文武大臣，出来迎接邓艾。他自己反绑着两只手，还叫人扛着一口棺材，来到了邓艾的大营。

邓艾给刘禅松了绑，叫人把棺材烧了，接受了刘禅的投降。

蜀国都灭亡了，钟会率领的十三万大军，还远在剑阁前线哩！

邓艾英勇善战，不畏艰险，灭亡了蜀国，为统一全国做出贡献，成为我国历史上的一位名将。

裴行俭暗度陈仓胜强敌

唐朝高宗年间，可汗阿史那匐延都支及李遮匐煽动造反，侵逼到了安西。唐朝要发兵征讨，裴行俭建议说："吐蕃叛乱，干戈未息，现今波斯王去世，他的儿子泥涅师在京城当人质，以致群龙无首。依我之见，差使节到波斯去册立泥涅师为王，便可平息叛乱。"唐高宗听从了裴行俭的话，命他将封册送去波斯。

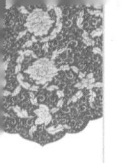

裴行俭一行经过莫贺延碛，到处风沙弥漫，他们迷失了方向，并且饥渴难忍。

裴行俭命令手下的人虔诚祭祀，得到的指示是："井泉就在前面，已经不遥远了。"果然，不一会儿就云收风静了，再往前走了几百步，又有丰美的水草，随行人员各个都兴高采烈，佩服裴行俭的神机妙算，把裴行俭比作贰师将军。到了西州地区，当地人夹道欢迎裴行俭。裴行俭在这里招收了豪杰子弟一千多人，继续向西行进。不久，他们因天气太热停了下来，裴行俭对他的部下说："现在天气实在太炎热了，简直像蒸笼一样，先就地歇息吧，等秋天天气凉快一点，我们再继续前进。"

阿史那都支一直窥探着裴行俭的一举一动，听说裴行俭秋天再前进的消息后，也就不做任何防御的准备了。

裴行俭召集四镇诸蕃的酋长豪杰，对他们说："我过去曾来过此地，留下了很深的印象，一刻也不曾忘怀。现在，我想重温一下过去的时光，找一些人陪我再去打猎，谁愿陪我去？"这时，蕃酋子弟竟有一万多人愿意陪同前往。裴行俭假装要去打猎，训练队伍，不几天，就召集好了人马，但不是向打猎的方向去，而是向都支部落的地方进发。

离都支部落十余里的地方，裴行俭派人向都支问安，看起来并不像讨伐他们的样子，后又派人召见都支。都支得知裴行俭到来的消息十分惊诧。他原与李遮匐商量好了，等秋天时，双方联合军队与裴行俭的军队作战，突然听说裴行俭的军队已经临城，一时竟不知如何是好。在这样的局势下，反抗已无济于事了。裴行俭就这样轻而易举地擒获了都支等人，又传了都支的契箭，把各部酋长叫来请命，一网打尽。然后重整军队，乘胜前进。途中他们碰上遮匐的使节，这些使节是来与阿史那都支商议联合作战一事的。裴行俭释放了遮匐的使节，让他们告诉遮匐，都支已束手就擒了，希望他们也放下武器，投归唐朝。遮匐知道自己势单力孤，不是对手，就痛痛快快地投降了。

裴行俭的随行人员，在碎叶城立了块碑，把这次战功记在了上面，流传后世。唐高宗对裴行俭的战功非常赞赏，说道："你带兵讨伐叛逆，孤军深入，途经万里，没费一兵一卒，用计策打败叛乱分子，使他们归服唐朝，没有辜负我的厚望啊！"不久，又赐宴为裴行俭庆功，当面称赞道："爱卿真乃文武兼备，今故授卿二职。"即日，拜裴行俭为礼部尚书，兼检校右卫大将军。

第九计　隔岸观火

"隔岸观火",本义指隔着河岸看对面失火。比喻对别人的危难袖手旁观,待其自毙,便从中取利。这一计策与坐山观虎斗以及"鹬蚌相争、渔翁得利"之意相近。实施这一计策的目的,不在于观火,而在于等待牟利的最佳时机。

原　文

阳乖序乱,阴以待逆。①暴戾恣睢②,其势自毙。顺以动《豫》,《豫》顺以动。③

【按语】乖气浮张,逼则受击,退则远之,则乱自起。昔袁尚、袁熙奔辽东,尚有数千骑。初,辽东太守公孙康恃远不服。及曹操破乌丸,或说操逐征之,尚兄弟可擒也。操曰:"吾方使斩送尚、熙首来,不烦兵矣。"九月,操引兵自柳城还,康即斩尚、熙,传其首。诸将问其故,操曰:"彼素畏尚等,吾急之,则并力;缓之,则相图,其势然也。"或曰:此兵书火攻之道也。按兵书《火攻篇》前段言火攻之法,后段言慎动之理,与"隔岸观火"之意亦相吻合。

注　释

①阳乖序乱,阴以待逆:阳、阴,指敌我双方两种势力。乖,分崩离析。逆,混乱、暴乱。全句意为:敌方众叛亲离,混乱一团,我方应静观以待其发生大的变乱。

②暴戾恣睢:穷凶极恶。

③《顺》以动豫，《豫》顺以动：语出《易经·豫卦》："《豫》，刚应而志行，顺以动，《豫》。《豫》顺以动，故天地如之，而况建侯行师乎？"《豫卦》坤下震上。顺以动，坤在下，是顺。震在上，是动。意思是说：阴阳相应，天地之间也能任你纵横，何况建诸侯国、出兵打仗呢？这些目的一定能达到。用在本计上，即以欣喜的心情，静观敌方发生有利于我方的变动，以便顺势而制之。

译文

当敌人内部产生争斗、秩序混乱时，我方应静观待其发生变乱。敌人穷凶极恶，自相仇杀，必然自取灭亡。顺应时势而行动，就能像《豫卦》所说的那样，要达到令人喜悦的目的，必须顺应时势行动，不宜操之过急。

【按语】当敌方内部出现混乱时，轻浮张扬，我威逼他，自己将被对方还击；退回来远远避开他，则对方内部矛盾在没有外部威胁时，就会爆发出来。当年袁尚和袁熙投奔辽东，还有几千人马跟随。那时，辽东的太守公孙康就倚仗地势偏远，不肯归顺曹操。曹操击败乌丸后，有人劝说曹操讨伐公孙康，擒拿袁尚、袁熙。曹操说："我正要公孙康把袁尚、袁熙的首级送过来，不用麻烦出兵。"九月，曹操引兵从柳城回来，公孙康斩杀了袁尚、袁熙，把首级送过来了。众将问这是为什么，曹操说："公孙康一向防备袁尚等人，我威逼他，他们就合力回击；我不管他，他们就一定会自相残杀，这是理所当然的。"有人说，这是《孙子兵法》中的火攻的道理，按照《火攻篇》，前段说火攻的方法，后段说谨慎行动的原则，与隔岸观火的意思是相符合的。

◆◆ 计名探源 ◆◆

计名出自唐代僧人乾康的诗《投谒齐己》，诗中有"隔岸红尘忙似火，当轩青嶂冷如冰"一句。其思想与《孙子·火攻篇》中的"慎

动之理"相吻合。孙子认为名君名将常以慎重的态度以达成战争的目的，他们若无有利的情况或必胜之优势绝不起来作战行动，若非万不得已时绝不采取军事行动。

品读

战必以利为目的。隔岸观火之计，不等于站在旁边看热闹，而是一旦时机成熟，就要改"坐观"为"出击"，以取胜得利为目的。因此，首先应煽阴风，点鬼火，想办法让隔岸的火烧起来。其次，观火不是消极等待，在隔岸之火烧起来后，要冷静观察，把握好火候。一旦时机成熟，应由坐观转为主动出击。此计正是运用顺时以动的哲理，坐观敌人的内部恶变，而不急于采取攻逼手段，顺其变，"坐山观虎斗"，最后让敌人自相残杀，时机一到而我即坐收其利，一举成功。

【经典案例】

赵国隔岸观火

战国后期，秦将武安君白起在长平一战，全歼赵军四十万，赵国国内一片恐慌。白起乘胜攻下赵国十七城，直逼赵国国都邯郸，赵国指日可破。

赵国情势危急，平原君的门客苏代向赵王献计，愿意冒险赴秦，以救燃眉之急。赵王与群臣商议，决定依计而行。

苏代带着厚礼到咸阳拜见应侯范雎，对范雎说："武安君这次长平一战，威风凛凛，现在又直逼邯郸，他可是秦国统一天下的头号功臣。我可为您担心呀！您现在的地位在他之上，恐怕将来您不得不位居其下了。这个人不好相处啊。"苏代巧舌如簧，说得应侯沉默不语。过了好一会儿，才问苏代有何对策。苏代说："赵国已很衰弱，不在话下，何不劝秦王暂时同意议和，这样可以剥夺武安君的兵权，您的地位就稳如泰山了。"

范雎立即面奏秦王。"秦兵劳苦日久，需要修整，不如暂时宣谕息兵，允许赵国割地求和。"秦王果然同意。结果，赵国献出六城，两国罢兵。

白起突然被召班回师，心中不快，后来知道是应侯范雎的建议，也无可奈何。

两年后，秦王又发兵攻赵，白起正在生病，改派王陵率十万大军前往。这时赵国已起用老将廉颇，设防甚严，秦军久攻不下，秦王大怒，决定让白起挂帅出征。白起说："赵国统帅廉颇，精通战略，不是当年的赵括可比。再说，两国已经议和，现在进攻，会失信于诸侯。所以，这次出兵，恐难取胜。"秦王又派范雎去动员白起，两人矛盾很深，白起便装病不答应。秦王说："除了白起，秦国就无将了吗？"于是又派王龁攻邯郸，五月不下。秦王又令白起挂帅，白起伪称病重，拒不授命。秦王怒不可遏，削去白起官职，赶出咸阳。这时范雎对秦王说："白起心怀怨恨，如果让他跑到别的国家去，肯定是秦国的祸害。"秦王一听，急派人赐剑白起，令其自刎。可怜，为秦国立下汗马功劳的白起，落到这个下场。

当白起围邯郸时，秦国国内本无"火"，可是苏代点燃范雎的妒忌之火，制造秦国内乱，文武失和。赵国隔岸观火，使自己免遭灭亡。

曹操剪除二袁

三国时，乌桓混居在辽西、辽东、右北平三个郡，称为三郡乌桓。三郡乌桓趁中原混乱的时候，侵入幽州，汉人被俘虏，受其统

治的就有十多万户。袁绍占领冀州的时候，为利用他们巩固自己的地盘，把乌桓的三个首领都立为单于，还把本家的女子当作自己的女儿嫁给他们。三郡乌桓中，要数辽西单于蹋顿最强大，袁绍待之最优厚，所以袁绍兵败死后其子袁熙、袁尚兄弟俩一起向他投奔。于是他联合了辽东单于和右北平单于，一步步地侵入内地。幽州六郡的都督鲜于辅只好向曹操求救。曹操虽不害怕袁熙和袁尚，可是他们借乌桓兵来打幽州，就不能掉以轻心了。

曹操立即发兵救鲜于辅。三郡乌桓得知中原的大军进攻，只稍加抵抗，就退兵塞外，以保存实力。并州刺史高干得知曹操发兵攻打乌桓，就再一次叛变了。他捉住上党太守之后，派兵把守壶关口（上党郡上党县有壶山口，山口险要，设置关口，叫壶关口），俨然做起土皇帝来。曹操只得暂不与乌桓交战，派乐进、李典带领一支精兵攻打并州，迅速夺下了壶关口。高干退到壶关城，全力死守，乐进、李典始终未能攻下。

建安十一年（206年）春天，曹操亲自率大军征伐高干，围攻壶关城两个多月，高干决定往南方投奔刘表。到了上洛（汉县名，在洛水之上，在饶关东南）地界，被上洛都尉捉住杀掉了。因此，以前袁绍所占据的青州、冀州、幽州、并州，全都平息。可是袁尚弟兄投奔乌桓，辽西乌桓蹋顿帮着他们屡次对边塞侵犯，打算夺取更多

的土地。曹操认识到抵抗乌桓是件大事。他深知"兵马未动，粮草先行"，要与乌桓打仗，非同小可，还必须有一条畅通的运粮道路。于是他就动用大批的民工，挖通从呼沱河到呱水的平虏渠和从呱河口到清河的泉州渠，作为运粮的要道，然后召集臣僚商议出兵乌桓的事。然而，将士大多数不同意与乌桓交战。他们认为袁熙、袁尚已经势穷力尽，逃到塞外，还担心什么？乌桓原来是小部族，他们至多在边界上抢些财物而已，何须小题大做。况且，如果率领大军，跟他们作战，万一刘备、刘表趁着许都空虚，偷袭过来，我们来不及救应，又如何是好？谋士郭嘉说："诸公所言合乎情理。可是你们对袁尚和刘表的估计都是错误的，要知道袁氏一向厚待乌桓，乌桓正可以借口替袁氏报仇，同时扩张自己的势力。要是袁尚兄弟号召乌桓人和边界上的汉人大举进攻，这祸患非同小可。而且，四个州里忠于袁绍的人定不死心，必然趁机起来反抗，这也是不可轻估的力量。所以袁尚弟兄非除灭不可。刘表坐镇江汉，空谈文教，自己知道没有能力利用刘备，要重用刘备，怕管不住；如其不用，又怕对自己不利。刘表也绝不敢进攻许都。因此，明公可以放心出兵攻打乌桓。"

曹操完全同意郭嘉的见解，当即发兵，浩浩荡荡往北挺进。到了易城（今河北涞水西），打算下令休息。郭嘉建议先派轻骑前往，辎重随后跟上。曹操认为没有领路的人，为了有把握起见，还是要稳扎稳打。郭嘉说："当初幽州牧刘虞的助手田畴反对公孙瓒，隐居在无终（古县名，在今天津蓟州区），后来袁绍灭了公孙瓒，请他做大官，他却未去，田畴是右北平人，熟悉北方情况，把他请来，就有带路的人了。"

曹操派使者前往请田畴，因为当时乌桓太残暴，郡里连知名人士都被杀掉了，老百姓被他们杀害的更不知有多少。于是田畴满口答应，当即随行。曹操很高兴，就请他跟着大军到了无终。时值夏天，连降大雨，路途泥泞，进军困难。田畴详细地告诉曹操，说："我们走的这条路，的确是条大路，可是，美中不足，在夏秋季节常有水。我们北方的河与南方的河不同，有了水，车马都不能蹚过，水再深，也不能通船。多年来都是这样的。从前北平郡的长官驻在平冈，从右北平到平冈是通过卢龙（属河北，在抚宁东）去的，这条道路一直可以通到柳城（古县名，在辽宁兴城西南）。可是，卢龙的这条路，在光武时代就已毁坏，到今天已经一百八十多年无人行走。好在路的痕迹还可以寻找。乌桓人只知道大军由无终大路向北前进，认为只要守住关口，就能阻止我军前进。如果大军绕道由卢龙口通过，偷偷地翻山越岭一直通到乌桓的心脏地区，乌桓的头领就是再厉害，也一定被明公擒获。"

曹操仔细察看了地图，就依照田畴的计策，立刻退兵，还在河边路旁立几根木头，作为路标，并在上面刻字："今年夏天天气太热，路又难行，到秋冬再进军。"蹋顿听到探子的报告，认为曹操的大军已经退回，因而，就放松了沿路的防备。曹操请田畴为向导，由卢龙口进兵，翻山越岭，偷偷地走了五百多里，经过白檀、平冈和鲜卑庭（鲜卑族人管辖地区），再往东到柳城只差二百里地。直到这时候，才被乌桓发现，蹋顿慌忙布置抵抗，带着袁尚、袁熙，联合辽东单于、右北平单于等几万骑兵仓促应战。

曹军到达白狼山（在辽宁凌源东南），乌桓兵远远见着曹军气

势汹汹地过来,骑兵之多,数不胜数,就感到害怕。蹋顿正在惊慌失措的时候,没提防张辽已经杀到跟前,还没来得及定神,张辽一枪刺过去,他便倒落马下,一命呜呼!乌桓军更加慌乱,纷纷投降。当时投降的胡人和汉人合在一起就有二十多万。袁熙和袁尚带着几千人马急忙逃到辽东。

将士们都主张紧追不舍,曹操反而下令退兵。他还说:"辽东太守自然会把他们的人头送来,你们等着吧!"奇怪的是,辽东太守素来害怕袁氏,怎么会杀他们呢?曹操又怎么会知道呢?

曹操回到柳城,要封田畴为柳亭侯,并命他镇守柳城。可是,田畴坚决推辞,并说官职爵位都不想要,只愿回乡,一方面教书,一方面种地,以了有生之年。田畴还说:"打退了乌桓,可算是了结我郁郁不安的心思。"曹操不便勉强,就把他表扬一番,拜为议郎。另外指定一部分兵马驻扎柳城,自己带领大军到了易城。

夏侯惇和张辽对曹操说:"既不打辽东,又不回许都,驻扎在易城按兵不动,干什么呢?"曹操说:"等袁熙、袁尚的人头一到,我们就可以回去了。"大家听到后,不禁暗暗发笑。哪知道没过几天,辽东果然派使者把袁熙、袁尚兄弟的人头送来了。大家不由得感到惊奇。

原来袁熙、袁尚被曹操打得走投无路,在万不得已的情况下逃到了辽东。袁尚、袁熙兄弟俩在路上商议,袁尚自称力气大,说:"我们到了辽东,辽东太守公孙康必然出来迎接。我们乘其没有提防,当场把他打死。得到辽东后,再想办法收复四州。"袁熙表示完全同意,但没有想到,公孙康比他们想得更周到,一探听到袁尚、袁熙兄弟前来投靠,就料到他们的来意是来夺取地盘。公孙康说:"袁绍活着的时候,哪一天不想并吞辽东?现在,袁尚、袁熙无路可走,不是来夺取我们的辽东才怪呢!"公孙康说:"如果曹操发兵打过来,我们就收留袁家的儿子作为帮手;如果曹军

不来，就把他们杀了，可以作为结交曹操的一件礼物。"没过几日，探子回来报告说："曹军已经退到易城去了。"袁熙、袁尚带着几千骑兵顺利地到达了辽东。他们先安排军队驻扎，然后派使者求见公孙康。公孙康当时就允许进去相见，袁熙、袁尚随身携带宝剑，准备乘见面时刺死公孙康，哪知他们刚到了中门，暗藏的武士突然跳了出来把他俩捉住，他们连拔刀都来不及，就被绑上，拉出搁在外面。

那时正是初冬季节，塞外天冷，袁尚坐在地上，屁股都冻木了。他要求监视他的武士给他一个坐的垫子。袁熙愁眉苦脸地说："脑袋都保不住，还管什么屁股哪。"

公孙康吩咐武士把他兄弟俩的头砍下，派人送到易城。曹操封公孙康为襄平侯，拜为左将军。众将向曹操请教其中的奥妙，曹操回答说："公孙康素来害怕袁熙、袁尚吞并他，今日兄弟俩上门，他必然猜疑。如果我们用兵急攻，他们必然会合力抗拒，所以我们要故意放松，让他们自相火并，公孙康杀了二袁，向朝廷送个人情。这是情理上应有的事，只是诸君没仔细想想罢了。"众将一听才明白这是用的"隔岸观火"计谋，莫不对曹操心悦诚服。

陈轸说服秦惠王

战国时，韩、魏两国连年交战不止。秦惠王想调解两国的纷争，他把自己的打算告诉了大臣们，大臣们有的赞同，有的反对，秦惠王也拿不定主意了。

此时，游说谋士陈轸恰巧来到秦国，于是秦惠王向陈轸咨询。陈轸想了一会儿，然后对秦惠王说："大王听没听说过卞庄子刺虎的故事？有一次，卞庄子和一个童仆发现两只老虎正在争相撕食一头牛，卞庄子抽出宝剑想去刺虎。旁边的童仆阻止他说：'两只

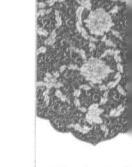

老虎正在吃牛，尝出美味后一定会争夺，争夺时必然互相厮斗，厮斗的结果是力气大的老虎受伤，力气小的老虎死亡。到那时你再追赶受伤的那只老虎，将它刺死。这样，你就不费吹灰之力一举擒获两只老虎。现在，韩、魏两国相互争战，不分胜负，长此下去，结局一定是强国受损，弱国失败。而后大王再出兵受损之国，这样秦国就能像卞庄子那样从争斗的两方收取渔人之利。大王，您以为如何呢？"

秦惠王听罢，连连称妙。于是，秦国坐山观虎斗，静观形势的变化。后来，韩国战败，魏国也元气大伤。秦惠王立即出兵进攻魏国，轻而易举地获胜了。

第十计　笑里藏刀

"笑里藏刀",本义指笑容里面暗藏杀机。比喻和善的外表下,隐藏着阴险毒辣的企图。运用此计的关键在于"笑"字。笑必须自然真实,使敌人深信不疑。"笑"的目的是为了"藏刀","刀"一定要藏在"笑"里。"刀"可以明出,也可以暗出,一旦出鞘,要迅速果断。

原文

信而安之,阴以图之,①备而后动,勿使有变。②刚中柔外也③。

【按语】兵书云:"辞卑而益备者,进也……无约而请和者,谋也。"故凡敌人之巧言令色,皆杀机之外露也。宋曹玮知渭州,号令明肃,西夏人惮之。一日,玮方对客弈棋,会有叛卒数千,亡奔夏境。堠骑报至,诸将相顾失色,公言笑如平时。徐谓骑曰:"吾命也,汝勿显言。"西夏人闻之,以为袭己,尽杀之。此临机应变之用也。若勾践之事夫差,则意使其久而安之矣。

注释

①信而安之,阴以图之:阴,暗地里。图,图谋。全句意为:表面上要做得使对方深信不疑,从而安下心来,暗地里却另有图谋。

②备而后动,勿使有变:备,这里是指充分准备。变,这里是指发生意外的变化。

③刚中柔外也:表面上软弱,内里却很强硬,表里不相一致。

译文

表面上要做得使敌人深信不疑,从而使其安下心来,丧失警惕;暗地里我方却另有图谋。要做好充分准备,然后再采取行动,不要引起敌方发生意外的变故。这就是外表上柔和,骨子里却刚强的谋略。

【按语】兵书上说:"敌方的言语谦卑,而实际上在加紧战备,这意味着他将要进攻……没有前约而主动来请求媾和的,则是一种阴谋。"所以凡是敌人花言巧语的行为,都是暗藏杀机的表现。宋代曹玮在渭州做知州时,军纪严明,西夏人都很害怕他。有一天,曹玮正在同部将饮酒,突然有几千名士兵叛变,逃到西夏去。当边防侦骑前来报信时,许多部将都大惊失色,而曹玮却谈笑自如,好像没事一样,并且缓缓地告诉侦骑说:"他们是遵照我的命令去做的,你不要声张!"西夏人听到这个消息,以为这些叛军是被派来杀他们的,就把他们都杀死了。这是曹玮临机应变谋略的应用。再如越王勾践被俘后臣服吴王夫差,竟使夫差长期受蒙蔽而丧失警惕,也是这样。

❖❖ 计名探源 ❖❖

计名出自《旧唐书·李义府传》中的一段描述:"义府貌状温恭,与人语嬉必怡微笑,而褊忌阴贼。既处权要,欲人附己,微忤意者,则加倾陷。故时人言其笑中有刀。"意思是说,李义府貌似温柔恭顺,与人交谈一定面带微笑,但其实是个阴险的小人。如果有人稍稍不如自己的意愿,就一定会加以侵害。所以当时的人都称他为"笑中有刀"。

品 读

笑里藏刀指的是以友好的表现使对手放松警惕,暗中策划,充分

准备，伺机行动，致敌于死命。运用到军事上，就成为表面上使局势缓和，欺骗麻痹敌人，暗地里伺机而动，出奇制胜。它的诀窍是使敌人轻信而安然不动，我方则暗中策划，后发制人，使敌方不能应变，事实上也就是暗怀杀机，外示柔和的计策。使用笑里藏刀一计，要根据敌方的诚意，使敌人放松警惕，要增加他的傲气；对心怀畏惧的，要表示我方的诚意，使敌人放松警惕，我方则暗中准备，寻找有利时机发难。此计用在政治、外交，甚至商业上，都能起到作用。

【经典案例】

成吉思汗识破诡计

1206年，铁木真当上了蒙古部落的可汗，被尊称为"成吉思汗"。本部的元老札木合看到成吉思汗的势力不断发展壮大，唯恐自己的力量遭到削弱，因此对成吉思汗怀恨在心。一天，成吉思汗骑着骏马，肩背双弓，臂架猎鹰，带着一群士兵来到孛尔罕山打猎。札木合知道后，决定趁此机会谋害成吉思汗。他命人在成吉思汗狩猎归来的途中搭了一个漂亮的雕花帐篷，帐篷里挖了一个很深的陷阱，陷阱里插满了枪尖，然后在陷阱上面装上翻板，铺上地毯，还在帐篷里准备了一桌美酒佳肴。

札木合在十几年前与成吉思汗结拜了兄弟，深知成吉思汗是一个重情义的人，于是他以祭盟之日为借口邀成吉思汗到帐篷中用餐。成吉思汗在归途中得到札木合的邀请，二话没说就来到了札木合的帐篷。进入帐篷后，札木合面堆笑容对成吉思汗说："今天是祭盟之日，望仁兄开怀畅饮，一醉方休！来，请上座！"正要入座时，成吉思汗的猎鹰突然飞下来，追逐一只钻进地毯里面的老鼠。札木合大惊失色，急忙割了一块肉扔给猎鹰。就在这一瞬间，成吉思汗已发现地毯下有陷阱。但是，成吉思汗仍装出一副若无其事的样子，对札木合说："你是兄长，当坐上席。"他一边说一边用力将札木合推到座上，只听"扑通"一声，札木合掉入陷阱，里面传出一声凄厉的惨叫。

札木合花言巧语，笑里藏刀，想致成吉思汗于死命，以绝后患。而成吉思汗在危急时刻，并未惊慌失措，而是将计就计，使札木合落入他自己设下的陷阱。

假亲假和惑上除敌

北宋自神宗起用王安石变法始，变法派和保守派的斗争就很激烈，这种斗争一直持续到北宋灭亡。其间有两次大规模的变动，即神宗死，高太后亲政起用司马光等，守旧派大臣尽废新法，变法派受挫；高太后死，哲宗亲政，提出要继承神宗的变法事业，重新起用变法派，守旧派失势。在这大起大落的政治斗争中，各类人物都露出其本来面目。被《宋史》列在奸臣传中的章淳就是在这样的社会背景下陷害吕大防的。

吕大防字微仲，"身长七尺，眉目秀发，声音如钟。自少持重

无嗜好，过市不左右游目，燕居如对宾客。每朝会威仪翼如，神宗常目送之"。

他年轻时曾任永寿县令，当时县境中没有水井，人们饮水需到很远的山涧去担。他行近县境时发现两个泉眼，"欲导而入县，地势高下，众疑无咸理，大防用考工水地置泉之法以准之，不旬日果疏为渠。民赖之，号曰'吕公泉'"。可见吕大防是位忠正朴直、体恤民艰且掌握一定科学知识的有为官吏。

在政治倾向上，他基本上属于保守派。哲宗初立，高太后听政的元和年间，他和范纯仁继司马光执掌朝政。吕大防"立朝挺挺，进退百官，不可干以私，不市恩嫁怨以邀声誉。凡八年，始终如一"。可见他在元和年间为稳定大局做出了很大贡献，曾深受哲宗的信任。

高太后死，哲宗亲政后，变法派重新上台。但此时王安石已死，变法派缺乏高瞻远瞩能统全局的领袖人物。章惇、蔡京等一批反复小人窃取了朝政。

吕大防毕竟是保守派的骨干，受到这些人的攻击是理所当然的。哲宗为了搞平衡，只好将他暂放外任。他进宫向哲宗告别的时候，哲宗非常亲热地安慰他说："爱卿暂时归故乡，过一段就召你回朝。"但是正因为吕大防离开朝廷，离开了哲宗，便给贼臣章惇等人进一步倾陷提供了机会。

章惇等人得势后，想要彻底打击元老重臣。但元老重臣都是受过太皇太后高氏（即宣仁太后，神宗生母，哲宗祖母）重用的，不是轻易可以动摇得了的。要想否定这些人，否定这段历史，必须想办法否定太皇太后。

为了寻找突破口，章惇等人便在哲宗孟皇后身上打主意。孟皇后品德好，容貌不出众，哲宗年轻好色，宠爱一位刘婕妤。刘婕妤恃宠而骄，瞧不起孟后，自然有些矛盾。而且，孟后是太皇太后高氏做主所立，如果把孟后扳倒，既可直接破坏高太皇太后和哲宗的感情，又可为否定元祐政治打开突破口。

所以章惇等人内外勾结千方百计罗织罪状，终于以莫须有的罪名废去孟皇后，立刘婕妤为后。此后，围绕孟后的废立一直存在着尖锐的斗争。

顺便带一笔，这位孟后身世非常奇特，颇有传奇色彩。她此次遭贬却因祸得福，她被废后，所居宫殿两度失火，她被迫回到私宅。靖康年间，金兵掳走徽钦二帝时把在后宫居住的后妃全都掳走，这些人都沦为奴婢。而孟后因未在宫中住，又没有名号所以未被掳走。在南宋政权的建立中，她起了举足轻重的作用，在南宋初的政治舞台上是非常重要的角色，她便是历史上著名的隆祐太后。

章惇等人扳倒孟皇后后，索性一不做二不休，想进一步追废太皇太后高氏。为扩大打击面，他们再度罗织元祐旧臣的罪名，对司马光等已故之人皆加以追贬，对活着的人更不放过，在这样的政治气候下，哲宗当然无法调回吕大防，但他始终也未忘怀这位忠直憨厚的老臣。一天，吕大防的哥哥吕大忠从渭州任所进朝，哲宗召见他，在谈完其他工作后，哲宗询大防安否，又说："执政欲迁诸岭南，朕独令处安陆。为朕寄声问之，大防朴直，为人所卖，三二年可复相见也。"大忠心中很感动，叩谢出门。

章惇听说吕大忠进见哲宗，就在朝门外等候，见吕大忠出来，忙过去亲热地打招呼，寒暄后问圣上有无要谕，大忠与大防一样，也是心直口快、肚子里装不住事的人，便把哲宗的话原原本本说了一遍。章惇听后，暗暗吃惊，表面却非常热情地说："我也正待令弟入京，好与他共议国是，难得上意如此，我可有一位好助手了，您静听好消息吧！"章惇回府，立即找来在御史台及三省中的心腹，分别上奏章，罗织吕大防及其他几位元老重臣的罪名，并奏

称司马光罪大恶极，死有余辜。同党吕大防等罪与光同，尚存人世，处罚太轻，不足以示后世，应继续加贬。

由于三省及御史台各方面交相上奏，而且同时上奏的还有其他几人，哲宗也不知吕大忠泄露自己语言之事引发章惇报复的内情，便同时批复。

在继续加贬刘挚、苏辙、范纯仁等元和重臣的同时，吕大防也被再贬为舒州团练副使。此后，吕大防再也没能回到朝廷，71岁时老死贬所。

卫鞅行诈

战国时，秦国派卫鞅率兵攻打魏国，魏国闻讯，速派公子卬抵御。双方势均力敌，卫鞅想很快取得胜利已不可能，于是，卫鞅便筹划一场假讲和的骗术。

这天，卫鞅派人给公子卬送去一封信。信中说："我们曾是朋友，分别担任两国的将领，说实话，我不忍心打仗，我愿和你讲和，成为盟友。咱们相约饮酒欢宴，互相退兵，使秦、魏两国人民永远和平、安宁。"

公子卬见信后，甚为高兴，以为卫鞅真有诚意，便按照他指定的地点来参加宴会，谈判结盟。谁知，他还没有走到谈判地点，便遭到卫鞅埋伏军队的袭击。卫鞅把公子卬及其全军俘虏到秦国。

魏惠王听到这个消息，惶恐不安，连忙答应割让河西的大片土地给秦国。

第十一计　李代桃僵

"李代桃僵"，本义是指李树代替桃树受虫蛀而死。原比喻兄弟之间的爱护情谊，后转用来比喻代人受过。军事上，指用甲来代替乙，或以劣势力的兵力牵制优势的敌人，以便为全局争取时间或提供有利条件。这是一种舍小保大的计谋，类似于象棋对局中的"丢卒保车"。

原　文

势必有损①，损阴以益阳②。

【按语】我敌之情，各有长短。战争之事，难得全胜。而胜负之决，即在长短之相较；而长短之相较，乃有以短胜长之秘诀。如以下驷敌上驷，以上驷敌中驷，以中驷敌下驷之类，则诚兵家独具之诡谋，非常理之可测也。

注　释

①势必有损：势，局势。损，损失。
②损阴以益阳：阴，这里是指局部利益。阳，这里是指全局利益。全句意为：舍弃某一部分利益，使全局得到增益。

译　文

当局势发展到损失已不可避免的时候，要舍弃局部的利益，以求得全局更大的增益。

【按语】敌我的情况，各有优势缺点。军事战争，难得全胜，但有胜

负的决定因素，就是优势和缺陷的相互比较，有以劣势兵力战胜优势兵力的秘诀。比如，用下等马对付敌人的上等马，上等马对付敌人的中等马，中等马对付敌人的下等马等类似的方法。这真是军事家独特的计谋，不是平常的道理可以推测的。

◆◆ 计名探源 ◆◆

本计语出《乐府诗集·鸡鸣》。诗中说："桃生露井上，李树生桃旁。虫来啮桃根，李树代桃僵。树木身相代，兄弟还相忘？"此诗的本义是借李树代替桃树受虫蛀，来比喻兄弟休戚与共的情谊。后人借"李代桃僵"的成语，表示为借助某种手段，以一事物的损失、牺牲，来换取另一事物的安全、成功，以局部的牺牲换取全局转危为安的谋略。

品 读

李代桃僵，用来概括各种替代受过、受难的现象或做法。用在军事上，两军对峙，敌优我劣或势均力敌的情况是很多的。如果指挥者主观指导正确，常可变劣势为优势。古人云："两利相权从其重，两害相衡趋其轻。"以少量的损失换取很大的胜利，是划得来的。在战场上较量时，兵家们往往牺牲局部保全整体，或牺牲小股兵力，保存实力，以获得最后的胜利，这是一种"李代桃僵"法。历史教会了我们许多东西，现代人的价值观固然跟古代有许多不同，然而生存的法则和力量对比则在许多情况下似乎没有变。

【经典案例】

孙膑计败魏军

孙膑运用"围魏救赵"之计成功后,接着又用"李代桃僵"之计打败了魏军。孙膑向魏国都城的攻势迫使魏军放弃攻赵,匆忙收兵回国。当时的魏军分为三个纵队,一在右,一在中,一在左。左队最强,中队一般,右队最弱。

齐将田忌想用赛马的方法将自己的军队也分成三队,即一个强队,一个中强队,一个弱队。作战时,用自己的弱队攻击敌人的强队,用自己的强队和中强队去攻击敌人的中强队和弱队。

但孙膑却不同意这种想法,他认为,这次可不能满足于二比一取胜,而要设法以最小的损失,去打败总体上处于优势的魏军。他建议用自己的弱队攻击敌人强队,用自己的中强队攻击敌人的中强队。这样就会造成一个纵队是敌军占优势,一个纵队是势均力敌的局面,但这两个纵队都只是为了暂时牵制敌军之用。与此同时,由他亲自率领强队闪电一般去攻击敌军的弱队。在迅速取得胜利之后,就可以迅速转而增援自己的中强队,并与之一起战胜敌军的中强队。随后强队、中强队再与弱队会合,共同歼灭敌军的强队,最后造成齐军绝对的优势,从而保证齐军桂陵之战的胜利。

四姑娘舍己保义父

石达开是太平天国的一员文武兼备的勇将。洪杨内讧,石达开遭韦昌辉迫害,全家被诛,只身缒城夜走,自领一军向西南进发,途中救了一个少女韩宝英,她的父母被土匪杀害,得石达开为她报了仇,愿委身奉箕帚。当时石达开正孤身寡老,但以大义所在,不能乘人之危,且年岁相差太悬殊,故只认为义女,称"四姑娘"。

四姑娘聪颖过人,为石掌机要文书,敏捷无匹,石达开平时颇以文事自诩,至此亦叹不如。一日,四姑娘告诉义父,要下嫁文房抄写的一位马监生,石达开笑说:"这马监生一名庸才,只晓得抄抄写写,没有什么大志,我军中不少文武才士,你可以随便挑选,为什么只钟情一个姓马的?"四姑娘回答说:"父王说的我都明白,但女儿却另有作用,将来父王也许会知道。"原来马监生的面貌和石达开非常相像,不开口说话很难辨别得出来。

及后,石达开入川遇险,在清军四面包围的时候,四姑娘对丈夫说:"此正是我报恩于父王的时候了,也是我当初为什么要嫁你。"马生还踌躇着,她愤然说:"蠢材,尚贪恋妻女吗?"当即把怀中幼女往地上摔死,举剑欲自刎,说:"快与父王换衣服。"回头对石达开说:"父王,女儿不能再侍奉你了,来生再见。"

此时,马生才觉悟,急与石达开回内室调换了衣服,他扮作石达开,出营向清军投降,石达开本人则只身逃跑,到峨眉山隐姓埋名做和尚去了。

完子舍身保齐国

春秋末期，齐国大夫田成子独揽了大权，当时齐国面临内外交困的形势，内部百姓怨气很大，外部诸侯不服。田成子因上台"名分不正"，所以，对此一直苦无良策。祸不单行，越国借口说他篡权诸侯，出兵攻打齐国。田成子一看慌了手脚，急忙召集幕僚商量对策。有的说："越国来犯，实属欺人太甚，我国虽兵力不如越国强大，但可以动员全国军民，共同迎敌。"有的说："时下国内人心浮动，许多臣民还没有来得及享受到大王的恩惠。如果倾城出动，恐怕难得民心，难以服众。"有的建议："大王何不效仿他国，割让几个城池给越国，或可免动干戈。"

争来争去，田成子都觉得不是破敌良策。他心里琢磨：倾城出动迎敌，不仅耗费国力太大，而且仅靠一批善战勇士带领老百姓去打仗，不一定能获胜，现在自己地位又不太稳定，闹不好还会出现反戈一击的局面。割让城池也非上策，自己刚刚掌权，就舍城丢池，将来难以建立威望，后患无穷。正当他苦思冥想时，他的哥哥完子向他献计说："我请求大王准许我率领一批贤良之臣出城迎敌，迎敌一定要真打，打一定要战败，不仅战败而且一定要全部战死。如此，可退越兵，保全国家。"

此言一出，满座皆惊，田成子不解地问："出城交战似可准许，只是交战一定要败，败还一定要死，这我就不明白了，请问何故如此呢？"完子从容回答："王弟现在占据齐国，老百姓不了解你的治国本领，没有看到你的政绩，有的私下里议论纷纷，说你是窃国之盗，不一定愿意为你打仗。现在越国来犯，而贤良之中又有不少骁勇善战之臣，认为我们蒙受了耻辱，急于出兵迎战。在我看来，出现这样的情况，我们齐国已经很令人忧虑了。"

"王兄所言极是，可为什么非得你去主动战死才能保全国家

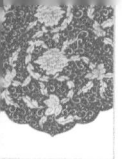

呢？难道没有别的办法吗？"田成子面对仁爱而又勇敢的哥哥仍苦思不得其解。完子说："越国出兵无非是要在诸侯面前抖抖威风，捞个正义的名声，况且，以它的实力完全吞并我们还不可能。我带领一批贤良之士，出兵迎敌，战而败，败而死，这叫以身殉道，越国一看杀死了大王的兄长，'教训'我国的目的也就达到了。而随我战死的那些人也为国尽了忠，没有战死的也不敢再回到齐国来，这样一来，国内的人心也就稳定了。所以，据我看来，这是唯一的救国之道了。"田成子边听边流泪，只好听从兄长的建议，哭着为他送别。果然，完子以身殉道，救了齐国。

第十二计　顺手牵羊

"顺手牵羊",本义是指在路上看到一只羊,就顺手把它牵回家。比喻趁着别人不注意,就势顺走别人的东西或达成某事。本计策的要点在于:及时抓住敌人出现的漏洞,乘虚而入。要把握好战机,乘隙取利。

原文

微隙在所必乘,微利①在所必得。少阴,少阳。②

【按语】大军动处,其隙甚多,乘间取利,不必以战。胜固可用,败亦可用。

注释

①微利:微隙、微利都指微不足道的间隙,微小的利益。

②少阴,少阳:阴,这里指疏忽、过失;阳,指胜利、成就。

译文

敌人出现微小的漏洞,必须及时利用;发现微小的利益,也一定要争取到。即使是敌人的微小疏忽、过失,也要利用来为我方的微小胜利服务。

【按语】敌人的大部队在调动的过程中,它的漏洞一定很多。利用敌人的疏忽便可获得利益,不一定要通过正规作战的方法。这个方法,在胜利形势下可以用,在失败的形势下同样可以用。

◆◆ 计名探源 ◆◆

本计语出《礼记·曲礼上》，有"效马效羊者右牵之"一句，郑玄注："用右手便。效，犹呈见。"孔颖达疏："马羊多力，人右手亦有力，故用右手牵掣之也。"因此这句话的意思是说，进献的马和羊用右手牵（因为这样很方便）。后世就用"顺手牵羊"比喻顺便行事，毫不费力。

品 读

顺手牵羊是看准敌方在移动中出现的漏洞，抓住薄弱点，乘虚而入获取胜利的谋略。敌方出现的再微小的漏洞，也必须加以利用；对己方来说，再小的利益，也必须尽量争得。这就是《易经》所讲的变敌方小的疏忽为我方小的胜利的道理。顺手牵羊是想充实自己的力量，其方式是和平攫取，比趁火打劫稍微高明些。不管是明贪暗贪，明动暗动，方法不同，但目的却是一致的，即把别人的利益据为己有。因此，如果把顺手牵羊看作平微的策略，或是"富贵逼人来"的幸运，那将是大错特错。

【经典案例】

崔杼顺手牵羊除庄公

崔杼因迎立齐庄公有功，被封为上卿，执掌国政。庄公经常到他府上饮酒作乐，毫无拘谨，俨如家人。

一天，庄公饮了两杯，见崔杼因事外出，趁机把崔杼的继室棠姜诱奸了。此后暗往明来，已非一日。此事渐为崔杼发觉，于是

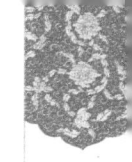

严厉诘问妻子,她却供认不讳,且说:"庄公身为国王,他恃势威胁,我这个女流有什么能力抗拒呢?"

崔杼愤怒了一阵,想了一会儿,无可奈何地冷冷地说:"也罢!事到如今,我也怪不得你,只怪我自己引狼入室。"从此以后,崔杼严加防范,不让庄公与棠姜有接近的机会,且暗里要谋害庄公。

庄公有一位内臣叫贾竖,因一点小过失就被庄公罚打了一百板子,心常愤恨,不时口出怨言。崔杼知道了,便以重金去收买他,央他做个内线,随时报告庄公的一举一动。

不久,莒国黎比公来齐朝见,庄公大喜,特在北郊设宴招待。崔杼的府第也正在北郊。崔杼得知这个消息,已想到庄公的用意了,便诈病起来,不去陪宴,一面派心腹去贾竖处探消息,贾竖回报说庄公在宴散后要去探崔杼相国的病。"哼!老淫虫哪会关心到我?关心我的老婆是真。"崔杼冷笑一声,喃喃自语说。

然后他又立即对棠姜说:"今晚要解决那个昏君淫王,你一定要按我的话去做!事成,立你为正室,你的儿子亚明为继承人,不扬你的丑。不然的话,我先宰了你!"接着教她如何如何,这般这般。跟着动员家族兵丁埋伏在室门内外,再派心腹通知贾竖,安排好香饵,等候大鱼来上钩。

庄公是一心想着棠姜的,今见崔杼患病,正中下怀,匆匆地开罢宴会,即命人驾车到崔府来。

"相国的病怎样了?"庄公一入门就这样问。

"启禀我王,相国的病非常严重,现在刚吃过药,蒙头睡觉!"守门的这般说。

"睡在什么地方?"庄公再问。

"睡在东边的外厅!"

庄公大喜,径直向西厢的内室走去。他的四位保镖也想跟进去,却被贾竖挡住,他说:"你们怎么都这么不明事理。主上要办

私事,你们进去干什么?还是在外厅等候吧!"

大家听了他的话,便停留在门外,只要贾竖一人跟进去,门也随即关了起来。进了内室,棠姜出来迎接,她此时打扮得格外漂亮,庄公一见,便如饿虎擒羊一样,想把她搂过来。可是,有侍婢出来,告诉棠姜,说相国嚷着口渴,请夫人调蜜汤送过去。

棠姜向庄公抛下媚眼,低声说:"你急什么呢?待我过去给他喝点蜜汤就回来。等一等!"又故意把庄公的脸摸一摸,摸得他魂飞魄散。眼见棠姜花枝招展地摆出侧门去了,贾竖也趁机托词离开。

一会儿,伏兵齐起,挥剑呐喊,这才把他吓醒,情知有变,急趋后门逃避,但门已上锁。庄公力大,把门踢开,走上小楼,伏兵把楼团团围住,声声只叫:"奉相国之命,捉拿淫贼!"

庄公见无法突围,乃凭窗对甲兵说:"我是国王,你们不得无礼。"

"什么国王不国王,我们奉相国命令,只知是捉拿淫贼!"

甲兵又鼓噪起来。

"崔相国何在?我要跟他当面说话!"

"相国有病不能来!"

庄公见此情形,知已无转回余地,黯然当众请求:"我知道你们一定会要我的命,但可否让我回去到太庙里自尽呢?"说完话,差点儿哭出声来。

"还是即时自己解决吧,免得受辱!"庄公突然从窗口跳出来,想爬墙走,一支冷箭射过去,伤了左脚,他从墙上坠下。甲士一齐拥上去,把庄公剁成肉酱。负责保卫的四位勇士,也在前厅被伏兵杀死。

位高权重顺手牵羊

高力士是唐玄宗最亲信的太监。他身高六尺五寸,为人小心谨慎,能说会道,善于窥测政治风云。高力士生前,曾煊赫一时,气焰熏天,他假皇帝权势作威作福之事,举不胜举。

唐玄宗后期一味追求享乐,懒于处理政事。把宫廷中的事务全部委托给高力士掌管,各地上报朝廷的文件,也叫高力士先阅,拣重要的转给皇帝。高力8士成了唐玄宗的左膀右臂,日侍身边,就连唐玄宗睡觉时,高力士也守在跟前,在寝宫里的帘子后边待着。唐玄宗经常对臣子们说:"有高力士在这里,我睡觉也安稳。"

唐玄宗对高力士很少直呼其名,而称他为将军。朝廷上下趋炎附势之徒,闻风而来,很多人走高力士的门路,爬上了高位,如李林甫、杨国忠就是因为巴结高力士而当上宰相的;又如安禄山、高仙芝也是依靠高力士而当上大将的。其他文武百官靠高力士的援引而升迁的,更是不可计数。

一些人为了讨高力士的欢心,绞尽脑汁,不择手段。金吾大将军程伯献,与高力士结为兄弟。在高力士的生母麦氏死时,程伯献披头散发,披麻戴孝,跪守灵前,号哭连天,甘当孝子。

高力士在长安城内来庭坊兴建了一座宝寿佛寺,在兴宁坊兴建了一座华封道士观,花掉的金银如流水一般,寺院金碧辉煌,不亚于皇帝修建的庙宇。寺庙建成之后,高力士想借机发一笔横财,于是在宝寿寺大摆宴席,满朝文武闻讯争先恐后前来赴宴。高力士当场宣布,宝寿寺里的大钟是新铸的,谁要想敲一下钟,就得交礼钱十万。文武百官要讨高力士的喜欢,争先恐后去敲钟。有的人要特别引起高力士的注意,博得他分外的好感,竟一连敲了二十下!金钱像潮水一般涌进了高力士的腰包。

高力士自幼被阉割,已经没有了男性的机能,可是,他发迹之

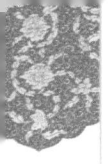

后，偏偏还要娶妻子。开元初年，京城有个小官吏叫吕玄晤，有个女儿长得特别漂亮。高力士听说后，就把吕女娶过来做"妻子"。吕玄晤成了高力士的老丈人之后，立刻当上了少卿、刺史，由一个小吏摇身一变而成为大官。吕玄晤的儿子们也纷纷被委以要职。吕女嫁给了高力士，内心的苦闷是不言而喻的，可是，还得屈颜为欢，这种非人的生活，吞噬了她的青春和生命。"高夫人"的死讯轰动了全国，朝野上下，争相吊祭，参加丧礼的人群把大道都堵塞了，从高力士的家到城东墓地，沿途车马络绎不绝。

在唐玄宗开元、天宝年间，高力士的权势已到了登峰造极的地步，不但大臣们仰其鼻息，就连皇族贵戚也让他三分，皇太子管他叫二哥，王子、公主们管他叫老爹，驸马们则称他作爷。高力士之所以如此炙手可热，是因为他深得皇帝的宠信，他几乎成了一人之下、万人之上的大人物。

魏国顺手占赵国

公元前354年，魏惠王（前369—前319年）打算进攻北面的赵国。他派遣庞涓率领一支精锐部队向赵国杀去。庞涓没费多大力气就杀到了赵国都城邯郸城下，并包围了邯郸。此时，赵国无力应战，只好派使者向实力雄厚的楚国求救。楚王对于要不要救赵犹豫不决。于是，他召集谋士们商议。楚相昭奚反对出兵，认为应当听凭魏国攻打赵国，楚国可以等他们两败俱伤后，坐收渔人之利。

景舍反对昭奚的主张，提出以救赵为名来削弱赵魏的实力，并顺手牵羊，为楚国牟利的计划，受到楚王的赞赏。楚王任景舍为帅，带领一支人数不多的军队，打着救赵的旗号，跨越赵、楚之间的国界，进入赵国。越国大将马上将楚国派救兵的消息通告守城官兵，但这一切都没能阻止庞涓的进攻。围城七个月后，庞涓终于攻克了邯郸。这时，传来齐国派一支军队直趋魏国都城大梁的消息。庞涓得知这一情报后，马上从赵国撤兵回国。半路上，齐军"以逸待劳"，把庞涓率领的魏军打得大败。

魏国和赵国都在战争中受到重创。这对楚国是最好的机会。景舍正是抓住赵国向楚国求救的机会，派兵进入了赵国，而且在魏军撤退之后，不费吹灰之力便"顺手牵羊"，占领了部分赵国领土，胜利实现了昭奚的计谋。

三十六计 解析 ◎ 第二套 敌战计

第三套 攻战计

本套为处于进攻态势之计谋，共有打草惊蛇、借尸还魂、调虎离山、欲擒敌纵、抛砖引玉及擒贼擒王六计。

进攻之时，不能暴露行踪，打草惊蛇，这样反而会使敌人有所防备，陷己于不利；当局势不利，原计划无法实施时，可以借尸还魂，用另一种方式实现自己原先的意图；面对强敌，要善于调虎离山，引诱其离开原来的位置，方可择机而动；若己方占优，也切不可逼过紧，欲擒故纵，令其放松警惕才能一网打尽；抛砖引玉指的是用小利引诱敌人，最终的目的则是"玉"，攻打敌人时，注意"擒贼擒王"，一举击溃敌人主力，敌人不战而败。

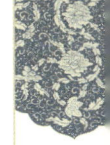

第十三计　打草惊蛇

"打草惊蛇"本指打草时惊动了埋伏在草中的蛇。比喻甲乙事情相类似,甲受到打击惩处,就使乙感到惊慌。后用以比喻做事不机密,使对方知道了自己的意图而有所戒备。此计作为谋略有两用,一是在不清楚敌方情况的时候,不轻举妄动;二是故意"打草",引蛇出洞,聚而歼之。

原 文

疑以叩实①,察而后动;复②者,阴之媒③也。

【按语】敌力不露,阴谋深沉,未可轻进,应遍探其锋。兵书云:"军旁有险阻、潢井、葭苇、山林、翳荟者,必谨复索之,此伏奸之所藏也。"(《孙子兵法·行军篇》)

注 释

①叩实:叩,询问,查究。叩实,问清楚、查明真相。
②复:反复、一次又一次地。
③阴之媒:隐秘的计谋。

译 文

真相不明就应查实,洞察了实情之后再采取行动;反复侦察,是实施隐秘计谋所必需的。

【按语】敌人的兵力如果不暴露,则必然隐藏着深机密谋,此时,决

不可贸然进攻，应广泛搜索和侦察敌方主力之所在。兵书上说："行军路上遇有险阻、潢井、芦苇丛生和草木茂盛之处，必须谨慎地反复搜索，这些都可能是敌人隐兵设伏的地方。"

◆◆ 计名探源 ◆◆

"打草惊蛇"一语，源出宋代郑文宝《南唐近事》。故事讲的是：南唐时，有一个叫王鲁的人，在当涂县做县令。他贪赃枉法，见钱眼开，干了很多搜刮民脂民膏的事。有一天，王鲁得知上司要来察访民情，整肃吏治，不禁担忧起自己头上的乌纱帽来。他在批阅公文当中，正好看到本县百姓联名告发他手下的一个人受贿，王鲁因为自身行径与此类似，不禁忧上加忧，神情恍惚。忧虑之中，他不由自主地在状子上批了八个字："汝虽打草，吾已惊蛇。"

品 读

打草惊蛇之计，一则指对于隐蔽的敌人，己方不得轻举妄动，以免敌方发现我军意图而采取主动；二则指用佯攻助攻等方法"打草"，引蛇出洞，中我埋伏，聚而歼之。"打草惊蛇"与"敲山震虎"有相同的意义。无意地打草或敲山，结果惊了蛇或震了虎，会使蛇虎受惊吓而跑或者采取相应的行动，会对己方不利，所以要避免。

【经典案例】

阴姬登上王后宝座

战国时,中山国国王的两个爱妃阴姬和江姬都想做王后,私下里钩心斗角,争夺十分激烈。她们之间的争夺对于中山王的谋臣司马喜来说,是一个谋求个人发展的良好机缘。

老谋深算的司马喜暗中求见阴姬,一本正经地对她说:"争夺王后可不是一件轻松好玩的事。事若成,则为国中第一夫人,吃不完的山珍海味,穿不尽的绫罗绸缎;事若不成,弄巧成拙,恐怕连自家的性命都保不住。所以,要么放弃这个念头,要么就一举成功。你选择哪一种呢?"

阴姬眼中流露出渴望的神情,说:"我要做王后,而且要一举成功!"

司马喜不慌不忙地说:"既然如此,微臣愿助您一臂之力。"

阴姬十分感激:"若能成功,我必定厚报先生!"

第二天,司马喜按自己的计划行事。他先写了一份奏章给中山王,说他有一个削弱赵王的想法。中山王当即召见他。司马喜请求中山王让他以使者的身份去一趟赵国,主要考察赵国的山川地形、军事设施、君臣好坏、人民贫富,然后再在此研究的基础上提出一个详尽的方案。中山王准许了他的请求。

司马喜到赵国后拜见了赵王,公事谈完后便转入了聊天。司马喜说:"我早就听说赵国是一个出美女的地方。但我在街上巡视时,发现赵国的妇女中没有特别出色的。我周游列国,跑过的地方多了,美女也见多了,但从未见过有一个美女能与我国的阴姬相比。阴姬的容貌都无法用言语来形容,简直就像天上的仙女。"

赵王是个好色之徒,听了司马喜的这番话顿时感到心跳加速,忙问道:"你若能把她弄到赵国,我重重赏你。"

司马喜故作难色,说道:"尽管阴姬只是个嫔妃,可我们大王却爱如珍宝。请大王不要把我刚才的话传出去,否则我会有杀身之祸。我在暗中替大王做这件事就是了。"回国后,司马喜愤愤不平地对中山王说:"赵王不好仁义,而好武力;不好道德,而好女色。他甚至私下里打阴姬的主意,想让阴姬做他的妃子。"

"这个荒淫无耻的东西!"中山王气得大骂。

司马喜劝中山王息怒,说:"眼下赵国比我们强大。如果赵王来要阴姬,恐怕我们只好送给他。若我们不从,就会招致兵戈之灾。话又说回来了,如果我们拱手送阴姬给赵王,天下人会讥笑我们中山国懦弱无能。"

中山王为难了,问道:"这可如何是好?"

司马喜见时机已到,忙献计说:"只有一个办法,就是大王立阴姬为王后,以绝赵王之念。世间还没有听说要别国王后做妃子的事情呢!"

中山王认为此计甚妙。于是,阴姬在司马喜的策划下顺利地登上了王后宝座。

在这个故事里,司马喜让赵王对阴姬产生不轨之心仿佛是"打草",使中山王恼怒不安恰似"惊蛇"。司马喜正是运用打草惊蛇之计激怒中山王,迫使他立阴姬为后。

蜀魏争夺汉中之战

公元218年,刘备领兵10万图汉中,曹操闻报大惊,起兵40万亲征。定军山一役,蜀将黄忠计斩曹操大将夏侯渊。曹操大怒,亲统大军抵汉水与刘备决战,誓为夏侯渊报仇。蜀军见曹兵势大,

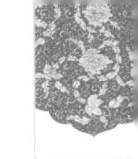

退驻汉水之西，两军隔水相拒。刘备与孔明至营前观察两岸形势，谋划破敌之策。孔明见汉水上流源头处有一带土山，可伏兵千余。回营后命赵云领兵五百，都带上鼓角，伏于土山之下，或黄昏，或半夜，只要听到本营中炮响一次，便擂鼓吹角呐喊一通，但不可出战。孔明自己却隐在高山上观察敌军动静。第二天，曹兵到阵前挑战，见蜀营既不出兵，也不射箭，叫喊了一阵便回去了。

到了深夜，孔明见曹营灯火已灭，军士们刚刚歇息，便命营中放炮为号，令赵云的五百伏兵鼓角齐鸣，喊声震天。曹兵惊慌，疑有蜀兵劫寨，赶忙披挂出营迎敌。可出营一看，并不见有什么蜀兵劫寨，便回营安歇。待曹兵刚刚歇定，号炮又响，鼓角又鸣，呐喊又起。一夜数次，弄得曹兵彻夜不得安宁。一连三夜如此，致使曹操惊魂不定，寝食不安。有人对曹操说，这是诸葛孔明的疑兵计，建议不要理睬他。可曹操说，我岂不知是孔明的诡计！但如果多次皆假，却有一次真来劫营，我军不备，岂不要吃大亏！曹操无奈，只得传令退兵三十里，找空阔之处安营扎寨。诸葛亮施"打草惊蛇"计逼退了曹兵，便乘势挥军渡过汉水。

蜀军渡汉水后，诸葛亮传令背水结营，故意置蜀军于险境，这又使曹操产生了新的疑惑，不知诸葛亮又将使什么诡计。因为曹操深知"诸葛一生唯谨慎"，认为他如果不是胜券在握，是决不会走此险棋的。诸葛亮正是看中曹操这种心理，偏走此险棋来疑他、惊他。曹操在惊疑中，为了探听蜀军虚实，下战书与刘备约定来日决战。战斗刚开始，蜀军便佯败后退，往汉水边逃去，而且多将军器、马匹弃于道路两旁。曹操见此，急令鸣金收兵。手下的将领疑惑地问曹操：为何不乘胜追击，反令收兵？曹操说："看到蜀兵背水扎寨，我原本就有怀疑；现在蜀兵刚交战就败走，而且一路丢下许多军器、马匹，更说明是孔明的诡计，必须火速退兵，以防上当。"然而，正当曹兵开始掉头后撤时，孔明却举起了号旗，指

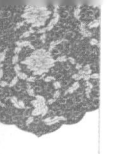

挥蜀兵返身向曹兵冲杀过来，致使曹兵大溃而逃，损失惨重。

这一回是诸葛亮用计设险局、临阵佯败、"打草惊蛇"以置曹操于疑惑、惊恐之中，再次巧妙地击溃了曹兵。

秦晋崤之战

公元前 627 年，秦穆公发兵攻打郑国，他打算和安插在郑国的奸细里应外合，夺取郑国都城。

大夫蹇叔以为秦国离郑国路途遥远，兴师动众长途跋涉，郑国肯定会做好迎战准备。秦穆公不听，派孟明视等三帅率部出征。

蹇叔在部队出发时，痛哭流涕地警告说，恐怕你们这次袭郑不成，反会遭到晋国的埋伏，只有到崤山去给士兵收尸了。果然不出蹇叔所料，郑国得到了秦国袭郑的情报，逼走了秦国安插的奸细，做好了迎敌准备。秦军见袭郑不成，只得回师，但部队长途跋涉，十分疲惫。部队经过崤山时，仍然不做防备。他们以为秦国曾对晋国刚死不久的晋文公有恩，晋国不会攻打秦军。哪里知道，晋国早在崤山峡谷中埋伏了重兵。一个炎热的中午，秦军发现晋军小股部队，孟明视十分恼怒，下令追击。追到山隘险要处，晋军突然不见踪影。孟明视一见此地山高路窄，草深林密，情知不妙。这时鼓声震天，杀声四起，晋军伏兵蜂拥而上，大败秦军，生擒孟明视等三帅。秦军不察敌情，轻举妄动，"打草惊蛇"终于遭到惨败。当然，军事上有时也可故意"打草惊蛇"而诱敌暴露，从而取得战斗的胜利。

第十四计　借尸还魂

"借尸还魂",迷信的人认为人死之后,灵魂还可以附在他人身体上复活。比喻已经没落或死亡的事物借助别人的名义,又以另一种形式出现。作为一种计谋,"借尸还魂"是指利用一切可以利用的事物,来实现自己的企图。

原 文

有用者,不可借;①不能用者,求借。②借不能用者而用之,匪我求童蒙,童蒙求我。③

【按语】换代之际,纷立亡国之后者,固借尸还魂之意也。凡一切寄兵权于人,而代其攻守者,皆此用也。

注 释

①有用者,不可借:意为凡自身可以有所作为的人,就不会甘愿受别人利用。

②不能用者,求借:意为那些自身难以有所作为的人,却往往有可能被人借以达到某种目的。

③匪我求童蒙,童蒙求我:语出《易经·蒙卦》卦辞。《蒙卦》为周易六十四卦的第四卦,也是阴阳相交后的第二卦(因第一卦《乾》为纯阳,第二卦《坤》为纯阴,皆无阴阳相交之象)。在这里,蒙字本义是昧,指物在初生之时,蒙昧而不明白。《蒙卦》的卦象是下坎上艮。艮象山,坎象水;山下有水,是险的象征;人处险地而不知避,便是蒙昧了。童蒙,

幼稚而蒙昧。此句意为，不需要我去求助蒙昧的人，而是蒙昧的人有求于我。

译文

凡是自身能有所作为的人，往往难以驾驭和控制，因而不能为我所用；凡是自身不能有作为的人，往往需要依赖别人求得生存和发展，因而就有可能为我所用。将自身不能有作为的人加以控制和利用，这其中的道理，正与幼稚蒙昧之人需要求助于足智多谋的人，而不是足智多谋的人需要求助于幼稚蒙昧的人一样。

【按语】在改朝换代的时候，造反的人或因为出身低贱，或犯上作乱，都会把历史上已经灭亡的国家的后代立为名义上的君主，来获取造反行为的合理性，这就是借尸还魂的意思。凡是表面上把兵权上交给别人，但是代替别人攻城略地的人，都是起这种作用的。

计名探源

此计得名于古代的一个民间故事。从前，有一个叫李玄的人，因为聪明伶俐而被太上老君收为徒弟，传授他长生不老之术。一天，李玄随太上老君魂游仙界，要七日才能返回。他便将自己的躯体交由弟子看守。到了第六日，弟子忽然收到母亲病危的消息，便将李玄的尸体焚化，匆匆返回家去。李玄魂游归来找不到自己的躯体，只好

借路边一个刚死的乞丐还了魂。这个乞丐就是后来"八仙"之一的铁拐李。

品 读

历史上常有这种情况,在改朝换代的时候,都喜欢推出亡国之君的后代,打着他们的旗号,来号召天下。用这种"借尸还魂"的方法,达到夺取天下的目的。有时,我方即使受挫,处于被动局面,如果我方善于利用敌方矛盾,利用一切可以利用的力量,也能够转被动为主动,改变战争形势,达到取胜的目的。

【经典案例】

楚项兴兵灭秦之战

公元前221年,秦始皇嬴政扫灭六国,统一中国。前210年,嬴政死,其子胡亥立,是为秦二世。秦始皇剪灭割据称雄的六国诸侯,建立了中国历史上第一个统一的中央集权的封建国家,行郡县,修驰道,统一法律、货币、文字、度量衡;筑长城,北御匈奴,南定百越,对推动中国历史的发展,确有其不可磨灭的历史功绩。但他专制暴戾,苛刑峻法,焚书坑儒,且一心沉迷于帝王气派,极度奢靡豪华,修阿房宫,建骊山墓,困天下民力物力于咸阳;加之一些好事(如筑长城,修驰道)办急了,以致役繁赋重,人民苦不堪言,怨声载道。因而在秦始皇死后的第二年,便爆发了大规模农民起义。加上刚被灭掉的六国旧族伺机反扑,纠合旧部,趁机起兵抗秦,秦王朝很快便陷入风雨飘摇之中。

秦统一前的楚国地处南方,幅员辽阔,物产丰富,是与秦争霸

天下的主要对手。秦灭六国后，楚人对秦的怨愤最深，反抗最烈，所以当时即有人预言，"楚虽三户，亡秦必楚"。首先举起义旗的是以陈胜、吴广为首的农民军，即大多数原为楚国人，他们建立的农民政权，即号为张楚。响应陈胜，吴广而继起的是项梁、项羽两叔侄，他们杀了会稽（治所在今江苏省苏州市）郡守殷通，举兵反秦。时有广陵（今江苏柏州）人召平，过江来找项氏叔侄，并假传张楚王陈胜的命令，拜项梁为张楚政权的上柱国（相当于丞相之位），要他领兵过长江参战。于是项梁、项羽便率领江东精兵八千，西渡长江，转战于江淮之间，屡战屡胜。又先后收编了陈婴、黥布、薄将军等多部起义军，部队迅速发展到六、七万人。

秦二世元年（前209年），当项梁、项羽部队进驻薛城（在今山东省南部微山湖附近）不久，突然传来陈胜在陈县（今河南淮阳）被秦将章邯打败，为车夫汪贾所杀的消息。项梁听说后，便召集部属商议应变之策。

当时有些部将、谋士极力怂恿项梁自立为楚王，项梁一时拿不定主意。恰在这时，从居鄛（今安徽省巢县）来的一位年已七十的老人求见。老人姓范名增，平日在家闲居，喜欢读书，很有些知识和见解，常能给人出些奇特计谋。他这次来找项梁，就是为如何巧妙应对和利用当前时局一事，来给项梁出主意的。项梁当即接见了范增，对范增说："现在陈王已经去世，新王还没有确立。我们这里正在议论、筹划这件事，还没有拿定主意。你是位老成识广的长者，想必有高见，请直截了当地谈出来吧。"

范增说："我本是一老朽，但听说上柱国礼贤下士，从谏如流，所以特来献上自己的浅陋见解。依我看，陈胜的失败是必然的，原不足惜。请上柱国大人想一想，陈胜本来不是出身名门大族，声望不高，又无大的才干。虽首先起义抗秦，但骤然据地称王，而不立楚国王室的后裔为王。暴秦吞灭六国，楚国方面最无罪过。

楚怀王为与秦通好而入秦，却被秦王扣留，三年后客死秦国，楚国百姓哀思至今。上柱国从江东起兵，渡江击秦，楚地豪杰将士之所以争相趋附，无非是因为上柱国之家世为楚将，相信上柱国必定会拥立楚国王室的后裔，因而踊跃投靠门下竭诚效力，以图恢复楚国。上柱国如能顺应民心，扶植楚国的后裔，楚地百姓自然会闻风而至，聚集于你的麾下，天下便一举可定了。"项梁很高兴地采纳了范增的建议，便派人四处访寻楚国王室的后裔。

事有凑巧，正好在民间寻访到一个名叫熊心的牧童，查问起来，确实是九十年前客死于秦的楚怀王的孙子。于是项梁立即派部属备上王车王服，将牧童迎来薛城，奉为楚怀王，定盱眙（今江苏洪泽湖畔）为国都，项梁则自称武信君。之后，楚项部众迅速扩大到数十万。秦二世二年项梁战死。秦二世三年项羽在巨鹿（在今河北省平乡县）以破釜沉舟的决心与胆气，击溃秦军主力章邯军四十万，与刘邦等部共同推翻了秦王朝的暴虐统治。灭秦之后，项羽自称西楚霸王，而依范增借尸还魂之计借来的楚怀王熊心，这具政治僵尸，由于已再无利用价值，便被项羽改号义帝流放到洞庭之南的长沙郡，随后又令九江王英布追杀于今湖南郴州。

秦穆公立重耳结秦晋之好

春秋时，晋献公死后，国内发生了大乱，献公的一个儿子重耳，为了避难就带着一些大臣外出流亡。重耳先后到过狄国、齐国、宋国、楚国，但一直很不得志。与晋国相邻的秦国很想控制晋国，在晋国内乱时，趁机插手，立夷吾为国君，就是晋惠公。没想到晋惠公忘恩负义，反倒发兵去攻打秦国，结果吃了败仗自己做了俘虏。后经人说情，割让了五座城，并答应用太子圉做人质，秦国的秦穆公才放他回国。太子圉在秦国得知父亲病了，怕君位

传给别人，就偷偷地跑回晋国。第二年夺得了君位，从此不再与秦国来往。秦穆公因此很伤心，所以决心立在外流亡的公子重耳做国君，秦穆公派人从楚国接回了公子重耳，并把女儿嫁给了他。为了帮助女婿夺得君位，秦穆公便发兵替重耳攻打晋国，赶跑了公子圉，立重耳为国君，是为晋文公。晋文公重耳感谢秦穆公的恩德，从此两国结为"秦晋之好"。

秦国为了称霸，必须能够笼络并控制晋国，而笼络和控制晋国的最好办法莫过于在晋国寻找代理人。而重耳这个落魄流亡的公子哥是最佳人选。所以秦穆公便要借重耳这个"不能用者"之尸，来还将来控制驾驭晋国之"魂"。此计属于捡别人遗弃的流亡公子，长期充当自己的代理人。

王莽篡汉

西汉末年，梓潼县人哀章在长安求学，他一向品行不端，好说大话。他看到王莽居位摄政，就做了一只铜箱子，制作了两道封书题签，一道写作"天帝行玺金匮图"，另一道写作"赤帝行玺某传予黄帝金策书"。所谓某，就是高皇帝的名字。文书说王莽应作真天子，皇太后应遵从天命。图和书都写明王莽的八名大臣，又起了吉利的名字叫王兴和王盛，哀章还把自己的姓名也塞在里面，共有十一人，都写明了官职和爵位，作为辅佐。哀章听到齐郡新井和巴郡石牛事件下达了，当天黄昏，穿着黄衣，拿着铜箱子到高帝祠庙，把它交给了仆射，仆射向王莽奏报。十一月二十五日，王莽到高祠庙接受天神命令转让统治权的铜箱子。他戴着王冠，晋见太皇太后，回来便坐在未央宫的前殿，下文告说："我自身无德，幸赖是皇初祖黄帝的后代，是皇始初虞帝的子孙，又是太皇太后的亲属。皇天上帝大加显扬和保佑，既定的天命，宣告皇

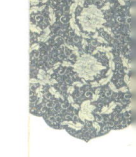

统的开端，上天降下的符命、图文，神明晓喻，把普天下人的命运托付我。赤帝汉朝高皇帝的神灵，秉承上命，传给我转让政权的金策书，诚惶诚恐，不敢不敬谨接受！二十五日为一吉日，我戴着王冠，登上天子的座位，建立'新王朝'。决定改变历法，改变服饰的颜色，改变祭祀用品，改变旌旗，改变用器制度。把今年十二月初一定为始建国元年正月的初一，把鸡鸣之时作为一天的开始。车马、服饰的颜色配合土德崇尚黄色，祭祀适应正月建丑使用白色，使者符节的旄头都采用纯黄，其上写着'新使五威节'，表明我们是秉承皇天上帝的威严命令。"

王莽将要当真皇帝之前，先让人捧着各种符瑞给太皇太后看，太后大吃一惊。这时，因孺子刘婴还没有即位，所以皇帝御玺仍放在太后的长乐宫。等到王莽即位，向太皇请予御玺，太后不肯给。王莽让安阳侯王舜规劝。王舜一向谨慎周到。太后平素喜欢他、信任他。王舜晋见，太后知道他是来为王莽索求御玺，愤怒地骂道："你们父子兄弟、家庭宗族，靠着汉王朝的力量，几代享尽荣华富贵，不但不去回报，反而利用别人托孤寄子的机会，夺取政权，不再顾念恩德情义。这种人，连猪都不吃他剩余的东西，天下怎么会有你们兄弟！而且你们自己用金匮符命当新皇帝，改变历法，改变车马、服饰颜色，改变制度，就应该另刻一枚御玺，传之万代，为什么要使用这个亡国的不祥之玺，而想得到它？我是汉王朝的一个老寡妇，早晚都要死，打算跟御玺一同埋葬。我不给他，他最终也得不到。"太后边说边哭。左右侍从都跟着哭泣。王舜也悲痛不已。停了很久，王舜才抬头问太后："我等已无话可说，只是王莽一定要得到传国御玺。太后，你难道能够永远不给他？"太后听王舜说得恳切，担心王莽威胁她，便拿出御玺，扔到地上，对王舜说："待我老死后，你们全族兄弟将被屠灭！"王舜得到传国御玺呈献给王莽。王莽非常高兴，特地在未央宫建台宴请太后，让众人尽情欢乐。

第十五计　调虎离山

"调虎离山"，本义是指设法使老虎离开它所占据的山岗。比喻用计谋使对方离开原来的有利地势，以便趁机进攻。把敌人诱离出有利的地势，或诱到次要的方向、对敌不利的地方，从而达到取胜的目的，这是调虎离山之计的核心。

原文

待天以困之①，用人以诱之，往蹇来连②。

【按语】兵书曰："下政攻城。"若攻坚，则自取败亡矣。敌既得地利，则不可争其地。且敌有主而势大：有主，则非利不来趋；势大，则非天人合用不能胜。汉末，羌率众数千，遮虞诩于陈仓、崤谷。诩即停军不进，而宣言上书请兵，须到乃发。羌闻之，乃分抄旁县。诩因其兵散，日夜进道，兼行百余里，令军士各作两灶，日倍增之，羌不敢逼，遂大破之。兵到乃发者，利诱之也；日夜兼进者，用天时以困之也；倍增其灶者，惑之以人事也。(《后汉书·虞诩传》《战略考·东汉》)

注释

①待天以困之：天，指天时、地利等客观条件。困，作使动词用，使困扰、困乏。全句意为：利用天然的不利条件去困扰敌人。

②往蹇来连：语出《易·蹇》九三爻辞。《蹇卦》的卦象为艮下坎上。艮象山，坎象水。王弼注曰："山上有水，蹇难之象。"故在此处，"蹇"有难的意思。往蹇来连，意为往来的路途都困难重重。

译文

利用天然的条件去围困敌人，用人为的方法去诱骗敌人。如果前进有危险，就引诱敌人过来。

【按语】《孙子兵法》中说："最下的策略是围攻城邑。"如果强行围攻坚实的城邑，就是自取灭亡。既然敌人已经占据了有利的地形，就不应该去强攻争地。况且敌人早有准备，力量处于优势。敌人占据了有利的地形，是因为他认为有利可图，没有利益他是不会轻易来进攻的；敌人处于优势，如果不利用天时地利等有利条件就无法取胜。东汉末年，羌人首领统率数千兵马，在陈仓、崤谷中阻挡虞诩行军。虞诩就此驻军停止前进，并扬言向朝廷请求援兵，等待援兵到来后再进军。羌人听到这一消息后，便信以为真，就分散开去附近县城抢掠财物去了。虞诩便利用羌兵分散开的时机，下令日夜兼程向前进军，每日疾行百余里。虞诩又命令军士驻军做饭时做两个灶，如此则灶的数量每日增加一倍，羌人以为诩军兵力大增，不敢再追击他们，结果虞诩大破羌兵。虞诩宣称要等待援军来到后再向前进军，就是用利诱的方法将羌人调开了；他命令昼夜急行军，就是要利用天时地利的有利条件来使敌人处于困难之地；加倍修灶，就是人为地制造援军陆续赶到的假象来迷惑敌人。

◆◆ 计名探源 ◆◆

"调虎离山"一语可能源于《管子·形势解》，中有言曰："虎豹，兽之猛者也，居深林广泽之中则人畏其威而载之。人主，天下之有势者也，深居则人畏其势。故虎豹去其幽而近于人，则人得之而易其威。人主去其门而迫于民，则民轻之而傲其势。"意思是说，虎豹因居住在幽山深谷而使人敬畏；君王因深居简出而使人害怕。如果虎豹离开了居住的深山幽谷，人们就可以将它捕捉；如果君王和普通人混在一起，人们就会轻视他。这里虽然尚未使用"调虎离山"一语，

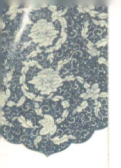

但已经包含只有将老虎调离深山,才能将其制服的意思。

品 读

《孙子兵法》早就指出:不顾条件地硬攻城池是下等策略,是会失败的。敌人既然已占据了有利地势,又做好了应战的准备,就不能去与他争地。应该巧妙地用小利去引诱敌人,把敌人诱离坚固的防地,引诱到对我军有利的战区,我方就可以变被动为主动,利用天时、地利和人为条件,一定可以击败敌人。

【经典案例】

赵括断送赵军四十万

战国时期,秦国攻打赵国,赵国的名将廉颇坚守长平关,长平关的地势非常险要,易守难攻,秦军屡屡受挫。于是,秦军利用反间之计,使赵王对廉颇产生怀疑,便派毫无经验的赵括代替了廉颇。秦将白起为了引诱赵括离开长平关,故意示弱,主动打了几个败仗后,便败退而走,赵括求胜心切,轻易杀出长平关,出城追击秦军,结果被引入埋伏圈。秦军又切断赵军后路及粮道,并将四十万赵军切成两段,赵军只好筑起营垒,等待救兵,不料救兵又被打败。赵括等了四十多天,仍然无法突围,十分焦急,这时秦军故意网开一面,引诱赵括突围,结果赵括又一次离开营垒,闯入秦军埋伏,在毫无防备的情况下,遭到秦军的突然袭击,赵括全军覆没。

在这里秦军三次使用了调虎离山之计,第一次是"调"去了廉颇这只虎,使赵军没了坚强的首领,代之而来的赵括,只是猴子称

大王而已,这就是调虎分其势。第二次是"调"赵括离开权且可防守的临时营垒。这两次都是调虎落平原,赵括本就不是白起的对手,又连连失去地利,当然败之无疑。秦军调虎之法,第一次使用的是"乱之以虚",第二第三次使用的是"诱之双利"。

纪信出首,荥阳解围

楚汉之争后期,项羽率军围攻荥阳。面对楚军日益猛烈的攻势,陈平等人一方面将形势之危急向诸将和盘托出,激励诸将誓与孤城共存,抵御楚兵,另一方面与张良密谋后,对汉王说:"请大王速写一封投降信给霸王,约霸王在东门相见。霸王定会把他的大军布置在东门,我再想办法把西、北、南各门卫士引到东门口来,大王就可以从西门冲出去了。"

这时汉王帐下的将军纪信认为与其死守孤城,不如突围求生。要想突围,唯一的办法是找一个人假作汉王,只说出城投降,好叫敌人无备,让汉王乘乱冲出包围。纪信悄悄来到汉王帐下,言愿假代汉王,去诓骗楚军,请汉王组织人马突围。陈平等人认为此计可行,但必须周密策划,要有其他伪装作掩护,三计并施,才能蒙蔽项羽,乘乱突围。于是翌日,天还未亮,汉军便开了东门,陈

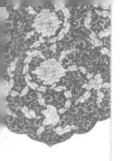

平差遣2000妇女，一批又一批地从东门出去。楚军闻讯围攻上来，竟见全是些手无寸铁的女人，谁也不好意思刁难，只好闪开一条道来。南、西、北门的楚兵听说东门全是美人儿，争先恐后地拥向东门。直到旭日东升，才见城中有兵士出来。打着旌旗，拿着武器，簇拥着一部兵车，缓缓而来。"汉王"走近楚营，霸王才发现坐车出来的不是汉王，气得火冒三丈，暴跳如雷，吩咐将这个假汉王连车一同烧了。这时，汉王趁着东门混乱，冲出西门，带着陈平、张良、樊哙杀开一条血路，逃之夭夭。荥阳城头又列满了守军，一个个甲胄鲜明，武器精良。原来陈平的三计是：（1）让妇女出东门，吸引楚兵的注意力，减少城中非战斗人员的数量，减轻口粮上的压力。（2）让纪信乔装汉王，大骂项羽，目的在于拖延时间，以使汉王君臣得以走得更远，守城的将士有更充足的准备。（3）留下一支守军。荥阳是军事重镇，历来为兵家必争之地。能够守住自然是好，万一守不住，也可拖住楚兵的后脚，使之不能尽快地全力追赶汉王。就这样，陈平使汉王死里逃生，为日后消灭楚军，奠定了基础。

敌国与政敌之间的军事征战和权力之争，既是势力的综合对抗，又是智慧谋略的较量。在楚汉战争生死存亡的攸关之际，被楚军围追堵截，困守孤城荥阳的刘邦之所以九死一生，能够死里逃生；处于劣势被动地位的汉军之所以能够重整旗鼓，变被动为主动，变劣势为优势，与在紧要关头，陈平屡出奇计谋略、玩弄阴谋诡计、计计连环套用而各得其效有着直接的关系。尽管项羽军威声振，兵勇将谋，指挥中枢堡垒坚固，所向披靡，攻无不克，屡战屡胜，但是在荥阳围困汉军的激烈争战中，它却轻而易举地败给了陈平以反间为手段，步步深入，扰乱楚军破坏项羽核心联盟的调虎离山之计。

在施计过程中，陈平针锋相对，以出乎常人之情的手段，对症

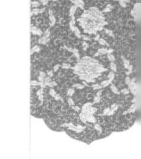

下药，反其道而行，把握准了项羽生性好疑、吝啬爵邑的不足，利用楚军的矛盾，以散布谗言，略施小恩小惠的手法，首先瓦解、调拨了钟离眜（折虎翼），继之陷害项羽的谋臣范增，使其离他而去（去虎威），从而使楚军的坚固堡垒出现裂痕，不能一致对外御敌，接着又使用瞒天过海、调虎离山之计，以刘邦出降、美女为诱饵，吸引楚军到相反的方向，声东击西，制造混乱（虚乱以避虎），趁机突围而去。

以上三计，每计的核心都是为了乱之以虚，达到调虎离山、分化瓦解楚军的目的，但在用计的对象、时间、方式上都采用了不同的隐蔽手法，示假隐真，令人将信将疑，使项羽在不能明辨曲直是非的前提下，不知不觉便上了陈平的当，其结果改变了战争的势态，待到其醒悟，欲加防范却再次上当受骗时，计谋又是道高一尺魔高一丈，防不胜防，毫无招架之势，只能听天由命，结果却是楚军功败垂成，而汉军刘邦则由被动渐趋主动，死里觅生，保存了卷土重来、东山再起的实力。

姜维识破孔明调虎离山计

孔明首伐中原时，顺利占领了安定、南安二郡，并准备再用调虎离山计，像诈取安定那样，去取天水。

这时，天水郡的太守马遵，尚不知南安已陷落，对文武官员说："夏侯惇是皇帝的驸马，又是这次率兵御蜀进犯的都督，现在被困在南安城中，如果有怠慢的地方，恐怕吃罪不起。"众官都说："我们宜率三部军马，主动去救南安。"说话间，有军兵报告说："南安郡夏侯驸马心腹家将裴绪来到。"裴绪入府对马遵说："都督下令调安定及你郡兵马星夜去南安救援。"说完匆匆告辞而去。不一会儿，又有军兵在城外喊："安定郡已经派兵欲去南安，约你郡

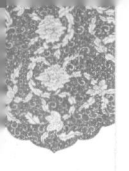

兵马一同前往。"马遵闻言,点军马便要起程。

姜维在一旁阻拦马遵说:"太守莫中孔明调虎离山之计!"马遵说:"这话从何说起?"姜维说:"孔明把夏侯驸马围在南安,城池被围得水泄不通,怎么会有人冲出重围来报信呢?况且裴绪又是一个无名小将,我们谁也没见过,安定郡约我们一起出兵,又没有公文。我看,这都是蜀军假扮的,想骗我们出城,待我们出兵后,乘虚夺我们天水郡。"马遵听了姜维的话,大吃一惊说:"那我们怎么办?"姜维说:"我们可将计就计。我带三千军马,埋伏在要路,你带兵出城,佯去南安。但不要走远,看见城上起火,就率兵杀回来,我们前后夹攻来取城的蜀军。如果孔明亲自来,可连他也一起擒获。"马遵一听,欣然应允。

当马遵率兵出城刚走出二十里左右,赵云果然率五千军马来攻天水郡,城上守城的魏将对赵云说:"你中了我们姜维的妙计了,还不下马投降?"说着叫军兵在城头点燃火号。这时只见马遵率军马杀了回来,姜维也率伏兵冲出夹击蜀军。赵云见受到魏军的前后夹攻,首尾难顾,只好率军杀开条血路败走。

此计中,姜维所以未能中计受骗,是根据对敌情、战势的正确分析,从其中反常现象中发现对方行计破绽的。然后,将敌方的"调虎离山计"就自己的"前后夹击"之计,以攻为守,保住了天水郡。

第十六计　欲擒故纵

"欲擒故纵",本义指想要抓住某人,故意放开他,使他放松警惕,然后再抓。比喻为了更好地控制,暂且放松一步。"欲擒故纵"的"纵",并不是完全不管,放虎归山,"纵"只是暂时放一放,目的是为了更好地"擒"。

原文

逼则反兵①,走②则减势。紧随勿迫,累③其气力,消④其斗志,散而后擒,兵不血刃⑤。《需》,有孚,光。⑥

【按语】所谓纵者,非放之也,随之,而稍松之耳。"穷寇勿追",亦即此意。盖不追者,非不随也,不追之而已。武侯之七纵七擒,即纵而蹑之,故展转推进,至于不毛之地。武侯之七纵,其意在拓地,在借孟获以服诸蛮,非兵法也。若论战,则擒者不可复纵。

注释

①反兵:回师反扑。

②走:逃走。

③累:消耗。

④消:瓦解。

⑤血刃:血染刀刃,即作战。

⑥《需》,有孚,光:语出《易经·需卦》。《需卦》的卦象为乾下坎上,乾象刚、健;坎象水、险。需,有等待之意。以刚、健遇水、险,故须等待,不要急进,以免陷入险境。孚,信用、信服;有孚,有信用,有诚意,为人所信服。光,光明、通达。此句意为,身处险境要善于等待,如

果有诚信，就会前途光明，大吉大利。

译文

逼得敌军太紧，对方就会回师反扑。如果让敌军逃跑，就会减弱气势。追击敌人，只需紧随其后而不要过于逼迫它，以消耗其体力，瓦解其斗志，待其溃散时再捕捉它，就可以避免流血。这是《易经·需卦》卦辞"《需》，有孚，光"一语中悟出的道理。

【按语】这里所说的"纵"，并不是放任敌人离去，而是紧随其后，只不过稍微放松一点儿而已。"对穷途末路的敌人，不要过分紧追不放"，就是这个意思。不去追赶，并不是不去跟踪，只是不紧逼而已。诸葛亮对孟获七擒七纵，就是采取放了他而又跟踪他的办法。正因如此，才需要迂回曲折地向前推进，一直跟踪孟获进军到五谷不生的荒僻地方。诸葛亮的"七纵"孟获，本意在开辟和拓展蜀汉的地盘，因此需要借助蛮王孟获来收服南方各少数民族，严格地讲，并不属于兵法的范围。如果从战争角度讲，既然已经把敌人逮住了，就不能轻易放了他。

◆◆ 计名探源 ◆◆

此计的最早表达是在《老子》第三十六章："将欲歙之，必固张之；将欲弱之，必固强之；将欲废之，必固兴之；将欲夺之，必固与之。"意思是说，想要收拾他，必先扩张他，想要削弱他，必先加强他，想要废去他，必先抬举他，想要夺取他，必先给予他。老子的这种辩证思想在后世得到了进一步发展。

品读

打仗，只有消灭敌人，夺取地盘，才是目的。如果逼得"穷寇"

狗急跳墙，垂死挣扎，己方损兵失地，是不可取的。放他一马，不等于放虎归山，目的在于让敌人斗志逐渐懈怠，体力、物力逐渐消耗，最后己方寻找机会，全歼敌军，达到消灭敌人的目的。使用此计的人必须有宽广的胸怀和远大的目标，摸透对方的心理，既敢纵，又能擒得住。

【经典案例】

楚军七战七败灭庸国

春秋时期，楚国出兵攻打庸国，庸国军民面对外来侵略，同仇敌忾，奋起抗战，终于赶走了楚军，并且活捉了楚军将领子扬窗。但是由于看守不慎，被囚禁的子扬窗在被押三天之后就越狱逃回了楚国。子扬窗一回国，立即受到国王召见。

"爱将受苦了，快说说庸国的情况。"楚王急切地想要报仇。

"大王容禀，我看到庸国军队人马强壮，蛮人们都集中在城里，好像随时准备战斗的样子，现在攻打恐怕要吃亏，不如等我们把所有的军队都集合齐后，再去攻打。凭我们的实力，吸取上次的教训，一鼓作气，就能拿下庸国。"子扬窗答道。

"我以为不可。必须现在就去攻打庸国，而且只许战败，不许战胜。"另一位楚军将领师叔接过子扬窗的话，提出了完全相反的意见。

"师将军，现在我们刚刚打了败仗，士气低落，本应休整一些时日再战。如果现在继续交战也应想办法打胜，以鼓舞士气才对，为什么要故意打败呢？"其他的将领反问师叔。"说的是，我们不打则已，打就要打赢。"不少将领也随声附和。

三十六计 解析

第三套 攻战计

师叔说:"敌人刚刚打了胜仗,士气正旺,但也非常容易骄傲。我们现在进攻,敌人必然乘胜击我。我们再故意打败,敌人必然会认为我们战斗力已经衰弱,再连续战败几次,敌人就会认为我们已经不堪一击。敌人骄傲,必然疏于防范,我们趁机发动真正的进攻,定能取胜。"

"此计确实高妙,就由你来具体部署吧!"听师叔这么一说,楚王十分高兴地接受了他的建议。其他人也连声称好。

于是,楚军分别以多股兵马轮番与庸国军队交战,每次都是交手不久,便"落荒"而退。这样,三日之内楚军一连和庸军打了七仗,一仗比一仗败得"惨",不少马匹、枪械还被庸军缴获,还抓了少部分楚军"俘虏"。庸军感到,楚军已经精疲力竭,不堪一击了。便不再设防,士兵也不再集中了,只剩下部分岗哨。

楚军见庸军已麻痹大意,立即抓住时机,分两路军队开始攻打庸国。同时楚军联合的秦军、巴军也跟随楚军一同包围了庸国。庸军一看这次楚军来势凶猛,不禁大惊失色,原来为庸军助战的蛮人们纷纷主动归顺了楚国。庸军孤立无援,又没有设防,很快被楚军消灭。楚军轻而易举地灭了庸国。

冒顿智取东胡国

汉初,北方有一个东胡国,闻得冒顿杀父自立,便要前来寻衅,试探匈奴态度,先派使臣到匈奴去,要冒顿送他一匹千里马。冒顿已知其来意,便问群臣,群臣齐声说:"我国只有一匹千里马,乃是先王遗留下来的,怎可轻易送给他呢!"冒顿微微一笑,摇头说:"我与东胡为邻,不能为了一匹马,失了邻谊,送给他便是了。"即叫把马牵出来,交给使者带回去。

过了十多日,东胡使者又来了,递上国书,却要冒顿把老婆送

给东胡国王。冒顿将信传给左右，左右皆义愤填膺，怒气冲冲地说："东胡国王这般无礼，连我国皇后都想要，这还了得？请斩来使，发兵进讨！"冒顿又摇头说："他既喜欢我的老婆，给他便了，岂可为了一个女子，失去一个邻国？"立即又把皇后交使者带回去。东胡国王得了冒顿的良马、美人，认为他畏惧自己的势焰，所以心存轻视，日夜荒淫，毫不戒备。

又过了几个月，东胡又遣使到匈奴，索取两国交界的空地。冒顿又召聚群臣计议，有主张给的，有反对的，议论纷纷，莫衷一是。但冒顿却勃然起座，说："土地乃国家根本，怎能给人！"喝令把来使和赞成的臣子一齐绑起来，全体斩首。即时披上战袍，一声令下，扬声击鼓，以迅雷不及掩耳之势，杀奔东胡而去。

东胡的军队猝不及防，慌得不知所措，连战皆败，顷刻全军覆没。冒顿直奔宫廷，杀了东胡王，尽灭其国。

从这个故事看，行此计的人必须有过人的忍耐力，不惜牺牲的决心，表面上做得干脆利落，骨子里要磨刀霍霍。

韩康子魏桓子韬光养晦

公元前403年，晋国智宣子去世后，智襄子智瑶当政，与韩康子、魏桓子在蓝台饮宴，智瑶戏弄韩康子，又侮辱了他的家相段规。

智瑶又向韩康子索要领地，韩康子不想给他。段规进言说："智瑶贪财好利，刚愎自用，如果不给，他一定起兵来讨伐，不如给他。他得到领地后会更加狂妄，一定又会向别人索要；别人不给，他必定向别人诉诸武力，这样我们就可以避其锋芒而伺机行动了。"韩康子说："好！"便派使臣去见智瑶，送上一座有万户居民的城邑。智瑶很高兴，又向魏桓子提出索地要求，魏桓子不想

给。家相任章问他："为什么不给呢？"魏桓子说："无缘无故来要地，所以不给。"任章说："智瑶无缘无故强索他人领地，一定会引起其他大夫官员的畏惧，我们给他一些领地，智瑶一定会骄傲。他骄傲而轻敌，畏惧他的人必然会团结起来，用精诚团结之兵去对付狂妄轻敌的智瑶，智家的命运一定不会长久了。"魏桓子说："很好。"也割给智瑶一座有万户之民的城邑。

之后，智瑶又向赵襄子索要蔡和皋狼两个地方。赵襄子断然拒绝。智瑶勃然大怒，召集韩、魏两家的甲兵前去攻打赵氏。赵襄子准备出逃，问属下："我到哪里去好呢？"随从说："长子城最近，而且城墙厚，刚完工。"赵襄子说："百姓筋疲力尽地刚修完城墙，又要他们舍生入死地为我守城，谁能和我一条心呢？"随从又说："邯郸城里仓库丰盈。"赵襄子说："搜刮民脂民膏才使仓库装满粮食，现在又因战争让他们送命，谁会和我同心对敌。还是投奔晋阳吧！那是先主的老地盘，尹铎又待百姓宽厚，百姓一定会和我们同生死的。"于是前往晋阳。智瑶、韩康子、魏桓子，三家联军将晋阳城团团围住，又引水灌城。大水一直漫到离城墙头只差三米的地方，城中百姓的锅灶都被泡塌，虫蛙丛生，民众没有丝毫叛意。

一天，智瑶在城外查看水势，魏桓子驾车，韩康子护卫。智瑶得意地说："我今天才知道水也可以让人亡国。"听到这话，魏桓子用胳膊肘碰了一下韩康子，韩康子也会意地踩了一下魏桓子。两人不约而同地想到，汾河水也可以灌魏国都城安邑，绛河水也可以灌韩国都城平阳。事后，智瑶的谋士疵提醒智瑶说："韩、魏两家肯定会反叛。"智瑶问："何以见得？"疵说："以人之常情而知。您调集韩、魏两家的军队来围攻赵家，一旦赵家覆亡，灾难必定会落到韩、魏两家头上。现在我们约定灭掉赵家后三分其地，晋阳城仅差三米就要被水淹没，城内宰马为食，破城指日可待。然而

韩康子、魏桓子却面无喜色,反而忧心忡忡,这不是心怀异志又是什么?"第二天,智瑶把疵的话告诉了韩康子和魏桓子二人,他们连忙说:"这一定是离间小人想为赵家游说,让您怀疑我们韩、魏两家而放松对赵家的进攻。不然的话,我们两家岂不是放着早晚就要分到手的赵家土地不要,而去干那危险万分必不可成的傻事吗?"两人告辞而出,疵进来说:"主公为什么把臣下的话告诉他们呢?"智瑶反问:"你怎么知道的?"疵解释道:"我刚才碰到他们,两人神色慌张地看了我一眼就匆忙离去,因为他们知道我看穿了他们的心思。"智瑶仍是不以为然。于是疵请求派他出使齐国。

赵襄子派张孟谈秘密出城来见韩康子和魏桓子,劝说道:"唇亡齿寒,古之常理。如今智瑶率领韩、魏两家来围攻赵家,赵家灭亡就该轮到你们自己了。"韩康子、魏桓子也说:"我们心里也知道他会这样做,只是怕事情还未发动,计谋就先泄露出去,那样就会马上大祸临头。"张孟谈又说:"计谋出自二位主公之口,只有我一人听见,有什么可担忧的?"于是两人秘密地与张孟谈商议,约好起事日期后送他回城了。夜里,赵襄子派人杀掉智军守堤士兵,反决河堤,倒灌智营。智瑶军队被水淹没,阵脚大乱,韩、魏两家军队趁机从两翼夹击,赵襄子率兵从正面迎头痛击,大败智军,杀死智瑶,又将智家族人斩尽杀绝。

第十七计　抛砖引玉

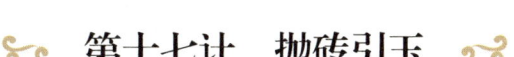

"抛砖引玉",本义是抛出砖去,引回玉来。比喻用自己不成熟的意见或作品引出别人更好的意见或好作品。引申来讲,"砖",指的是小利,是诱饵;"玉",指的是作战的目的,即大的胜利。作为计策,即指主动给敌人一点小的好处,使敌人上钩,借此获取大的胜利。

原文

类以诱之①,击蒙②也。

【按语】诱敌之法甚多,最妙之法,不在疑似之间,而在类同,以固其惑。以旌旗金鼓诱敌者,疑似也;以老弱粮草诱敌者,则类同也。如:楚伐绞,军其南门,屈瑕曰:"绞小而轻,轻则寡谋,请勿捍采樵者以诱之。"从之,绞人获利。明日,绞人争出,驱楚役徒于山中。楚人坐守其北门,而伏诸山下,大败之,为城下之盟而还。又如孙膑减灶而诱杀庞涓(《史记·孙子吴起列传》)。

注释

①类以诱之:用相类似的东西去诱惑他。类,类似,同类。

②击蒙:击,打击;蒙,蒙昧。语出《易经·蒙卦》上九爻辞:"击蒙,不利为寇,利御寇。"《蒙卦》的卦象为坎下艮上。其上九爻,为阳爻处于《蒙卦》之终,按王弼的解释,其寓意为"处蒙之终,以刚居上,能击去童蒙,以发其昧也,故曰'击蒙'也。故'不利为寇,利御寇'也"。大意是,上九爻以阳刚之象居于前五爻之上,所以能给蒙昧者以开导、

启迪。为盗寇之人，自然属于蒙昧者之列，所以，如果占卦时占到本爻，则对为盗寇者不利，而对防御盗寇者有利。此处借用此语，意思是，打击那因受我方诱惑而处于蒙昧状态的敌人。

译 文

用相类似的东西诱惑敌人，趁其迷惑懵懂之时去打击他。

【按语】诱惑敌人的方法有很多，最巧妙的办法，不是在模糊近似、使人感到相像又不像，而是要以类同的东西，去牢固地迷惑敌人。用虚张旌旗、鸣锣击鼓的方式去诱惑敌人，就是属于疑似的一类；出示年老体弱的士兵，或制造有粮或无粮的假象去诱惑敌人，就是属于类同的一类。例如：春秋时楚国出兵征伐绞国，陈兵于绞国都城的南门外。莫敖屈瑕献计说："绞国小且其君臣很轻狂，轻狂的人往往缺少计谋。请求采取不派士兵保护为我军打柴的人的办法去诱惑他们。"楚王采纳了屈瑕的计策。于是，头一天，让绞国人抓走了三十个打柴人。次日，绞国士兵争相出城，将楚方的打柴人往山中驱赶。而楚方则一方面派兵把守绞城的北门，截断绞兵的归路；另一方面派兵埋伏在山下，因而大败绞军。结果，楚军迫使绞国与楚订立城下之盟，得胜而归。又如春秋时，齐国军师孙膑，用减灶的办法，将魏兵诱入埋伏圈，而杀了魏将庞涓，也是一例。

计名探源

"抛砖引玉"一语出自《景德传灯录·赵州东院从谂禅师》,里面说:"大众晚参,师云:'今夜答话去也,有解问者出来。'时有一僧便出,礼拜。谂曰:'比来抛砖引玉,却引得个墼子。'"墼,音jī,指未烧的砖坯。这一段话的大概意思是:一天晚上参禅的时候,从谂禅师对众弟子说:"今晚解答问题,有疑问的可以出来。"不一会儿,一个小和尚站了出来,行了一礼。从谂禅师说:"刚才本想抛砖引玉,却引来一块连砖都不如的土坯。"

品 读

战争中,迷惑敌人的方法多种多样,最妙的方法不是用似是而非的方法,而是应用极相类似的方法,以假乱真。作为一条军事计谋,抛砖引玉重点是强调用"类似法"引诱敌人。比如,用旌旗招展、鼓声震天来引诱敌人,属"疑似"法;而用老弱残兵或者遗弃粮食柴草之法诱敌,属"类同"法。

【经典案例】

输攻墨守

春秋时期,鲁国有一位很聪明的工匠,名叫公输班,人们又叫他鲁班。有一回,他在楚国为楚王制作攻城用的器械云梯。云梯制成以后,准备用它去攻打宋国。这个消息让墨子知道了。墨子名叫墨翟,他是著名的政治家和思想家。墨子很反对打仗,所以听说楚国要进攻宋国,就急急忙忙动身到楚国去,劝阻楚王不

要攻击宋国。他走了十天十夜，脚底磨出了茧子和血泡，就从衣服上撕下一条布，把脚包上，继续赶路，终于来到了楚国的国都郢城。

墨子见到了公输班，便对他说：

"北方有一个人侮辱我，我请你帮助我把他杀了！"公输班听了这话，挺不高兴。

墨子又说："如果你去把那个人杀死，我送给你十斤黄金！"

公输班气急了，嚷道："我这个人是重视仁义的，我不能去杀人！"

墨子趁机追问道："你说得好啊，可是你为楚王制造云梯，要去进攻宋国。宋国犯了什么罪呢？人家无罪而你偏去攻打人家，这不是仁义吧？"

公输班被墨子说服了，墨子又去劝说楚王。楚王听了他的一番话，觉得很有道理，就回答他说："你讲的都对呀，但是公输班为我制成了云梯，我一定会把宋国打败！"

墨子不慌不忙地说："那也未必吧！你有攻城的武器，我有守城的办法，咱们来演习一下进攻和防守吧！"说罢，他解下腰带围一个四方形，当作城墙。又拿一块板，当作防御武器，让公输班来攻城。公输班使用他的云梯，九次都被墨子挡回去了。公输班的攻击已经技穷力竭，而墨子的防守本领还没有用完。

公输班没有攻下墨子的城，便说："我知道有办法战胜你，但是我不说。"

墨子也说："我知道你想战胜我的方法是什么，我也不说出来。"

楚王听了他俩的对话，感到莫名其妙，就问墨子说："你们说的是什么意思啊？"

墨子告诉楚王："公输班的意思是把我杀掉，宋国就没人守得住了,你便可以获得胜利。其实他想错了,我有弟子三百多人,他们都用我的防御武器守在宋城上,等待楚王发兵。所以,你们即使杀了我一个,也是无济于事的。"

楚王听了这话,对墨子十分佩服,连忙说:"好啊,好啊,不要去攻打宋国了!"于是楚国和宋国之间,避免了一场战争。

马燧奇计败田悦

唐朝末年,以魏博节度使田悦为首的"四镇"联合起兵对抗朝廷,唐王朝派足智多谋的河东节度使马燧率兵去平定叛乱。

马燧连败田悦,长驱直入攻至河北三个叛镇的辖地,由于进兵过快,粮草供应不上,马燧陷入困境。田悦觉察到马燧的难处,深居壁垒之中,拒不出战。数天后,马燧的粮食将尽。窘迫中,马燧苦苦思索逼田悦出战的计策,忽然想到田悦的老巢在魏州(今河北大名东北)。马燧拍案而起,说:"如果去攻打魏州,不怕他田悦不救!"于是,马燧命令部队在半夜潜出军营,沿洹水直奔魏州,又令数百骑兵留在营内,击鼓鸣角,燃点营火。天亮后,马燧大军已全部离开大营,留守的骑兵停止击鼓鸣角,也潜出军营,按照马燧的命令隐藏起来。

唐营一片寂静,田悦闻报后,派人去侦察,发现是一座空营。不久,又有探骑飞报:马燧率大军扑向魏州。田悦大吃一惊,急忙传令进军,亲率轻骑驰救魏州,在半途中追上了严阵以待的官军。

马燧以逸待劳,向田悦发起进攻,但田悦叛军很有战斗力,渐渐地,官军的两翼落了下风。马燧见战局不妙,亲率自己的河东军杀入敌阵,又传令击鼓助威。官军的两翼勇气大增,反身向田悦发起反攻,田悦终于抵挡不住,向洹水边退去。到了洹水河边,三座便桥早已被马燧留守大营的骑兵烧毁,叛军顿时大乱。

马燧见机不可失,挥军冲杀过来,叛军只好跳水逃命,溺死无数。这一仗,田悦的叛军被斩杀两万多人,数千人被俘,田悦只带千余人逃回魏州,元气大伤。

投其所需诱曹操

曹操在收复濮阳的战役中,屡战受挫。但又攻城心切,指挥军兵蛮攻硬打。

辅佐吕布的谋士陈宫,见此情景对吕布说:"曹操现在正苦于无计攻城,我们可以利用他这种心理,诱他入城,中我埋伏。我城内有一户姓田的富豪,颇有名望,如果令他作为内应,曹操必定不会怀疑。"吕布一听,便依计而行。

这天,曹操在营中正为无计破城而烦躁时,突然由城里传来一封密书。书中说:"吕布残暴不仁,民心大怨。现在他已带兵去黎阳,城内只有高沛守城。如连夜起兵攻城,我可以为内应。以城上插白旗,大书'义'字为号,我趁机开门迎候。"曹操看罢,打发走田氏家童,高兴地说:"这是天赐我收回濮阳啊!"便准备起兵攻城。

左右军将提醒曹操说:"这其中是否有诈,丞相不可不察。"曹操说:"我已经想过,这个田氏,是城中富豪,他若欺我,一旦我攻破城池,他能逃脱吗?他逃走还有可能,其家业能与其一起逃走吗?其人是势利之眼,知我定取濮阳,先来讨好于我,我怎能不信其言呢?"众将听后,深服其论。

当晚,曹操见城门之上有面白旗,上书"义"字,便令军兵在门外候伏。将近三更,果见该门大开。曹操率先引兵冲入城中,一直冲到州衙,路上也未见一人,这时,曹操方知中计,急下令退兵。这时,却见四面城门已被烈焰封锁。曹操东撞西碰,只是寻不到退路,后来在大将典韦的掩护下,才冒火拼死冲出城外,逃得性命。

第十八计　擒贼擒王

"擒贼擒王"本义指作战时要先擒拿住敌人的首领。比喻做事先要抓住关键和要害。此计要求首先歼灭敌人的主力或主要指挥成员，借此影响并动摇敌人的全军，使敌军遭到瓦解，彻底失败。

原　文

摧其坚，夺其魁①，以解其体②。龙战于野，其道穷也。③

【按语】攻胜，则利不胜取。取小遗大，卒之利、将之累、帅之害、功之亏也。全胜而不摧坚擒王，是纵虎归山也。擒王之法，不可图辨旌旗，而当察其阵中之首动。昔张巡与尹子奇战，直冲敌营，至子奇麾下，营中大乱，斩贼将五十余人，杀士卒五千余人。巡欲射子奇而不识，剡蒿为矢。中者喜，谓巡矢尽，走白子奇，乃得其状。使霁云射之，中其左目，几获之，子奇乃收军退还。(《新唐书·张巡传》《战略考·唐》)

注　释

①魁：第一、大，此处指首领、主帅。

②体：躯体、整体、全军。

③龙战于野，其道穷也：语出《易经·坤卦》上六象辞。《坤》，卦名。本卦是坤上坤下，为纯阴之象。上六爻是本卦的最终爻，为纯阴发展到极盛阶段之象。《坤卦》上六爻的爻辞是："龙战于野，其血玄黄。"龙，本为《乾卦》(纯阳之卦)的象征物，为什么作为纯阴之象的《坤卦》，其上六爻却以原本属纯阳之象的"龙"为象征物呢？按照朱熹《周易本义》的解释是："阴盛之极，至与阳争。"《易经·文言》在阐释《坤卦》上六爻辞

时则说：“阴疑与阳必战。为其嫌于无阳也，故称龙焉。"按照《周易》物极必反的矛盾转化思想，上六爻表示纯阴已发展到极盛，故必然向阳转化。虽然此时尚处于转化前夕，但却已急于以阳自比，以龙自称了。故有"龙战于野，其道穷也"之说。野，郊野。道，道路；道穷，无路可走。群龙战于郊野，相互杀伤，血迹斑斑，以至陷入穷途末路。本计引用此语，其意当为：贼王被擒，群贼无首，其战必败。

译文

　　击溃敌人的主力，抓获其首领，便可瓦解其全军。好比群龙无首，战于郊野，必然陷于穷途末路。

　　【按语】打了胜仗，不急于乘胜掠取敌方的装备、资财，这样对我方才会比较有利。贪取小利而遗忘了战争的大局，其结果只能是让士卒得些小利，给为将的背上包袱，对主帅造成危害，以至前功尽弃。取得了全面胜利，却不致力于摧垮敌军的中坚，捉拿敌军的主帅，那将等于放虎归山。捉拿敌军主帅的方法，不能只看敌军的指挥旗在何处，而应仔细观察敌军军营中的行动首先是从哪里发出的指令。昔日张巡与尹子奇打仗，张巡直冲敌军阵营，杀到尹子奇的指挥旗下，敌营顿时大乱，被张巡军斩将50余人，杀死敌军士兵5000余人。张巡想要射死敌主将尹子奇，但又不认识他。于是张巡便命令部下削秸秆做箭，被射中的敌军发现后很高兴，以为张巡军的箭已射尽了，便跑去禀告尹子奇。张巡抓住这个机会看清了尹子奇的面貌，立即叫部将

南霁云用箭射他。南霁云一箭射中了尹子奇的左眼,几乎抓获了他。这样,尹子奇才被迫收兵退回去了。

◆◆ 计名探源 ◆◆

语出唐代诗人杜甫《前出塞》诗九首之六,诗中云:"挽弓当挽强,用箭当用长。射人先射马,擒贼先擒王。"意思是说,拉弓要拉最坚硬的,射箭要射最长的。射人先要射马,擒贼先要擒住他们的首领。诗中透露出杜甫对古代军事经验的概括以及自身的军事眼光。后二句成为千古名句,常被后世军事家、政治家引用。

品 读

战争中,打败敌人,利益是取之不尽的。如果满足于小的胜利而错过了获取大胜的时机,那是士兵的胜利,将军的累赘,主帅的祸害,战功的损失。打了个小的胜仗,而不去摧毁敌军主力,不去摧毁敌军指挥部,捉拿敌军首领,那就好比放虎归山,后患无穷。

【经典案例】

关公单刀赴会震江东

三国时期,蜀吴之间曾就荆州的借还问题多次交锋。孙权按照刘备"可以先还长沙、零陵、桂阳三郡"的承诺,派官吏去接收三郡主权,却被关羽撵了回来。后以武力相拼,又碰了钉子,还是吕蒙临机决断,顺手牵羊得了一个零陵郡。孙权左右咽不下这口气,又是埋怨诸葛瑾无能,又是指责鲁肃少谋,横直不顺心。现

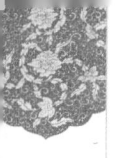

已升为都督的鲁肃见孙权急成这个样子,就说:"我已想出一个计谋,正想告诉主公。"孙权忙问:"什么计策?"鲁肃对孙权说道:"现在我已屯兵在陆口,不如派人请关云长来谈判。若是他肯来,以好言相劝,让他按刘备和诸葛亮的许诺,交出荆州;要是不听,暗中埋伏好刀斧手,一个暗号,冲进来当场杀掉关云长。若是他不肯来,我们即刻起兵进攻,与他决战,这样就可以夺回荆州。"孙权听罢,说道:"此计甚妙,赶快去准备。"参谋人员阚泽说:"此事恐怕不妥,关云长乃是当今一员虎将,倘若事情不秘,可能反遭其害。"孙权恼怒地说道:"这也不行,那也不行,我何日才能得到荆州?"不听劝阻,只命鲁肃依计行事。鲁肃写好邀请信,又派帐下一能言善辩之人为使者,登舟过江,叩见关羽,说明来意,呈上书信。关羽打开书信浏览一番后说:"既是鲁肃相邀,我明天就来赴宴,你可以先回去了。"

关羽的养子关平见父亲一口应承,十分着急。等江东使者一走,就对关羽说道:"鲁肃此次相邀,肯定不怀好意,父亲为什么答应他?"关羽笑道:"难道我不知道这是计谋?无非是诸葛瑾向孙权汇报,说我不肯归还三郡,所以令鲁肃屯兵陆口,今天邀我赴会,想趁机索要荆州。我要是不去,他们还以为我胆怯。我正要探听一下江东虚实,明天,我独自驾一叶小舟,只用亲随十来个人,单刀赴会,看鲁肃如何对我?"关平又说:"父亲怎能以万金之躯,亲蹈虎狼之穴?万一有闪失,不是辜负了刘备伯父的重托了吗?"关羽说:"我在千军万马之中,矢石交攻之际,匹马纵横,犹入无人之境,还害怕江东一群无名鼠辈吗?"参军马良也劝阻道:"江东鲁肃平素有长者之风,可能不会妄为,但现在事情逼急了,也难免会生异心啊!"关羽又说道:"昔日赵国的蔺相如,手无缚鸡之力,在渑池会上,尚能视强秦之国君如儿戏,逼秦王为赵王击缶,况且我是一个有万夫不当之勇的人哩!现在既然答应了,就

不能失信于人！"关平和马良一齐说道："既然要去，也应该做些准备，以应不测。"关羽令关平领十几只快船，伏刀斧手500人，在江边守候，第二天，关羽果然只带周仓等十几个人奔赴江东。

会谈之日，鲁肃首先责备关羽不交还长沙、桂阳、零陵三郡，反而把孙权派去的官吏赶走。关羽回答道："赤壁之战，我哥哥刘备亲自上阵，与东吴合力破曹，难道只能是徒劳，而得不到一块土地，反而要将亲手从曹操手里夺来的土地交给你们吗？"鲁肃反驳道："话不能这样说，当初刘备大败于长坂坡，手下只有一支可怜的人马。当他计末途穷之时，是我主孙权出于同情，借荆州给他栖身。现在他又新得益州地域，还要赖住荆州，这不是为了私欲忘了旧情吗？况且刘备已同意先还长沙、桂阳、零陵三郡，我们也只派出接管江南三郡的官吏，并没有要全部荆州的土地，你却还不答应，这不是有些负义吗？"关羽见鲁肃只顾唠唠叨叨，以言相逼，是想激自己性起，以便举事，心想不可久留，应寻机脱身，但表面不动声色，只是以言搪塞道："这些都是我兄长刘备与吴主孙权之间的事，你我之间不宜过问和干预。"正在此时，站在关羽后面的周仓大声嚷道："天下的土地，谁有德就可以占有，怎么能老归一家呢？"鲁肃一见关羽的随从插话，老大不高兴，以目横视。关羽则趁机装作大怒，夺下周仓手中的大刀，站立在大堂中央，厉声喝道："这是国家大事，你懂得什么？还不赶快滚出去！"周仓会意，先到岸口，把红旗一招，关平一见信号，船如箭发，奔过江东，关羽此时右手提刀，左手挽住鲁肃的手，佯装醉意地说道："今天子敬兄邀我赴宴，再莫提荆州之事，现在我已醉了，恐怕酒后做出伤害两家旧情的事来。改日我请你到荆州赴会，那时再作商议。"鲁肃没想到关羽会来这一招，自己被关羽抓住脱身不得，东吴诸将及刀斧手见鲁都督在关羽手里，不敢造次。关羽一直把鲁肃扯到船边才放手，一跃身上船，回身还与鲁肃告别。此时的

鲁肃呆若木鸡，眼睁睁地看着关羽的船只乘风而去。这就是广为传颂的"单刀赴会"的故事。

关羽单刀赴会之所以能取得胜利，当然有多方面的因素，例如，孙、刘两家的联盟此时并未完全破裂，双方还有坐下来高谈的基础，还有关羽的万夫不当之勇作为赴会的前提等，但作为计谋，关云长在现场看到鲁肃摆的"鸿门宴"，暗藏杀机，为求脱身，他采用了"擒贼先擒王"的计谋，首先挟持住鲁肃做人质，抓住了鲁肃就抓住了主要矛盾。兵法云："摧其坚，夺其魁，以解其体，龙战于野，其道穷也。"意思是说：摧毁其主力，捉住其首领，就可以解其全部，像水中的龙到陆地上来作战，无法施展本领而陷入绝境。

辛弃疾五百轻骑千里袭擒叛徒

辛弃疾在21岁时投奔了农民领袖耿京领导的抗金起义军。为了与南宋朝廷取得联系，耿京派辛弃疾带一支队伍南下去建康朝见宋高宗。宋高宗接见了辛弃疾，让辛弃疾转告耿京把队伍带到南方来，可是，当辛弃疾回到海州（今江苏海连）时，忽然得知一个噩耗：耿京已被叛徒张安国杀死，张安国率义军投降了金军。

辛弃疾悲愤地说："我们与耿大哥生死与共共同抗金，如今耿大哥被贼人杀害，不为耿大哥报仇，还有何面目活在人世间！"

随辛弃疾同行的统制王世隆和义军领袖马全福说："我们是奉皇

上诏令见耿元帅，请耿元帅把队伍带到南方的，如今队伍已散，只有擒住张安国，方可向皇上复命。"辛弃疾道："兵贵勇，不贵多。我们挑选一支精兵，千里奔袭，追上张安国。张安国在金军大营中肯定不会有任何戒备，金军也绝对不会料到竟会有人深入他们的腹地发起奇袭。这样，定可一举成功！"

王世隆、马全福及义军将领齐声赞同。

辛弃疾立刻挑选轻骑500，备足干粮，日夜兼程，终于在济州（今山东巨野县）赶上了金军大队。时值夜幕降临，金军营中一派安宁景象，张安国与金军主将正在大帐中饮酒作乐。辛弃疾带领500轻骑疾风般地冲入金军大营，杀入大帐中，迅速把张安国捆绑上马。辛弃疾一马当先，杀开一条血路，率领500轻骑，追云逐电般地冲出金军大营。

辛弃疾与500轻骑押着张安国，回到建康，将张安国交给朝廷，并向宋高宗禀报了耿京遇害经过。宋高宗下诏将叛徒张安国斩首示众，为耿京报了仇，又下诏封辛弃疾等大小义军将领为朝廷官员。辛弃疾从此在南宋朝廷为将。

华元解危

楚国围困中原的宋国。宋国人认为楚军远离故土，战线拉得太长，军需供应极端困难，不会长期驻兵在外，所以就采取坚壁清野的策略，将粮食、柴草都隐藏起来，等楚军粮尽丧失了战斗力，自然不攻自退。楚国看穿了这个策略，本来要撤兵离去，却假装命令全军：上卒在驻地附近开荒、盖房子，做出楚军要在这长期驻扎下去的样子，用这个办法给宋国施加压力。宋国人果然害怕起来，以为楚军真的要长期围困下去。宋国大将华元说："我看楚国并无撤兵的意思，全城的百姓将士都将被饿死，陈尸街头。如实

在别无良策，就让我悄悄地出城，面见楚军元帅公子侧，或许能够得救。"

大家谁也没有好办法，只好依华元的主意办。当夜，宋人把华元从城墙上吊下去。华元偷偷来到楚军统帅公子侧的营帐中，只见公子侧喝醉了酒，正伏在案边酣睡。华元先整束好公子侧的衣服，把他搬坐起来，然后才唤醒他。华元陈述来意说："楚围宋都已历九个月，城内粮食已经吃光，现在城内百姓都互相交换着吃孩子，把人骨头当柴烧，真是困难到了极点。但即使这样，我们宋国上至国君下至士民都愿为保卫自己的国家献身，誓与国都共存亡！想逼迫我们签订屈辱的城下之盟，那是绝对办不到的。贵军倘能退避一舍（三十里），宋国愿意成为楚国的盟友。"说完就拔出匕首，在公子侧的眼前晃了晃说："如果你不答应我的要求，那么我华元就在今天夜里和元帅同归于尽！"

公子侧被这突如其来的举动惊得目瞪口呆，赶忙制止华元说："宋国被困到了现在这种程度，我怎么忍心再去加剧这种惨象呢！"于是就请示楚王，和宋国订立盟约后撤围而去。

第四套 混战计

本套为处于不分敌友、军阀混战态势之计谋,共有釜底抽薪、浑水摸鱼、金蝉脱壳、关门捉贼、远交近攻及假道伐虢六计。

"釜底抽薪"喻指从根本上解决问题,在军事行动上要抓住影响全局的关键点,一举功成;若局势复杂,则可以"浑水摸鱼",趁敌方无法研判形势时,主动出去;"金蝉脱壳"是伪装之法,用计脱身而不被敌人发觉;"关门捉贼"是要将敌人困在原地,令其无路可逃;"远交近攻"指的是优先向临近国家出击,而假意同远离自己的国家交好,以免树敌过多;"假道伐虢"一计,乃春秋时晋国所用,用计者掩盖真实用意,最终一举两得。

第十九计　釜底抽薪

"釜"是古代的一种锅，薪指的是柴火。"釜底抽薪"的意思就是把柴火从锅底抽走，比喻从根本上解决问题。此计对于将领的要求较高，必须在错综复杂的形势当中，找出影响全局的关键点，进而进攻敌方的弱点，一举扭转乾坤。

不敌其力①，而消其势②，兑下乾上之象③。

【按语】水沸者，力也，火之力也，阳中之阳也，锐不可当；薪者，火之魄也，即力之势也，阴中之阴也，近而无害，故力不可当而势犹可消。《尉缭子》曰："气实则斗，气夺则走。"而夺气之法，则在攻心。昔吴汉为大司马，有寇夜攻汉营，军中惊扰，汉坚卧不动。军中闻汉不动，有顷乃定。乃选精兵反击，大破之，此即不直当其力而扑消其势也。宋薛长儒为汉、湖、滑三州通判，驻汉州。州兵数百叛，开营门，谋杀知州、兵马监押，烧营以为乱。有来告者，知州、监押皆不敢出。长儒挺身徒步，自坏垣入其营中，以福祸语乱卒曰："汝辈皆有父母妻子，何故作此？叛者立于左，胁从者立于右！"于是，不与谋者数百人趋立于右，独主谋者十三人突门而出，散于诸村野，寻捕获。时谓非长儒，则一城涂炭矣！此即攻心夺气之用也。或曰：敌与敌对，捣强敌之虚以败其将成之功也。

①力：强力、锋芒。

②势：气势。

③兑下乾上之象：兑下乾上为《周易》六十四卦中的《履卦》。兑为泽，为阴柔之象；乾为天，为阳刚之象。整个卦象为阴胜阳、柔克刚。其卦辞为："履虎尾，不咥人，亨。"履：小心蹑足前进。咥：咬。亨：通达顺利。其寓意是：虎为凶猛阳刚之兽，但只要以阴柔克之，小心谨慎行事，即使踩着了虎的尾巴，它也不会咬人。若占得此卦，预示事情将经历险阻而后通达，终于顺利。此处借用此卦，意在说明，遇到强敌，不要去与之硬碰，而要用阴柔的方法去消灭其刚猛之气，然后设法制服他。

译文

不要迎着敌人的猛劲去与之硬拼，而要设法削弱敌方的气势，采取以柔克刚的策略制服他。

【按语】锅里的水沸腾，是靠火的力量。沸腾的水和猛烈的火势是势不可当的，这是"阳中之阳"，而维持燃烧火的原料薪柴却是可以接近的，这就是"阳中之阴"。面对强大的敌人，虽然一时阻挡不住，但是却可以避其锋芒，侧面削弱他的气势。《尉缭子》中说："如果士气旺盛，就投入战斗；士气不旺，就应该避开敌人。"若想削弱敌人气势，最好方法是攻心战。所谓"攻心"，就是运用强大的政治攻势。东汉时期的大将率军打仗时，曾遇到敌人偷袭，大敌当前时，吴汉却格外沉着冷静，卧床不动，稳住了将士的情绪，乘夜反击，获得了胜利。这就是不直接阻挡敌人，而用计谋扑灭敌人气势的正面案例。宋朝的薛长儒在担任汉州、湖州、滑州的通判时，驻扎于汉州，恰逢几百名将士叛变，他们打开营门，图谋杀害知州和兵马监押，烧毁营房，进行叛乱。有人前来禀报，知州、兵马监押吓得不敢露面，长儒挺身出营，劝告叛兵说："你们都有父母妻子，为什么要干这些事？凡主动叛乱者站在左边，凡是不明真相的胁从者站在右边。"结果，参加叛乱的数百名士兵，纷纷往右边站，只有为首

的十三个人慌忙夺门而出,躲在乡间,不久都被捉拿归案。当时的人都说,若不是薛长儒临危不惧,那么汉州城。都要生灵涂炭了。这就是用攻心的方法削弱敌人气势的一个好例子。还有人说,敌人再强大,也会有弱点,我方突然击败敌人的薄弱之处,再击败敌人主力,这也是釜底抽薪法的具体运用。

◆◆ 计名探源 ◆◆

"釜底抽薪"的思想由来已久,古代文献多有记载。比如《吕氏春秋·数尽》里就说:"夫以汤止沸,沸愈不止,去其火则止矣。"意思是说,用水来制止沸腾的水,水的沸腾不会停止,把柴火抽去水也就停止沸腾了。西汉《淮南鸿烈》里说:"故以汤止沸,沸乃不止,诚知其本,则去火而已矣。"东汉董卓《上何进书》里说:"臣闻扬汤止沸,莫若去薪。"北齐魏收《为侯景叛移梁朝文》里说:"抽薪止沸,剪草除根。"这些句子表达的都是"釜底抽薪"的意思。

品 读

水烧开了,再掺进开水进去是不能让水温降下来的,根本的办法是把火灭掉,水温自然就降下来了。同样道理,士气旺盛,就投入战斗;士气不旺,就应该避开敌人。削弱敌人气势的最好方法是采取攻心战。所谓"攻心",就是运用强大的政治攻势。敌人再强大,也会有弱点,我方突然击败敌人的薄弱之处,再击败敌人主力,这也是釜底抽薪法的具体运用。所谓"军无粮则亡",在冷兵器时代,粮草对军队的重要性尤为突出。战争中常使用袭击敌人后方基地、仓库,断其运输线等战术,也可以得到釜底抽薪的效果。

【经典案例】

韩信奇兵下井陉

秦朝末年，随着陈胜、吴广揭竿而起，一大批英雄豪杰纷纷竖起反秦的大旗。紧接着，起义军分化为楚、汉两个阵营，楚汉之争开始。汉王刘邦命韩信和张耳统率几万大军攻打赵国。韩信素知井陉口的险要，不敢轻视，屯兵在井陉口三十里外，遣人假装做生意人，混入赵城去探听消息。

赵王急召陈余等商议，谋士李左车献计说："韩信刚刚灭了魏国，如今趁着余威攻打赵国，其锐气是抵挡不住的。不过，他的军队战线太长，利在速战速决。井陉这条路十分险阻，只可容单骑通过，队伍不能成列，如果他要从这里进兵，势难兼顾给养，辎重粮草，必定留在后面，只要给我三万兵，绕道出击，截取他的粮草，这里深沟高垒，勿与交锋，到那时，他前进不得，后退不能，野无所掠，粮从何来？不出十日，韩信和张耳的脑袋就会送上门来了。否则，只凭军队固守是不会退敌的，这就是战术的机动性。"

陈余本是个书生出身的主帅，见识迂拘，自诩以仁义统军，不尚诈谋，否定了李左车的计谋。密探把这个情报告诉韩信，韩信高兴万分，遂令各将领，授以密计，分头部署去了。等到半夜，全军拔寨起行，每人分给些干粮，传谕将士："今日便攻破赵国，打了胜仗再吃早餐！"又挑选精兵两千人，各持汉军红旗，从小路转入小山埋伏，告诉说："大军和赵军对击，我会诈败引他追击，你等一见赵军空营追击的时候，就趁机杀入赵营去，砍倒赵军军旗，换上红旗，坚守着空营。"

韩信的大军已闯过了井陉口，陈余大开营门，出军迎战，自恃兵多势众，一拥上前，使用钳形攻势，想把韩信包围。韩信急下令军士抛鼓掷旗，返身逃脱。赵军见此情形，认为韩信不堪一击，倾营出动，拼力追击，如排山倒海一样，把韩信逼到河边。原来河边上，早已有汉军曹参等列阵等待，见赵兵纷纷到来，就大声叫："前面是大河，退无可援了，想活的只有回身反扑。有谁不听令的，立即斩头！"

于是汉军回头反扑，拼死搏斗，无不以一当十。赵军被阻，无法再进。陈余见这样，便下令停止进攻，回营固守。在回途中，遥见营中的军旗都变了颜色，好似红霞散彩，鲜红夺目，仔细辨认，分明是汉军的红旗，不由得魂驰魄丧，色沮心惊。正在慌张的时候，斜刺里突出一军，乃是汉将傅宽引兵，又追击到了，两路夹攻，又展开一场大混战。

陈余此时自顾不暇了，从将军到士兵，都在狼奔鼠窜，觅路逃生。结果，陈余被杀，赵王与李左车被俘，赵国从此灭亡。

图冀州郭图巧语挖墙脚

袁绍死后，在爵位承袭之事上，子嗣间展开了激烈的明争暗斗。长子袁谭在青州得知父亲在冀州病亡的消息后，立即召谋士郭图、辛评商议继位之大计。郭图分析说："先王毙于冀州，袁尚在其身侧，审配、逢纪二人足智多谋，想必已立袁尚为主。我们应该快些赶赴冀州，将权夺回才是。"辛评说："不可！审配、逢纪二人必然有阴谋才遣人来报丧的。我若贸然前往，必遭他们暗算。"袁谭急切地问："既如此，我该怎么办？"郭图沉思片刻说："我们不如屯兵于冀州城外。我先孤身入城去观察动静，见机行事，设法先除掉袁尚的两个谋士。他若失去了左膀右臂，就容易对付了。

三十六计 解析

第四套 混战计

此乃制鸿去翼之策也。"袁谭依其言，遂率大军来到冀州城外，遣郭图只身入城。

郭图来到冀州，袁尚责问他道："吾兄为什么不前来与我相见？"

郭图谎称道："你兄听到父王病逝的消息，哀痛过度，现在正在军中调养歇息，暂且不能起身前来相见。"

袁尚说："我受先王遗命，现为冀州之主。承袭了父王爵位。现在我封吾兄为车骑将军。眼下曹兵压境，请兄为前部先锋去迎敌，我随后便去接应，你马上回去告诉我家兄早做准备。"郭图趁机向袁尚说："现在军中无人商议退军之策。愿求审正南、逢元图二人前往相辅。"

袁尚听得这意外的要求不由一怔，断然拒绝道："我时刻依仗他二人为我策划大小事宜，怎可须臾让他们离开我？"郭图刁难袁尚说："主公既然令你兄充当先锋前往破曹军，这也是一则大计。既然主公时刻要倚仗他们，让他们去辅兄破曹军不也是为主公立功吗？若两个人不能同时离开，去一个人总可以吧？"袁尚心想，我若不答应他的要求，他便可以找借口不出兵迎敌。无奈只好回头对二位谋士说："你们都是我的心腹，舍不得你们离我半步。现迫于情势需要，只好让你们其中一人前往了。你二人拈上一阄。拈着的便去。"

逢纪、审配二人闻言无话可说，只好拈阄以定去留。谋士逢纪拈着后，便随郭图来到袁谭营中，不久便死于非命。这样，袁尚身边就只有审配一人相辅了。

郑和计平锡兰国

明成祖时,太监郑和第三次出使访问印度洋上的佛教国家,率领舰队和随带珠宝及土产等,准备恩威并施,使这些国家臣服明朝。

船队抵达锡兰之后,郑和及随员等登陆,参拜了一间大佛寺,布施了许多金银、丝织等物,又立了一座刻有三种文字的纪念碑。

这时,一些生活在当地的中国人向郑和申诉,锡兰国国王亚烈苦奈儿歧视中国人,经常虐待来此拜佛的中国僧人。郑和为了解决这个问题,特派使者晋谒国王。但国王毫无诚意,还想对郑和施下马威。他假意邀请郑和入城见面,一面又倾全国所有军队五万,想出其不意劫掠宝船。

郑和已察觉到国王的阴谋诡计,便打蛇随棍上,将计就计,一面答应入城,趁对方的军队倾巢而出、后方空虚,以二千精兵轻装绕道袭击王城;一面在中途埋伏大军,截击敌军。

亚烈苦奈儿把军队调遣好之后,便放心地在宫中等候捷报。不料王城突然发生骚动,原来,郑和的军队已破城而入。城内实力空虚,毫无抵抗能力,很快就把国王俘虏了。派出的五万军队得悉王城被袭,连忙回军救援,又被郑和的伏兵切为几段,全军被杀得片甲不留,锡兰国王不得不死心塌地地臣服明朝。

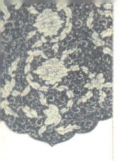

第二十计　浑水摸鱼

"浑水摸鱼"的本义是把水搅浑，使鱼晕头转向，乘机摸鱼，可以得到意外的好处。比喻趁混乱时机获取利益。运用此计的关键是指挥者对于形势的正确判断，要发挥主观能动性，千方百计把水搅浑，然后就可以借机行事，谋取利益。

原文

乘其阴乱①，利其弱而无主。《随》，以向晦入宴息。②

【按语】动荡之际，数力冲撞，弱者依违无主，散蔽而不察，我随而取之。《六韬》曰："三军数惊，士卒不齐，相恐以敌强，相语以不利，耳目相属，妖言不止，众口相惑，不畏法令，不重其将，此弱征也。"是鱼，混战之际，择此而取之。如：刘备之得荆州，取西川，皆此计也。

注释

①乘其阴乱：阴，内部。全句意为：乘敌人内部发生混乱。

②《随》，以向晦入宴息：语出《易经·随卦》。《随》，卦名。本卦为震下兑上。上卦为兑为泽；下卦为震为雷。言雷入泽中，大地寒凝，万物蛰伏，故卦象名"随"。随，顺从之意。《随卦》的《象》辞说："泽中有雷，随。君子以向晦入宴息。"意思是说，人要随应天时去作息，向晚就当入室休息。本计运用这一象理，旨在说明打仗时要善于抓住敌方的可乘之隙，随机行事，乱中取利。

译 文

乘着敌方内部发生混乱，利用他力量虚弱且没有主见。使他顺随于我，就像《易经·随卦》象辞说的：人到夜晚，必须入室休息一样。

【按语】局面混乱不定，一定存在着多种互相冲突的力量，那些弱小的力量这时都在考虑，到底要依靠哪一边，一时难以确定，敌人又被蒙蔽难以察觉。这个时候，己方就要乘机把水搅浑，顺手得利。古代兵书《六韬》中说："全军多次受惊，军心不稳，发牢骚，说泄气话，传递小道消息，谣言不断，不怕法令，不尊重将领，这些都是怯弱的征兆。"这种军队就像浑水中的鱼，应该趁乱捕捉，夺取取得胜利。比如刘备得荆州，取西川，用的就是这样的办法。

◆◆ 计名探源 ◆◆

"浑水摸鱼"一语，起初可能是渔民们从捕鱼实践中摸索、总结出来的一句经验性俗语，后来逐渐被移植到社会生活的其他领域，以至被兵家和军事指挥员们用作军事术语。

品 读

此计在军事上指有意给敌方制造混乱，当敌人混乱无主时，趁机夺取胜利的谋略。在混浊的水中，鱼儿辨不清方向；在复杂的战争中，弱小的一方经常会动摇不定，这样就有可乘之机。更多的时候，这个可乘之机不能只靠等待，而应主动去制造，然后借机行事，捞取实惠。

【经典案例】

傅永移标乱敌阵

南北朝时,南齐皇帝派遣大将鲁康祚、赵公政率领一万大军侵犯北魏豫州的太仓口。豫州刺史命令建武将军傅永带领三千人马前去阻击齐军。鲁康祚已在淮河南岸安营扎寨,随时准备渡河进攻魏军。傅永也将军队驻扎在距离淮河北岸十里处,严阵以待,随时准备对付胆敢来犯之敌。

面对着敌强我弱的形势,傅永对战事作了周密的分析。他根据吴楚将领惯于偷营劫寨的作战特点,采取了对策。到了夜里,准备伏击夜里劫寨的齐军,一切都布置妥善之后,他又找来了十几名精壮士兵,对他们说:"敌人如果夜里来偷袭我们,一定是在河水较浅的地方渡河,并且事先在南岸备有火把,以便他们返回时点燃,作为渡河的标记。你们几个人趁黑偷渡到南岸,隐藏在河水最深的岸边。如果今夜敌人渡河来北岸,你们暂且不动,等到北岸的敌人南返渡河时,南岸齐军一定会点燃火把,这时,你们也马上在河水最深的地方点起火把来。"

果然不出傅永所料,当天夜里,齐军偷渡淮河,展开偷袭。等齐军的大队人马靠近魏军的空营时,傅永一声令下,埋伏在营地外两侧的魏军如潮水般地向齐军包围过来。鲁康祚一见自己中了埋伏,慌忙命令部队调头向河南岸的大本营撤退。此时,河南岸亮起了许多火把标记,慌乱之中,齐军也分辨不清他们来时的位置,纷纷从魏军所置火把的地方渡河。由于魏兵火把标记的地方河水最深,大量齐军士兵被活活淹死。魏军趁机追击,齐军伤亡惨重,连赵公政也被魏军活捉。鲁康祚连人带马也坠入淮河中被淹死。傅永用移标乱阵之法，大败齐军，获得了胜利。

诸葛亮草船借箭

周瑜是东吴孙权手下的大将，足智多谋，但心胸狭窄。他十分嫉妒诸葛亮的才华，认为诸葛亮辅佐刘备，不久将成为东吴大患，因而起了杀心。周瑜以孙刘两家合力抗曹的名义，督促诸葛亮在三日之内造十万支箭。在他看来，此事绝难完成，到那时候可借此杀了诸葛亮。没想到诸葛亮满口答应，并与周瑜立下了军令状。

鲁肃仁厚善良，他不忍看周瑜图害诸葛亮，便前去拜见诸葛亮。诸葛亮说："我只希望你借我二十只船，每船要三十个人，扎一千个草人摆在船的两边，如此这般，你就可救我一命了。"鲁肃不解其意，但为了挽救诸葛亮的性命，便爽快地答应下来。

鲁肃依诸葛亮的要求送去船、人和草人。但诸葛亮那边毫无动静，似乎忘记了造箭之事。直到第三天的半夜，才见诸葛亮派人来请鲁肃，鲁肃见了面问："你要我来有何用意？"诸葛亮说："特意请你来和我一起取箭去。"鲁肃更加迷惑不解，心想：三天未见你打出一支箭，现在却突然说要去取箭，能到哪里取呢？只听诸葛亮对他说："你不要问，跟我来便是了。"随后诸葛亮下令把二十条船用长索连好，然后上船直往长江北岸开去。此时天降大雾，长江之上雾气弥漫，能见度极低。鲁肃不安地说："我们人单力孤，曹兵一起杀出来怎么办？"诸葛亮回答："雾这么大，曹操肯定不敢派兵出来。我们只顾饮酒即可。"

曹操见为数不多的船乘雾驶来，料定后面必有埋伏，于是命令士兵不可轻举妄动，只叫弓箭手开弓放箭。箭到东吴的船上，都扎在草人身上。待到日出雾散时，只见二十只船已插满了箭，

每船约有五千多支，总数十万有余。诸葛亮下令收船速回，又让船上士兵高声呐喊："谢曹丞相送箭。"

船到南岸，诸葛亮对鲁肃说："周瑜叫我造出十万支箭，却不给准备好工匠和用料，其用意很明显是借故杀我。我算定今夜有大雾，故驱草船向曹操借箭。周瑜算计我尚应仔细筹划才是。"鲁肃这才恍然大悟，赞叹诸葛亮智谋高妙。周瑜得知后，感慨地说："诸葛亮神机妙算，我实在不如他啊！"

诸葛亮草船借箭所使用的就是浑水摸鱼之计。江面大雾犹如"浑水"，诳来的十万支箭相当于"鱼"。这条"鱼"使诸葛亮保住了性命。

刘秀浑水摸鱼

东汉的建立者光武帝刘秀是一位很有韬略的政治家。他尚未登基之时，曾在河北一带与王朗大战二十多日，最后攻破邯郸，杀死王朗，取得成功。当时，王朗在邯郸称王，实力雄厚。刘秀不敢正面与王朗开战，就带着少数亲信到了蓟州。不料，遭遇蓟州兵变，响应王朗，捉拿刘秀。刘秀只能仓皇南逃。

刘秀一行逃到饶阳，已饥疲不堪。这时，刘秀忽然灵机一动，想出了一个虎口求食的办法：冒充王朗的使者骗驿站的饭吃。众人装扮一番，就以王朗的名义，大模大样地走进驿站。驿站官员信以为真，急忙备美味佳肴招待。刘秀等人好几天没吃过一顿饱饭了，便狼吞虎咽地吃起来。他们的狼狈相引起了驿站官吏的疑心。为了辨其真假，驿站的官员故意将大鼓连敲数十下，高喊邯郸王驾到。这一声喊，非同小可，把众人惊得目瞪口呆，人人手心捏着一把汗。刘秀也惊得站起来，但很快镇定下来。他想，如果邯郸王真来了，是逃不掉的，只能见机行事。

　　他给众人使了个眼色,让大家沉住气。自己慢慢坐下,平静地说:"准备拜见邯郸王。"等了好一会儿,也不见邯郸王的踪影,才知道是驿站官员搞的名堂。酒足饭饱之后,刘秀等人安然离开了驿站。刘秀此次的成功便是得力于计谋上的"浑水摸鱼"和心理上的高度镇定。

三十六计解析◎ 第四套 混战计

第二十一计　金蝉脱壳

"金蝉脱壳"本意是指蝉（知了）在变为成虫时，本体脱离外壳而走，只留下蝉壳还挂在枝头。比喻只留下表面的假象，实际上早已经离开。此计作为计谋，指用计脱身，而不使人发觉。

原 文

存其形，完其势；①友不疑，敌不动。巽而止，《蛊》。②

【按语】共友击敌，坐观其势。倘另有一敌，则须去而存势。则金蝉脱壳者，非徒走也，盖为分身之法也。故大军转动，而旌旗金鼓俨然原阵，使敌不敢动，友不生疑。待己摧他敌而返，而友敌始知，或犹且不知。然则金蝉脱壳者，在对敌之际，而抽精锐以袭别阵也。如：诸葛亮病卒于军，司马懿追焉。姜维令仪反击鸣鼓，若向懿者，懿退，于是仪结营而去。檀道济被围，乃命军士悉甲，身白服乘舆徐出外围。魏惧有伏，不敢逼，乃归。（《南史·檀道济传》《广名将传》）

注 释

①存其形，完其势：保存阵地已有的战斗阵容，完备继续战斗的各种态势。

②巽而止，《蛊》：语出《易·蛊》。《蛊卦》为巽下艮上。艮为山、为刚，为阳卦；巽为风、为柔，为阴卦。故"蛊"的卦象是"刚上柔下"，意即高山沉静，风行于山下，事可顺当。又，艮在上，为静；巽为下，为谦逊，故又是"谦虚沉静""弘大通泰"的天下大治之象。此计引本卦《象》

辞,"巽而止,《蛊》",意为暗中谨慎地实行主力转移,稳住敌人;乘敌不惊疑之际,脱离险境。"蛊"有顺的意思。

译文

保存阵地原形,造成强大的声势。使友军不怀疑,敌人也不敢贸然进犯。这是从《易经·蛊卦》"巽而止,《蛊》"一语中悟出的道理。

【按语】和友军一起进攻敌人,要学会坐观态势。如果还有另外的敌人,最好的办法就是巧妙脱身,从旁观望。但要保持原来阵容的气势。所以说金蝉脱壳不是逃跑,而是分身之法。军队已经转移,但是旌旗、军鼓、营帐都摆在原地,制造军队仍然在原地的假象,让敌友双方都不怀疑,认为你还在固守,等到败敌而返,友军还可能蒙在鼓里。金蝉脱壳就是在临阵对敌的时候,偷偷抽调精锐偷袭别人。就像诸葛亮在五丈原去世,司马懿追击不止,姜维命令杨仪鸣鼓反击,冲向司马懿。司马懿以为是诸葛亮的诱敌之计,迅速撤退。杨仪因之从容撤退。檀道济曾经被敌人围困,居然命令全军顶盔贯甲,自己穿着白色的服装坐在车上由众军士慢慢推出来,不慌不忙地靠近魏国防线,魏军见此状,以为有埋伏,居然不敢紧逼,最终,檀道济走出魏国的包围圈。

计名探源

古人常用"蝉蜕"比喻获得解脱,比如《史记·屈原贾生列传》中说:"自疏濯淖污泥之中,蝉蜕于浊秽,以浮游尘埃之外,不获世之滋垢,皭然泥而不滓者也。"意思是说,屈原自动地远离污泥浊水,像蝉脱壳那样摆脱污秽环境,以便超脱世俗之外,不沾染尘世的污垢,出淤泥而不染,依旧保持高洁的品德。又如《淮南子·精神训》中云:"蝉蜕蛇解,游于太清。"意思是说,像蝉和蛇一样摆脱躯壳束缚,游于无端自由的精神境界。"金蝉脱壳"何时用于军事,尚无定论,但

三十六计 解析

第四套 混战计

不晚于元代。元人惠施《幽闺记·文武同盟》中说："曾记得兵书上有个金蝉脱壳之计。"

品 读

"金蝉脱壳"是认真分析形势，准确作出判断，摆脱敌人，转移部队，绝不是消极逃跑，一走了事。它应该是一种分身术：稳住对方，脱离险境；从而暗中调走精锐部队去袭击别处的敌人。这里的"脱"，不是惊慌失措，消极逃跑，而是存其形式，抽去内容，稳住敌方，脱离险境。

【经典案例】

鸿门宴

项羽的叔父项梁战死后，楚怀王任命宋义为大将，项羽为次将。在一次救赵的战役中，由于宋义按兵不动，项羽就采取了没有办法的办法暗算了宋义。原本是傀儡的怀王就只好传命项羽为上将军。

在宋义为大将时，怀王为了激励诸将早日攻下秦的本部，便与诸将约定："谁先攻入关中，谁就是关中王。"这时项羽兵权在握，他凭借大将的权力，率军渡过黄河，与驻守在巨鹿的秦军章邯所率领的军队展开激战，最后大败章邯，并将二十多万秦军诛杀殆尽。

这次的会战胜利，使各地的反叛将领都无不佩服项羽而归服在他的旗下。这时的项羽，实质上不再是楚的大将而是诸侯的统帅了。接着项羽率军北上，直取通往关中的函谷关，当他攻取函

谷关时，有密报传入："刘邦有意称王于关中，要任秦王子婴为相，要将所有秦的珠宝据为己有。"

项羽的军师范增对项羽说："刘邦从前在关东的时候，贪财好色。现在入关，对财物却丝毫不取，对妇女也没有接近。由此看来，他的志向不小啊。"项羽听了非常愤怒，便说："明日一早，让士兵饱餐战饭，出兵直取刘邦的军队！"项羽麾下有精兵四十万，驻扎在新丰鸿门。而刘邦只有十万兵力，驻扎在咸阳东边的灞水附近。

刘邦万没有想到项羽的军队这么快就出现在关中，当他听说项羽准备攻来时，十分惊讶。以眼下的实力，无论如何也打不过项羽；于是就请项羽的叔父项伯居中调解，约好亲自去向项羽谢罪。

次日早晨，刘邦带领随从骑士百余人来见项羽。到了鸿门，刘邦向项羽谢罪道："我和将军合力攻秦，将军在黄河以北作战，我在黄河以南作战。但我自己也没有想到能先入关攻破秦国，而与将军在此相见。现在因有小人之言，使将军和我之间产生嫌隙。"项羽说："这是你的左司马曹无伤说的，不然我何至如此呢？"

刘邦积极占领关中，想称王是实，而此时登门向项羽谢罪是因为硬拼不过才委曲求全。他回到关中后就将曹无伤杀了。

项羽当即留刘邦一同饮酒。项羽和项伯向东而坐，亚父范增向南，刘邦向北，张良向西坐在侍者之位。深谋远虑的范增多次使眼色示意项羽杀沛公，又举起佩戴的玉，做杀状以示意项羽，连做三次，但项羽默然，毫无反应。范增看情形不对，便起身到外面对项庄说："项羽为人心肠太软，不忍亲自下手。你进帐去，上前向沛公敬酒，敬完后便请在座前舞剑，然后趁机将沛公杀死。如果失败的话，你们这些人都将被他杀尽九族。"

于是，项庄入内，向刘邦敬酒，敬酒过后，便向项羽说："君主和沛公饮酒，军中没有什么可供娱乐的，请准属下表演剑舞，用以娱乐嘉宾。"项羽说："好！"

项庄于是拔剑起舞。项伯看出了项庄的心思，也拔剑起舞。项伯多次用身体掩护沛公使项庄没有机会刺杀沛公。这一幕历史故事叫作"项庄舞剑，意在沛公"。表演剑舞是假，杀沛公是真。刘邦的军师张良看到情形不对，忙起身，到军门找到樊哙。

樊哙问道："今天的情况怎样？"

"事态十分紧急！现在项庄拔剑起舞，恐怕是随时想刺杀沛公！"

"这事非同小可。我进去和沛公同生共死！"樊哙说。

樊哙就带了宝剑、持着盾进入军门。

樊哙入军帐后向西而立，瞪大了眼睛怒视着项羽，头发也竖了起来，眼角也都裂开。项羽大吃一惊，按剑挺身大声地问道："来的是什么人？"

张良说："是沛公的随身护卫樊哙。"

"是壮士。赐给他酒！"项羽说。左右便送过来一斗酒。樊哙拜谢，起立后一饮而尽。

项羽说："赐给他一条猪腿！"左右给他一只生猪腿。樊哙把盾覆在地上，把猪腿放在上面，拔剑切着猪腿大嚼起来，不一会儿一条猪腿被他吞食而下。项羽又说："真是壮士！你还能喝酒吗？"樊哙借此发挥了一番："我连死都不怕，一碗酒还有什么可推辞的！秦王暴虐狠毒，心如虎狼，杀人如麻，用严酷刑法。天下人苦不堪言，都起而反秦。楚怀王与诸将有约：'先破秦和进咸阳者为王。'如今沛公先破秦，进入咸阳，对咸阳的一切财富，丝毫不敢接近；并封闭宫室，回军灞水一带，专等着大王前来接管。之所以派将士守护函谷关，是为了防范其他盗贼进来，发生变故。

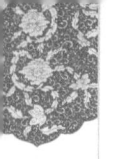

我们的沛公如此地劳苦功高，可是大王您不但不给予封侯之赏，反而听信小人之言，要杀有功之人。这种做法，不过是暴秦之继续而已！樊哙愚见，大王实在不该如此。"

项羽听了并没有回答什么，只是说："你坐！"樊哙便坐在张良旁边。稍过一会儿，刘邦起身说要去厕所，顺便把樊哙也带了出去。

刘邦出军帐后，对樊哙说："我现在应该走了，但是我出来的时候没有告辞，这该怎么办呢？"

樊哙听了马上说："生死关头不必太顾虑琐碎的小节；大礼当前的时候，无须拘执细小的谦让。如今人家是刀和砧板，我们是鱼和肉，还讲什么告不告辞呢？"

于是刘邦决定逃走，就叫张良留下来向项羽谢罪。鸿门距刘邦的军队所在地灞水附近约四十里。刘邦留下车马随从，独自一人骑马，由樊哙、夏侯婴、靳强、纪信等四人持剑步行，抄小路回营。

刘邦嘱咐张良："从这条小路到我军驻处，不过二十里而已。你估计在项羽来不及追我而我能先到军中的时候，就进帐向项羽辞谢。"刘邦走了之后，张良估计时间，算算刘邦已到军中，就进帐向项羽告罪。

张良说："沛公不胜酒力，所以不能进帐向大王告辞。特命张良奉上白璧一对，拜献大王足下。玉斗一双，拜献范增大将军足下。"

"沛公现在在哪里？"项羽问。

张良说："听说大王对沛公有督责其过之意，甚为恐惧，因此自己先走了一步，此时想已回军中了！"项羽便接受了白璧，放在座上。范增接过玉斗，放在地上，拔剑一击，玉斗粉碎。

范增愤愤地说："唉！年轻无见识的人，不足以共谋大事。将

三十六计 解析

第四套 混战计

来夺项王天下的人，必定是沛公！我们这些人就要成为他的俘虏了！"

避祸存身除奸臣

唐朝后期，宦官的势力极大，皇帝的废立乃至生死，都在他们的掌握之中。公元846年，唐武宗李炎病死，他没有儿子，由谁来继承帝位呢？宦官们选择皇帝的标准很简单，即能不能被他们所控制，挑来拣去，他们看中了李忱。

李忱已经36岁了，他是此前三个皇帝（敬宗、文宗、武宗）的叔叔。在中国帝位继承史上，儿子继承父亲是标准样式，弟弟继承长兄、侄子继承叔伯也有，但以叔叔来继承侄子实在罕见。宦官们为什么选中他呢？因为他们以为他既呆且傻，这样的人是便于控制的。

的确，李忱小的时候，宫里面的人便觉得这孩子不大聪明，等到他的几个侄子先后当上皇帝，他就更显得笨呆呆，平时深居简出，很少同人来往，有时皇族集会，他一句话也不说。他的这些侄子都不大看得起他，尽拿他开心，甚至当众羞辱他，他不急不恼，毫无反应。

然而处在这种位置，不可避免地要被卷进权力之争的漩涡。武宗皇帝对他尤为猜忌，曾将他关进宫中的监狱，后来又因于厕所之中。有个宦官瞧着他可怜，便对武宗说："他是皇叔，总关在厕所中也不大好，要不干脆杀掉他！"武宗说："行，你去办吧！"

这个宦官便将他从厕所中放出，装在一辆破车上，上面盖着粪干杂物，悄悄运出宫来，到自己家中秘密收养下来，他才免于一死。

吕布设计逃出虎口

吕布被李傕、郭汜打败之后，打算投奔袁术，但袁术拒绝任用他。吕布只好投奔与董卓有宿怨的袁绍，由于他在袁绍面前自恃骁勇，引起了袁绍的不满，准备找机会除掉吕布这个心腹大患，这一打算被吕布发现，为了躲避杀身之祸，他便向袁绍请求离开河北。

起程那天，袁绍派了三十名伪装成护卫的刺客跟随吕布，名为护送，实则寻找机会干掉吕布。吕布也深知处境之危险。这天晚上，他们在野外宿营，吕布让袁绍派来的三十名随从住在帐篷附近，让自己的一个亲信在帐篷中鼓瑟，因为瑟声不断，所以大家都认为吕布仍在帐内，吕布就利用这个机会，人不知、鬼不觉地偷偷脱身逃走。三更过后，瑟声停止，刺客们悄悄地拥进帐内，不问青红皂白朝床上一阵猛砍，发现情况不对，点起灯来才发现吕布早已不知去向。

吕布为了摆脱袁绍派来的刺客的谋害，以鼓瑟作为巧妙的伪装，转移敌人的视线，借机脱身而去。由于吕布行动迅速而隐蔽，善于伪装，所以使得敌人在闯入帐中的时候，还没有发现吕布已逃走，可见吕布对这一计运用是成功的。

第二十二计　关门捉贼

"关门捉贼"，本意指关上房门，然后去捉家里偷东西的贼。后"贼"引申为弱小的敌人，"关门捉贼"即四面包围弱小的军队，聚而歼之。这是一种围歼敌人的计谋，运用得好，甚至可以歼灭敌军主力部队。

原 文

小敌困之。《剥》，不利有攸往。①

【按语】捉贼而必关门，非恐其逸也，恐其逸而为他人所得也。且逸者不可复追，恐其诱也。贼者，奇兵也，游兵也，所以劳我者也。《吴子》曰："今使一死贼伏于旷野，千人追之，莫不枭视狼顾。何者？恐其暴起而害己也。是以一人投命，足惧千夫。"追贼者，贼有脱逃之机，势必死斗；若断其去路，则成擒矣。故小敌必困之，不能，则放之可也。

注 释

①《剥》，不利有攸往：语出《易·剥》。《剥卦》为坤下艮上。上卦为艮、为山，下卦为坤、为地。意即广阔无边的大地在吞没山岳，故卦名曰"剥"。"剥"，落也。《剥卦》的卦辞说："剥，不利有攸往。"意思是说：当万物呈现剥落之象时，如有所往，则不利。此计引此卦辞，是说对小股敌人要即时围困消灭，而不利于去急追或者远袭。

译 文

对弱小的敌人，要加以包围、歼灭。（如果纵其逃去而又穷追远赶，那是很不利的。)这是从《剥卦》卦辞"《剥》,不利有攸往"一语中悟出的道理。

【按语】捉贼时必须要关闭大门,这并不是怕他逃走,是怕他逃走后被别人所得到而利用他。况且,对于已经逃走的贼不可再去追赶,是怕上了贼的诱兵之计。所谓"贼",就是指那些性情狡猾、善于奇袭、神出鬼没、专门引我疲于奔命的敌人。《吴子兵法》里说:"现在让一个亡命之徒隐藏到广阔的野外,尽管让千百人去追捕他,追捕者没有一个不左顾右盼,顾虑重重。这是为什么呢?是怕贼突然跳出来伤害自己。所以,一个亡命之徒,就足以让一千个人害怕。"追击贼的方法:只要贼有脱逃的机会,他就必然会拼死格斗;如果截断他逃脱的道路,贼就必然会被捉住。因此,对付小股敌人,就必须围困他,如果办不到,就暂时让他逃走也是可以的。

计名探源

"关门捉贼"是流传很久的民间俗语,其起源已经无法考证。《孙子兵法·谋攻》里说:"故用兵之法,十则围之,五则攻之,倍则分之。"大意是:所以用兵的法则,有十倍于敌的兵力就包围敌人;有五倍于敌的兵力就进攻敌人;有一倍于敌的兵力就分散敌人。从中可以看出"关门捉贼"的思想。"关门捉贼"与另一民间俗语"关门打狗"意思相近。

品读

关门捉贼与"闭门捉贼""关门打狗""瓮中捉鳖"等词语意思相近,原是民间流传甚久的俗语,后来移用到社会生活的其他领域。关门捉贼,不仅仅是恐怕敌人逃走,而且怕他逃走之后被他人所利用。这个贼,指的是那些出没无常、偷袭我军的游击队伍。他们的企图,

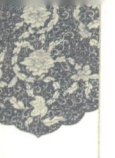

是使我军疲劳，以便实现他们的目的。所以，对弱敌必须围而歼之，如果不能围歼，暂时放他逃走也未尝不可，千万不可轻易追击。

【经典案例】

减灶增兵，设伏马陵

战国时期，孙膑与庞涓作为同门师兄弟，共同在当时最著名的军事家鬼谷子门下学习，庞涓先一步下山，在魏做了军师，统领全国军队。不久，他的军事才能得到施展，打了几次胜仗，也深得魏王信任和宠幸。利欲熏心的庞涓念念不忘他的师兄孙膑，在心里早与孙膑势不两立（他自知学识、才干比不上孙膑，孙膑出山即意味着他的毁灭：孙膑投魏与他共事魏王，他官位难保；孙膑另投别国，势必与魏作对，他又难与之匹敌），因而邀孙膑到魏国，设计加害，骗孙膑传授兵法于前，施刖刑致其残废于后，甚至于逼其当众装疯吃屎，丧失做人的尊严。

孙膑当然忍不下这口恶气，逃回齐国之后，先施围魏救赵之计，使庞涓功败垂成；而后又极力怂恿齐王与魏国开战，与庞涓对阵以后，假装初战不利，退兵败逃，引诱庞涓领兵来追。退兵途中又用增兵减灶之计，麻痹庞涓，使其骄纵轻敌，以为齐军不堪一击，甚至多有怕死开小差的。就这样孙膑且战且走，一直把庞涓引到了一个叫马陵道的狭长山谷。庞涓到此时尚不知中计，甚至认为孙膑用以堵截他去路的树木是为了减缓自己追击的速度。直到齐国军队展开进攻，逃生无路时，才不得已做英烈状拔剑自杀。

在此我们抛却庞涓道德修养如何不说，单说他误中孙膑"关门捉贼"之计，马陵道丧生，就说明他在用计、破计方面，着实较

其师兄孙膑差了一截,他没有给孙膑以应有的重视,以孙膑的治军才能怎么会在他面前节节败退?又怎么会日日有手下军士逃走开小差?偏偏庞涓是个好大喜功、急功近利之人,当时考虑更多的是怎么追拿到孙膑,如何在魏王面前请功受赏,一路穷追猛赶,最后闯进孙膑的埋伏圈,兵败身亡。

俞大猷围歼倭寇

明嘉靖三十三年(1554年),倭寇组织两万多名武士,屯集松江柘林,在中国沿海一带肆意进行骚扰活动。柘林屯兵是倭寇精心选定的。柘林临水,地势险要,舟楫战船进出方便,进兵陆路四通八达。

明世宗闻报,遂派右都御史张经赴沿海剿除倭寇。苏松副总兵俞大猷向张经建议说:"倭寇势众,且占据有利地形。若强攻,倭寇必然乘船入海而逃。况且我军新集,恐力不从心。因此,我们应采取'关门捉贼'之良策。先派兵守住倭寇的必经之路,再密令一支队伍插入敌后,断绝水路。倭寇进入圈套后,我们前后夹击,势必破敌。"俞大猷的建议,深受张经的赞赏,遂命令俞大猷、邹继芳、汤克宽分兵三路,把守金山卫、闵港、乍浦,暂时按兵不动,又檄令永顺、保靖两军联合围剿。

三十六计 解析 第四套 混战计

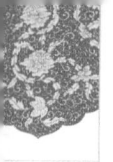

永顺军和保靖军按时到达，一声炮响，各路军马争相杀敌。俞大猷一马当先，所向披靡。明军围倭寇于王江泾，斩杀两千倭寇，剩下的倭寇四散逃命。

温造巧设圈套斩叛军

唐宪宗时，戎族和羯族进攻中原地区，皇帝的诏书下达到南梁，命令当地派出军队5000人前往京师。刚要起兵，众人叛乱，赶走了他们的统帅，聚集起来抗拒王命。这种状况持续了一年多，唐宪宗深为此事感到不安，京兆尹温造请求单人匹马前往处理此事。

南梁人看见只是来了一个儒生，都相互祝贺，认为不会有什么灾患。等到温造到了以后，仅仅宣读了皇帝的诏书，安抚和问候大家，对作乱这件事一句也没有过问。而南梁军队中那些挑头作乱的人却全副武装，进进出出，温造也不警告他们。

有一天，温造在球场中设置了乐队演奏乐曲，全军战士全都前往球场听奏乐。温造叫军人在长廊下边吃饭，饭桌的前边正对长廊的台阶，南北两行设置了两根长绳，让军人各自在面前的长绳上挂上他们的刀剑，然后吃饭。酒宴刚刚开始，忽然响起了一声鼓，温造手下的人站在长廊的台阶上，从两头齐力平举那两根绳索，于是南梁军人们带来的刀剑一下子离开地面有三丈多高。这些军人拿不到自己的武器，一下就乱了起来，没有办法施展他们的勇武。这时，温造把门关上，命令手下的人斩了这些叛军。从此以后南梁地方的人都不敢再谋反了。

第二十三计　远交近攻

"远交近攻",意思是联络结交距离远的国家,进攻自己邻近的国家。本是战国时秦国采取的一种外交策略,后也指待人处世的一种手段。作为计策,"远交近攻"是分化瓦解敌方联盟,各个击破,结交远离自己的国家而先攻打邻国的战略性谋略。"远交"并不是真的交好,是为了避免树敌过多而采用的外交手段。

原 文

形禁势格①,利从近取,害以远隔。上火下泽②。

【按语】混战之局,纵横捭阖之中,各自取利。远不可攻,而可以利相结;近者交之,反使变生肘腑。范雎之谋,为地理之定则,其理甚明。(《战国策·秦策》《战略考·战国》)

注 释

①形禁势格:禁,禁锢、限制。格,阻碍。全句意为:受到地势的限制和阻碍。

②上火下泽:语出《易·睽》。《睽卦》为兑下离上。上卦为离为火,下卦为兑为泽。上火下泽,是水火相克;水火相克则又可相生,循环无穷。又"睽":离违,即矛盾。本卦《象》辞说:"上火下泽,睽。"意为上火下泽,两相违离、矛盾。此计运用"上火下泽"相互违离的道理,说明采取"远交近攻"的不同做法,使敌相互矛盾、违离,而我则可各个击破。

译文

　　凡是受到地理形势的限制时，攻取附近的敌方，就有利；攻击远隔的敌方，就有害。这是从《睽卦》象辞"上火下泽，睽"一语中悟出的道理。

　　【按语】在混战的局面中，各种势力联合、分离不定，但都各自获取利益。远处的势力不可以攻打，要用想方设法，给予利益来结交；如果跟近处的势力结交，反而使变故发生在贴近自己虚弱或要害的地方。范雎提出的远交近攻策略，符合地理的原则，道理很明显。

计名探源

　　语出《战国策·秦策》："范雎曰：'王不如远交而近攻，得寸，则王之寸；得尺，亦王之尺也。'"意思是说，大王（秦昭王）不如联络结交距自己远的国家，而攻击占领和自己临近的国家。这样得到一寸土地，就称王一寸土地，得到一尺土地，就称王一尺土地。这是范雎说服秦昭王的一句名言。后来秦国把"远交近攻"定为国策，逐步吞灭六国，最后一统天下。

品读

　　远交近攻的好处，是使敌方相互矛盾、违离，而我方正好可以各个击破。远交近攻的谋略，不只是军事上的谋略，更是一种政治战略。大棒和橄榄枝，相互配合运用。结交远离自己的势力集团，对邻国则挥舞大棒，把它消灭。如果和邻国结交，是为了杜绝近处发生动乱。其实，从长远看，所谓远交，也绝不可能是长期和好。消灭近邻之后，远交之国也就成了近邻，新一轮的征伐也是不可避免的。远交近攻的好处在于文武相济，刚柔并施，双管齐下，使对手顾此失彼，难于应付。

【经典案例】

郑宋争霸战争

春秋初期,周天子的地位实际上已经被架空,群雄并起,逐鹿中原。郑庄公在此混乱局势下,巧妙地运用"远交近攻"策略,取得了霸主的地位。

当时,郑国的近邻宋国、卫国与郑国积怨很深,矛盾十分尖锐,郑国时刻都有被两国夹击的危险。于是,郑国在外交上采取主动,接连与较远的邾、鲁等国结盟,不久又与更远的实力强大的齐国签订盟约。

公元前719年,宋、卫联合陈、蔡两国共同攻打郑国,鲁国也派兵助战,将郑都东门围困了五天五夜。虽未攻下,但郑国已感到本国与鲁国的关系存在问题,便千方百计与鲁国重新修好,共同对付宋、卫。

公元前717年,郑国以帮邾国雪耻为名,攻打宋国。同时,向鲁国积极发动外交攻势,主动派使臣到鲁国,提出把郑国在鲁国境内的访枋交归鲁国。果然,鲁国与郑国重修旧谊。齐国当时出面调停郑国和宋国的关系,郑庄公又表示尊重齐国的意见,暂时与宋国修好。齐国因此也对郑国加深了"感情"。

公元前714年,郑庄公以宋国不朝拜周天子为由,代周天子发令攻打宋国,郑、齐、鲁三国大军很快地攻占了宋国大片土地。然而,宋、卫军队避开联军锋芒,乘虚攻入郑国。郑庄公把占领宋国的土地全部送与齐、鲁两国,迅速回兵,大败宋、卫大军。郑国乘胜追击,击败宋国,卫国被迫求和。这样,郑庄公势力大为扩张,霸主地位逐渐稳固。

烛之武退秦师

公元前 630 年，郑国遭到其左右两个大国秦国和晋国的联合进攻，秦、晋两国的军队很快就进逼郑国国都城下。眼看郑国危在旦夕，郑国君主文公连夜召集文武百官商量对策。最后决定派富有外交斗争经验、善于辞令的大臣烛之武前去说服秦国退兵。

当时秦军驻扎在城东，晋军驻扎在城西，两军合兵攻城却各不相照。烛之武乘黑夜缒下城墙，直奔秦营门前放声大哭。

秦穆公叫手下人把烛之武叫了进来，问："你到我们军营里来哭什么呢？"

烛之武说："我们郑国的国土和贵国并不相连。我们在东，你们在西，中间隔着晋国。郑国灭亡了，我们的疆土只能被晋占去。你们秦国很难跳过晋国来占领郑国的土地。秦晋两国本来力量相当，势均力敌，如果晋国得到郑国土地，实力就会比以前更强，而贵国的势力也将相对地减弱。你现在帮助晋国强大起来，其实是养虎为患，将来你们秦国一定会反受其害的。再说，晋国历来言而无信，这几年，他们天天扩军备战，其野心不会有满足的时候。它今天灭了郑国，难保它明天就不向西边的秦国扩张。"

于是，秦穆公答应立即撤兵，并且和郑国订立了盟约。秦军悄悄班师回国，还留下杞子等二位将军，带领两千秦兵帮助郑国守城。

联吴制楚，复兴霸业

"联吴制楚"是春秋时期楚国亡臣申公巫臣为晋景公提出的复兴霸业的谋略。春秋时期，晋楚长期争霸。公元前 632 年，晋楚城濮（今山东鄄城临濮集）之战，晋文公完成"取威定霸"的业绩，

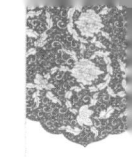

使楚北上再次受阻。前597年，晋楚邲（今河南荥阳东北）之战，楚庄王饮马黄河，雄视北方，晋国的霸业中衰。此后，秦楚联合对晋，齐鲁附楚，晋国处于四面受敌的不利形势之下。晋景公即位后，立志复兴霸业，改变与楚争霸的不利态势。他首先采取软硬兼施、一打一拉的手法，与齐国建立了联盟，摆脱了四面受敌之困境。但是，秦、楚联合，楚无后顾之忧，晋从正面进攻，想制服楚国仍然十分不易。

前589年，齐晋鞍之战的时候，楚国大夫巫臣投奔晋国，晋景公任命他为邢（今河北邢台市西南）大夫。楚人尽灭巫臣族人，巫臣大怒，于是他于前584年向晋景公献"联吴制楚"的谋略。晋景公采纳了巫臣之谋，并采取了一系列谋略行动：他重新调整了自己的战略重点，以中原先进的装备和技术重点扶持吴国的发展；他派巫臣父子随带兵车及步卒做示范队，出使吴国，教吴人射箭、驭马、车战、步战之法；集中力量慑服地处中原楚的属国，削弱楚的力量。

上述谋略行动，使远在东南的吴国日渐兴起，在楚国的翼侧不断进犯，使楚陷于两面作战、疲于奔命的不利境地。从而为晋国战胜强楚，复兴霸业奠定了基础。

"联吴制楚"之谋的成功运用，使得楚国一蹶不振，并开启了吴越争霸的序幕，这对春秋晋楚长期争霸形势的转变起了关键性的作用。

第二十四计　假道伐虢

假道，是借路的意思。虢是春秋时诸侯国名。"假道伐虢"，本义是晋国借道虞国讨伐虢国。后一般指越过中间地区，先去攻下较远的地区，待中间地区孤立之后，再回头围而歼之。此计的关键在于"假道"，要善于寻找"假道"的借口，隐藏好"假道"的真实企图。

原文

两大之间，敌胁以从，我假①以势。《困》，有言不信。②

【按语】假地用兵之举，非巧言可诳，必其势不受一方之胁从，则将受双方之夹击。如此境况之际，敌必迫之以威，我则诳之以不害，利其幸存之心，速得全势。彼将不能自阵，故不战而灭之矣。如：晋侯假道于虞以伐虢。晋灭虢，虢公丑奔京师。师还，袭虞灭之。（《左传·僖公二年》《左传·僖公五年》）

注释

①假：假借。

②《困》，有言不信：语出《易·困》。《困卦》为坎下兑上。上卦为兑、为泽、为阴；下卦为坎、为水、为阳。卦象表明，本该容纳于泽中的水，现在离开泽而向下渗透，以致泽无水而受困；同时，水离开泽流散无归也是困，所以卦名为"困"。"困"为困乏的意思。《困卦》的卦辞说："《困》，有言不信。"大意是说：处在困乏境地，难道还能不相信强者的话吗？本计运用此卦理，是说处在两个大国中的小国，面临着受人胁迫的境地。这时，我若说要去援救他，他在困顿中能会不相信吗？

译文

处在敌我两个大国中间的小国，当敌方强迫它屈服的时候，我方要立刻出兵，显示威力，给予援救，如此就能取得小国信任。这是从《困卦》卦辞"《困》，有言不信"一语中悟出的道理。

【按语】假道用兵的行动，不是靠花言巧语所能欺蒙取得的，必须是这个国家处于这样的形势：如果它不是受来自一方的威胁，就会遭到双方的夹击。在这种情况下，敌人必然会用武力来逼迫它，我方却从不侵犯它的利益，利用它侥幸图存的心理，立刻把力量扩展进去，控制整个局势。这样，它势必不能够保住阵地，所以不必经过战斗，就可以把它消灭了。例如，春秋时晋献公向虞国借道征伐虢国。晋国将虢国消灭之后，虢国的国君姬丑逃到了东周的京城洛邑，晋国军队在返回的途中，又袭击虞国，并将它灭掉了。

◆◆ 计名探源 ◆◆

此计出自《左传·僖公二年》和《左传·僖公五年》。春秋时期，晋国想吞并邻近的两个小国：虞和虢。这两个国家之间关系不错。晋如袭虞，虢会出兵救援；晋若攻虢，虞也会出兵相助。大臣荀息向晋献公献上一计，即以宝物赠送给虞公，请求借道以伐虢。虞公看到宝物喜不自胜，不顾大臣劝阻，接受了晋国的要求。晋国大军通过虞国道路，攻打虢国，很快就取得了胜利。在班师回朝的时候，顺手灭掉了虞国，虞公一家都成为俘虏。

品 读

假道伐虢的关键在于"假道"。"假道"即借道,处在敌我两大国中间的小国,当受到武力胁迫时,某方常以出兵援助的姿态将兵力渗透进去。善于寻找"假道"的借口,善于隐蔽"假道"的真正意图,控制对方,进行突然袭击,往往可以取胜。也可以理解为先利用甲做跳板,去消灭乙,达到目的后,回过来连甲一起消灭掉。

【经典案例】

鲁仲连巧言善辩救魏赵

战国时,秦国进攻赵国,在长平一战取胜后,又进一步围攻赵国都城邯郸。

楚国派春申君,魏国派晋鄙各自领兵去赵国援助。但是,魏王又害怕秦国进行报复,便令军队驻扎在荡阳(今河南汤阳),不肯前进,同时又派辛垣衍到邯郸,通过平原君说服赵王,和魏王一起尊秦王为帝。

但是,齐国的鲁仲连却反对投降,主张坚决抗秦。于是便展开了一场投降与反投降的辩论。鲁仲连先从秦国的侵略本性谈起,然后讲到尊秦的危害性。不应对秦抱什么幻想,只有坚决抗秦才有出路。

鲁仲连见到辛垣衍后一言不发,辛垣衍说:"我看,居住在这个围城之中的人,都是有求于平原君的。今天我看您先生的玉貌,不像有求于人的样子,为什么老居住在这个围城里不走呢?"

鲁仲连说:"天下都认为鲍焦是心胸狭窄、忧愁苦闷不得善终的,结果都错了。现在大家都没有见识,只知道为自己打算。秦

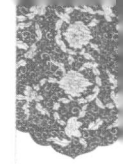

国乃是抛弃礼义而崇尚在战场上夺取头功的国家，采用权术，讲欺骗利用，像对待奴隶一样对待他的臣民。如果秦王称帝，而后就用他那一套手段来统治人民，统治天下，那么我鲁仲连只有赴东海而死了！我是无法忍耐做他的顺民的。之所以要见将军您，为的是帮助赵国啊！"

辛垣衍说："先生您打算怎么样来帮助赵国呢？"

鲁仲连说："我要说服魏国和燕国都来帮助赵国，齐国和楚国是已经支持了的。"

辛垣衍说："燕国，那我是相信他们会听从您的；至于谈到魏国，我就是魏国人，先生您有什么办法让魏国也来帮助他呢？"

鲁仲连说："这是因为魏国还没有看到秦国称帝的害处。假如魏国看清了秦国称帝的害处，就一定会帮助赵国的。"

辛垣衍说："秦国称帝的害处究竟是什么？"

鲁仲连说："从前齐威王最是讲仁义的了，带领天下诸侯去朝拜周天子。过了一年多，周烈王死了，各国诸侯都去吊丧，齐国晚到一步，周王发怒说：'天崩地坼，天子下席。东藩之臣因齐后至，则斮之！'齐威王回骂：'叱嗟，而母婢也！'结果被天下人耻笑。从前周天子活着的时候齐威王就去朝拜，死了又去咒骂，确实是不能忍受新天子的要求啊。天子本来就是这样，没有什么奇怪的。"

辛垣衍说："先生您就是没见到过仆役吗？十个人听从一个人指挥，难道是力气比不上，聪明才智不如他吗？只是怕他呀！"鲁仲连说："这样看来，魏国对秦国来说，就像仆役吗？"辛垣衍说："是的。"鲁仲连说："那么，我准备叫秦王把魏王剁成肉酱！"辛垣衍很不高兴地说："嘻！也太过分啦，先生又怎么能够叫秦国把魏国剁成肉酱呢？"鲁仲连说："当然能够，让我说给你听吧！从前鬼侯、鄂侯、文王，这是商纣王手下的三个诸侯。鬼侯有个女儿长得很漂亮，把她献给纣王，纣王嫌她长得难看，于是把鬼侯剁成

肉酱。鄂侯就在纣王面前替鬼侯争得很急切、辩得很激烈,纣王因此把他杀了晒成肉干。文王听到这个消息,长叹几声,纣王就把他下在羑里的监狱里关了一百天,想置之于死地。天下怎么还有这样的人?本来和人家地位不相上下,结果反而把自己降到任人宰割的地位啊!齐闵王要到鲁国去,麦维子拿着马鞭作随员,对鲁国人说:'你们准备怎样来接待我们的国君?'鲁国人说:'我们准备要用十副三牲来招待你们的国君。'麦维子说:'你们这是用哪里来的礼节,招待我们的国君的?他是我们的国君,天子啊。天子出来巡查,诸侯都得离开宫室,交出全部钥匙,卷起衣袖,捧着小炕桌,在大厅下面伺侯用膳;等天子吃喝完了,才退下去处理国事!'鲁国人听了,把城门都锁上,拒绝齐闵王进入鲁国。

"闵王只好到薛国去。借路经过邹国。正在这时,邹国的国君死了,齐闵王打算去吊丧。麦维子对邹国王子说:'天子要来吊丧,丧主一定要把灵柩移个方向,在南面安放朝北的灵位,好让天子坐北朝南吊丧。'邹国的臣子都说:'如果一定要这样办,我们宁可用剑自杀了!'结果齐闵王不敢进入邹国国境。这些邹国和鲁国的臣子,对待他们的国君,他活着时不能好好侍奉供养,他死了以后也不能好好用合适的礼节,但是别人要把天子的礼节强加于邹、鲁的臣子,他们是不答应的。现在秦国是有兵车万辆的大国,魏国也是有兵车万辆的大

国,彼此都自称为王。看见别人打一次胜仗,就要捧他做皇帝,照这样下去,我们三国的大臣,还不如邹、鲁仆妾哩!再说秦王这个贪心不知足的人真的称了皇帝,那他还会变换一批诸侯的大臣。他要去掉那些他认为不行的,换上那些他所喜欢的。他又要把他的女儿和爱说坏话的人嫁给诸侯去做妃子,住在魏王的宫廷里,魏王哪里还能够过着平安的日子呢?那么,你辛垣衍将军又怎么能够像原来那样得到魏王宠信呢?"于是,辛垣衍站起身来,一再拜谢,请罪说:"我起初认为先生您是一个无能之辈,今天我才知道先生您的确是天下一个有才德的高人。以后不敢再提尊秦王为皇帝的话了。"秦国的将军们都听到了这个消息,于是就下令军队撤离邯郸五十里。碰巧遇到魏公子无忌(偷到虎符)夺下大将军晋鄙的兵权,带领大军救赵击秦,于是秦军撤围而去。

这件事尽管说得委婉隐晦,但"假途伐虢"的目的是明确的,是毫无疑义的。由于鲁仲连能言善辩,说服了辛垣衍,才使魏、赵避免了一起"假道伐虢"悲剧的发生。

安禄山以讨逆为名反唐

唐朝节度使安禄山造反的苗头刚出现,便被宰相杨国忠觉察了。杨国忠立即上奏折,指出安禄山包藏祸心,唐玄宗也有些不放心,便派中官辅璆林前往探查。

安禄山知道辅璆林的来意后极力贿赂他。因此,辅璆林回禀情况时列举一些事件说安禄山一贯忠于朝廷。

杨国忠对唐玄宗说:"造反者最善于掩饰,辅璆林定是收受了安禄山的好处,才讲了安禄山的好话。若要试探安禄山对大唐是否忠诚,有一个办法可行。"唐玄宗忙追问是什么办法,杨国忠又说:"现在出旨召安禄山进京,他若要造反,必不敢来,这叫'做贼

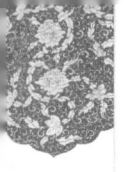

心虚'。他若肯来，证明心里没鬼。"唐玄宗从其言，下了圣旨召安禄山进京。

安禄山猜出了唐玄宗和杨国忠的用心，为了不让人怀疑，他毅然冒着风险进京。在酒席宴上，安禄山跪倒在唐玄宗面前痛哭不止："臣是蕃人，受人歧视，但皇上圣明，总是不嫌弃我。我今生今世难报皇恩。臣不知什么地方得罪了杨国忠，他一直想杀掉我，请皇上为我做主啊！"唐玄宗听了这一番哭诉，更加同情和信任安禄山了，授予他左仆射的官职。

安禄山匆匆返回老窝范阳后，庆幸自己逢凶化吉。他认为造反宜早不宜迟，否则坐失良机，后悔莫及。775年11月，安禄山打着讨伐逆贼杨国忠的旗号起兵反叛，他的15万人马以每天60里的速度向唐朝都城长安进发。"安史之乱"终于爆发了。

"安史之乱"是唐朝走向没落的标志，从此唐朝便一蹶不振。安禄山造反之所以连连得手，与他的假道伐虢的计策有密切关系。安禄山名义是讨伐杨国忠，这一点使当时许多人受到蒙骗。杨国忠结党营私，陷害忠良，有正义感的人莫不对他恨之入骨。安禄山起兵讨伐杨国忠，的确博得了不少人的赞同。但是，讨伐杨国忠仅仅是借口而已，他的真正目的是反唐。在这里，杨国忠相当于"虢国"，唐朝相当于"虞国"。"虢国"被消灭后，"虞国"便自身难保了。

先救后伐灭燕国

公元339年，东晋大将桓温举兵讨伐燕国。燕王慕容玮派使臣到秦国，提出用虎牢关以西地区送给秦国为条件，请求秦国出兵援助。

前秦皇帝苻坚与群臣商议此事。大多数人不同意发兵救燕，因为当初桓温攻打秦国时，燕国袖手旁观。但是，大臣王猛的意见与众不同，他说："如果桓温占领了燕国，力量会更加强大，这对秦国是不利的。如果我们与燕国合兵一处攻打桓温，桓温将不是对手。经过交战，燕国的力量会大大削弱，到那时我们可以就地占领燕国。"苻坚听从了王猛的计谋，派兵两万去救燕国。

在燕秦联合抵抗下，桓温被迫退出燕国。秦军在燕国撤退之前，便向燕王索要虎牢关以西地区。燕王支支吾吾，有意抵赖。这样正中苻坚的下怀，秦国终于吞并了燕国。

苻坚救燕本来就抱着假道伐虢的想法，燕王食其诺言，正好为秦军灭燕提供了口实，遭受兵灾的燕国犹如板上鱼肉，任秦国随便宰割。

第五套 并战计

本套为对付友军反为敌态势之计谋,共有偷梁换柱、指桑骂槐、假痴不癫、上屋抽梯、树上开花及反客为主六计。

"偷梁换柱"即暗中换掉敌方的重要力量,变劣势为优势;"指桑骂槐"多用于训诫下属,表面上批评某人,实则对整个队伍起到警示作用;"假痴不癫"者看似痴傻,实则韬略颇深,只是以愚人的面目掩盖了自己的真实目的;"上屋抽梯"时,先设置好引诱敌人的诱饵,趁其登上屋顶以后,抽去梯子,使之进退两难;"树上开花",其实是假花冒充真花,用幌子来震慑敌人;"反客为主"意味着己方要设法改变被动地位,逐渐占据主动权以压制敌人。

第二十五计　偷梁换柱

"偷梁换柱"，本意指偷换房梁房柱。原用以形容桀、纣力大无穷。后指用偷换的办法，暗中改换事物的本质和内容，以达蒙混欺骗的目的。作为计策，指在同敌人作战时，调动敌人以使其变换阵容，换掉敌军主力，然后伺机攻其弱点。

原　文

频更其阵①，抽其劲旅②，待其自败，而后乘之③，曳其轮④也。

【按语】阵有纵横，天衡为梁，地轴为柱。梁柱以精兵为之，故观其阵，则知其精兵之所在。共战他敌时，频更其阵，暗中抽换其精兵，或竟代其为梁柱，势成阵塌，遂兼其兵。并此敌以击他敌之首策也。

注　释

①频更其阵：频，频繁、不断地。其，指示代词，这里是指友军。阵，古代作战时用的阵式。

②劲旅：精锐部队、主动部队。

③乘之：乘，趁机。乘之，这里是指趁机加以控制。

④曳其轮：曳，拖住。这句话出自《易·既济·象》："曳其轮，义无咎也。"意思是说：只要拖住了车轮，便能控制车的运行，这是不会有差错的。

译　文

（采取措施）频繁变更友军的阵式，借以暗暗（从要害处）抽换其

主力部队，等到它自趋失败，然后再趁机加以控制。这就像《周易·既济·象》所说的：要控制住车的运行，必须拖住车的轮子。

【按语】从军事部署角度讲，阵式中列阵都要按东、西、南、北方位部署。阵中有"天衡"，首尾相对，是阵的大梁；"地轴"在阵中央，是阵的支柱。梁和柱的位置都是部署主力部队的地方。因此，仔细观察敌阵，就能发现敌军的主力位置。如果与友军联合作战，应设法多次变动友军的阵容，暗中更换友军的主力，派自己的部队去代替他的主力，这样会使友军的阵地无法由友军自己控制，这时，立即吞并友军的部队。这是吞并其中一股力量后，再去攻击另一股敌人的首要战略。

❖❖ 计名探源 ❖❖

语出宋朝罗泌《路史·发挥》。里面说桀、纣能"倒曳九牛，换梁易柱"，意思是说桀、纣力气之大，可以拉倒九头牛，可以改换房子的梁柱。后来"换梁易柱"作"偷梁换柱"。如《红楼梦》第九十七回有言："偏偏凤姐想出一条偷梁换柱之计，自己也不好过潇湘馆来，竟未能少尽姊妹之情，真真可怜可叹。"

品 读

此"偷梁换柱"之计与"偷天换日""偷龙换凤""调包计"都是同样的道理。用在军事上，指联合对敌作战时，反复变动友军阵线，借以调换其兵力，等待友军有机可乘、精疲力竭之时，将其全部控制。此计归于第五套"并战计"中，本意是乘友军作战不利，借机兼并他的主力为己所用。此计中包含尔虞我诈、趁机控制别人的权术，所以也往往用于政治外交和商业谋略。

【经典案例】

郑庄公计灭三国之师

周桓王三年（前715年），郑庄公假托周天子之命，纠合齐、鲁两国兵马前往攻打宋国。宋殇公听说郑、齐、鲁三国兵马入境，大惊失色，急忙召见司马孔父嘉问计。孔父嘉奏道：我已派人打听清楚，周天子并无讨伐宋国之命，齐、鲁两国是受郑庄公的欺骗才出兵的。现在三国合兵而来，其锋甚锐，不可与它正面争战，唯有一计，方可使郑军不战而退。殇公说："郑国明知今日攻宋，有利可得，怎会轻易退兵呢？"孔父嘉说："郑庄公亲自出马，领兵攻打宋国，其国内防守必然空虚，因此，只要我们出重金收买卫国，要卫国联合蔡国，以轻兵袭击郑国本土，威胁郑都荥阳，这样，郑庄公就自然会退兵回援了；而郑兵一退，便群龙无主，齐、鲁两国兵马也不会再留下为郑国卖命了。"

宋殇公听从了孔父嘉的献策，立即命他挑选200辆兵车，带上黄金、白璧、绸缎，连夜赶往卫国，请求卫国联合蔡国出兵袭击郑国。卫宣公接受了宋国的礼物，果真派右宰丑领兵与孔父嘉会合，经由间道，出其不意，直逼郑都荥阳城下，郑世子忽和大夫祭足急忙传令守城。这时，宋、卫的兵马已在郑都城外大肆抢掠，掳去了大量人畜辎重；接着，右宰丑便要趁势攻城。孔父嘉说："我们袭击荥阳得手，只是乘其不备，应该得利便止；如果继续留下攻城，万一郑庄公回兵救援，将会对我形成内外夹攻之势，那是很危险的；不如就此借道戴国，胜利回师；我估计当我军离开这里时，郑庄公的兵马也该从宋国撤退了。"于是，按照孔父嘉的部署，宋、卫两国兵马向戴国进发，想从戴国假道。却不料，戴国国君以为

三十六计 解析

第五套 并战计

宋、卫兵马是来攻打戴国的，便关上城门死守。孔父嘉大怒之下，多次攻城，但总也攻不下来。

郑庄公领兵攻打宋国，本是势如破竹。郑军大将颖考叔已攻破郜城，公孙阏已攻破防城，分别向郑庄公大营告捷。怎料到了乘胜挺进之时，忽然接到公子忽从国内送来的告急文书，说宋、卫两国兵马正进逼郑都。这时，庄公表面上不动声色，只教传令班师。当大军回至半路时，又接到国内送来军报，说是宋、卫军马已撤离荥阳城外，向戴国方向去了。庄公听到这一情报后，想了一下，便传令颖考叔、高渠弥、公孙阏、公子吕等四将，将兵马分为四队，偃旗息鼓，转道向戴国进发。

孔父嘉、右宰丑率领宋、卫联军进攻戴国，又得到蔡国领兵相助，满以为一举成功，却忽然接到探马来报，郑国上将公子吕领兵救戴，已在离城五十里处下寨。接着，又听说戴君得知郑兵来救，已经打开城门将郑军接进城内去了。这时，孔父嘉便对右宰丑说："现在戴国有了帮手，他们必定会合兵向我军求战，你我何不站在壁垒之上，观察城内动静，也好有所准备。"

于是孔、丑二将便一起登上壁垒，仔细观察城内情形，对着城内指手画脚。正在说话间，忽听一声连珠炮响，城上一时竟遍插郑军旗号，郑将公子吕全身披挂，站在城楼上，大声叫道："多谢二位将军费力，我们已经取得戴城了。"

原来这是郑庄公设的"偷梁换柱"计：假装是命公子吕领兵救戴，其实庄公就坐在戎车之中，只等进了城，便就势并了戴国之军，把戴君给赶走了。孔父嘉在城外见庄公不费吹灰之力便占了戴城，一时气愤填胸，决心要与庄公决一死战。当他正在心中筹划之时，忽报：城中派人来下战书。孔父嘉当即批复来日决战，并约会卫、蔡二国，将三路军马，齐退后二十里，以防自相冲突；由孔父嘉领军居中，蔡、卫军分列左右，三支军队相距不过三里。如此部署之后，各军

遵令行动。刚把寨营安好,忽听寨后一声炮响,火光接天,都说是郑兵到了,孔父嘉才要出寨迎战,火光却又熄灭了,方要回营,却左边炮声又响,又是火光不绝。刚要看个究竟,却左边火光已灭,右边火光又起。孔父嘉认为这是庄公使的疑兵计,命令全军不许动乱。

不一会儿,左边火光又起了,而且喊声震天,探马来报,说是左营蔡军被劫。孔父嘉正想前往营救,忽然右边火光再起,一时闹不清是哪家的人马,孔父嘉只叫继续挥军向左,慌忙间迷失了方向,遇上一队兵马便互相厮杀起来,结果发现竟是卫国的人马,于是两军合在一处,赶回中营,谁知中营却已被郑将高渠弥占了,且左有公孙阏,右有颖考叔领兵杀到,一直杀到天亮,孔父嘉无心恋战,夺路而走,遇上高渠弥,又杀了一阵,孔父嘉弃车徒步,跟随的只有二十余人,右宰丑阵亡,余下的三国兵马辎重,全被郑军俘获,就这样,郑庄公用"偷梁换柱"计既得了戴城,又灭了宋、卫、蔡三国之师。

汉高祖稳军心

公元前202年冬天,楚汉相争,刘邦在垓下包围了项羽的部队。

楚军大营内,项羽正在饮酒,一位将领进来报告:"大王,我军营内粮草已绝,军士已有三日没吃一顿饱饭了,军心不稳啊!"

楚王问:"前来的援兵有无消息?"

将领回答:"援兵一点消息也没有,现在我军内无粮草,外无救兵,垓下不是久留之

地啊！"

楚王站起身来，向天长叹一口气，轻声说："待明日我与汉王死拼，尽快摆脱此困境。"

一日，两军对阵，主帅出阵相迎。

楚王对刘邦说："天下纷扰，动荡不安，已经有多年了，全都是因为我们两人的缘故，我今天愿与你单独决战，决一雌雄。若我死，你坐江山，若你亡，天下归我。我现等候，你策马杀来决战。"

刘邦扬鞭哈哈大笑："如今我兵比你多，将比你广，你已危在旦夕，还比什么武。今天我与你斗智，不斗力。你若斗得过我，我放你逃走，我若斗得过你，这江山可是姓刘了。"

项羽十分恼怒："你不过是区区小人，还说什么斗智？"

刘邦不再理睬项羽，骑马在两军阵前大声宣布了项羽的"十大罪状"。两军将士，洗耳恭听，战场寂静无声。

项羽越听越气，大声高呼："刘邦小人，不得胡说！"众所周知，垓下之战，楚霸王项羽兵败，乌江自刎，刘邦取得了天下。项羽素以勇力著称，力能扛鼎，刘邦深知自己不是项羽的对手，故而"偷梁换柱"，拒绝与其单打独斗。

假托神意，揭竿而起

公元前209年秋，陈胜、吴广起义时，使用了假托神意的诈计。当时，秦王朝征召平民百姓往渔阳屯戍守边，九百人途中屯驻在大泽乡，陈胜、吴广都被指派为屯长。恰巧遇上天降大雨，道路不通，计算时间已无法按规定期限到达渔阳防地，而按秦法规定，延误戍期，一律处斩。于是，陈胜、吴广就在一起商量，认为逃跑也是死，起来造反，最坏的下场也不过是死，等着被杀，还不如为干一番大事业而死。

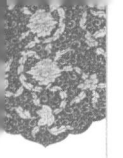

陈胜说:"天下百姓怨恨暴秦已经很久了。我听说秦二世是小儿子,不应继承皇位,应当由公子扶苏做皇帝。因为扶苏不被嬴政所喜欢,所以让他领兵在外。听说他没有罪过,二世皇帝竟然假传先皇圣旨,把他杀了。老百姓都知道他贤明,并不知道他已经死了,还有楚将项燕,多次立下大功,并且爱兵如子,老百姓怀念他。有的人以为他死了,有的人以为他逃跑了。现在,我们如果带领这九百人,诈以公子扶苏、楚将项燕为名,发起起义,一定得到多数人的响应。"

两人商量后又去问卜。占卜的人猜出了他们的想法,就说:"你们想做的事都能做成,必然有大的建树。不过,你们最好求助鬼神帮助。"陈胜、吴广听了很高兴,一提到鬼神,他们受到了启发:"这是教我们假鬼神来树立威望。"于是暗中用红笔在帛上写了"陈胜王",藏在捕捞的鱼腹中,戍卒买回来做菜吃,发现了鱼腹中的帛书,都感到奇怪。陈胜、吴广又暗中派人在吴广住所旁边长满树木的神庙中夜里点起篝火,模仿鬼狐的声音叫喊:"大楚兴,陈胜王。"戍卒听到十分惊恐,到了白天,都交头接耳,指看陈胜。

接着,陈胜、吴广又杀掉押送他们的校尉,召集戍卒号召说:"你们都已经延误了戍期,应当被杀头。即使不被杀,长久去戍边,大部分也要死在边关。我们都是血气方刚的壮士,不死则已,要死就干一番大事业!王侯将相难道是天生的吗?"戍卒们听了全都响应。于是陈胜、吴广就以公子扶苏和楚将项燕为名,修筑土坛,登到上面宣布誓约,号称"大楚",陈胜自立为将军,吴广为都尉,率领戍卒发动了反秦农民大起义。

假托神意这一计谋,在历代农民起义中,常被用以动员群众,壮大起义领袖的声威。东汉时的黄巾起义,清朝的太平天国起义,从始到终都披着宗教的外衣,实际也是假托神意的一种形式。有些搞阴谋篡权的人,为了欺骗百姓,也往往假托神意。

第二十六计 指桑骂槐

"指桑骂槐",本意是指着桑树,却数落槐树,比喻表面上骂这个人,实际上是骂那个人。作为一种计策,"指桑骂槐"在军事上是一种用"杀鸡儆猴"的手段达到统领部下和树立威严的谋略。

原 文

大凌小①者,警以诱之②。刚中而应,行险而顺。③

【按语】率数未服者以对敌,若策之不行,而利诱之,又反启其疑。于是故为自误,责他人之失,以暗警之。警之者,反诱之也,此盖以刚险驱之也。或曰:此遣将之法也。

注 释

①大凌小:大,强大。小,弱小。凌,凌驾、控制。全句意为:势力强大的控制势力弱小的。

②警以诱之:警,警戒。这里是指使用警戒的方法。诱,诱导。全句意为:用警戒的方法进行诱导。

③刚中而应,行险而顺:语出《易·师·象》:"师,众也;贞,正也。能以众正,可以王矣。刚中而应,行险而顺。以此毒天下而民从之,又何咎矣。"这段话的意思是说:师——军队是由为数众多的人组成的。人数众多,必是良莠不齐,必须以正道使之统一,方可称王于天下。《师卦》为坎下坤上,九二为阳、为刚,处于下坎之中位,又与上坤的六五相应,象征着主帅得人并受到信任,这叫"刚中而应"。但《坎卦》又为

水、为险,《坤卦》则为地、为顺,象征着为帅者需用险毒之举,方可使士兵顺从,这叫作"行险而顺"。以险毒之举使全军将士归之于正,乐于顺从,其结果必将是专利的而不会有过错。

译文

凭借强大的实力去控制弱小者,需要用警戒的方法去进行诱导。这就像《师卦》所说的:适当地运用刚猛狠毒的办法,可以赢得人们的归顺,获得最后的成功。

【按语】统率一个还没有顺服你的军队去对敌作战,如果你调动不了他们,将士公然违抗命令,这时,如果金钱收买,反而会引起他们的怀疑;在这种情况下,你可以故意制造事端,惩罚某人发生的过错,暗示警戒那些不服从命令的人。所谓警告,就是从另一个角度来诱导制服他们:这是一种以刚猛险毒的手段驱使他们服从管制的方法。也有人说:这也是一种调兵遣将的方法。

◆◆ 计名探源 ◆◆

指桑骂槐是一句民间俗语,文字记录最早见于明代兰陵笑笑生《金瓶梅词话》。《金瓶梅词话》第六十二回有"他每日那边指桑树骂槐树,百般称快"一句。又如《红楼梦》第十六回:"你是知道的,咱们家所有的这些管家奶奶,那一个是好缠的?错一点儿他们就笑话打趣,偏一点儿他们就指桑骂槐的抱怨。"

品读

指桑骂槐用在治军方面,有时采取适当的刚强手段便会得到应和,行险则遇顺。实际上是指挥员用"杀鸡儆猴""敲山震虎"的暗示，来慑服部属、树立威严的一种手段。古今中外的著名军事家认为"重威严，不可放纵"，所以也都主张严明纪律，要通过抓住个别典型从严处理来威慑全体官兵。

【经典案例】

孙武训练娘子军

春秋时的孙武是一位才能卓越的军事家，著有兵书十三篇，吴王阖闾看过之后，叹为奇才，乃遣伍子胥聘他来做事。见面之后，吴王说及本国兵微将寡，问怎样才可以扩军强国。孙武将当前形势分析过后，还说："我的十三篇兵法，不但可施于军旅，还可以动员妇人女子，驱而用之！"

吴王大笑起来，说："我从来未曾听说过可以训练女人上战场杀敌的！"显有轻视之意。

孙武说："不相信可以当面试试看，如不成功，甘当欺君之罪！"

"真的吗？"吴王说，"好，且看看你的本领！"于是，吴王在后宫选出三百名宫女，交给孙武调遣。

孙武又请求吴王派两位宠妾为两队队长，以便号召。吴王允许，宣宠妾右姬左姬到来，对孙武说："这两位美人是寡人最宠爱的，可充任队长否？"

孙武说："可！但军旅之事，纪律森严，有赏有罚，号令才行。"当即令两人为队长，复立一人为执法，两人为军吏。以力士数人为牙将，击鼓鸣金传令。

孙武把宫女编成左右两队，右姬管右队，左姬管左队，各披挂

兵器，示以军法：一不许混乱队伍；二不许交谈喧哗；三不许违犯约束，私自行动。

第二天一早，全体齐集教场训练，吴王也坐在楼上观看。三百多名娘子军各个全副武装，右手握剑，左手拿盾，分站两旁。吴王看见心爱的宠姬威风凛凛，心里着实欢喜。

孙武升帐了，传令布阵，将黄旗两面，授给两位队长，令为前导，众女跟随队长之后，五人为伍，十人为总，要紧随相继，不得脱离。听鼓声进退，脚步必须整齐。

传谕已毕，令队伍皆跪下听命。一会儿，孙武又下命令："鼓声一响，两队齐起；鼓声再响，左队向右转，右队向左转；鼓起三通，各挺剑互斗。锣声起时然后收兵！"

号令一出，众女都掩口嬉笑起来。击鼓的军士禀告，第一次鼓已击过了，众女或起或坐，参差不齐。孙武离座正色说："约束不明，申令不信，将之罪也。可再申前令，解释清楚！"

军吏奉命再大声告谕一次。鼓吏再击鼓，但众女依旧嬉笑耳语，挨肩斜倚，像品评花会一样。

孙武卷袖而起，亲自擂鼓一通，又再次申解前令，但自队长以下，无不大笑起来，莺声燕语，好似百鸟归巢。

孙武忽然双目一瞪，大发虎威，喝问："执法吏何在？"

"有！"

"约束不明，申令不信，将之罪也；今已约束再三，而士不听令，依法该当何罪？"

"当斩！"

"军士不能尽斩，罪责应及将部。左右，将队长斩首！"

左右见孙武正发怒，不敢违抗，便将两姬捆绑起来。

吴王看见，大吃一惊，急命人持节驰救，令曰："寡人已知将军的用兵能力了，但两姬乃寡人心爱之人，非此两人，食不甘味，睡不安寝，请看寡人面上，赦免一番！"

孙武拒绝，说："军中无戏言，臣已奉命为将，将在外，君命有所不受，若徇君命，赦免有罪，将何以服众？斩！"不一会儿，两姬头颅已挂起来了，宫女无不身体发抖，牙关发颤，诚惶诚恐地跪在帐下听令。

经此一斩，全军凛然，进退左右，皆规规矩矩。

田穰苴杀庄贾

春秋时期，齐景公任命田穰苴为将，带兵攻打晋、燕联军，又派宠臣庄贾作监军。穰苴与庄贾约定，第二天中午在营门集合。

第二天，穰苴早早到了营中，命令下属装好作为计时器的标杆和滴漏盘。约定时间一到，穰苴就到军营宣布军令，整顿部队。可是庄贾迟迟不到，穰苴几次派人催促，直到黄昏时分，庄贾才带着醉容到达营门。穰苴问他为何不按时到军营来，庄贾无所答，只说什么亲戚朋友都来为我设宴饯行，所以来得迟了。穰苴非常气愤，斥责他身为国家大臣，负有监军重任，却只恋自己的小家，不以国家大事为重。庄贾以为这是区区小事，仗着自己是国王的宠臣亲信，对穰苴的话，不以为然。

穰苴当着全军将士，命令叫来军法官，问："无故误了时间，按照军法应当如何处理？"军法官答道："该斩！"穰苴即命拿下庄贾。庄贾吓得浑身发抖，他的随从连忙飞马进宫，向齐景公报告情况，请求景公派人救命。在景公派的

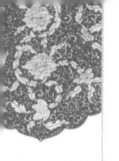

使者没有赶到之前，穰苴即令将庄贾斩首示众。

全军将士看到主将斩杀违犯军令的大臣，各个吓得发抖，谁还再敢不遵将令。这时，景公派来的使臣飞马闯入军营，拿景公的命令叫穰苴放了庄贾。穰苴沉着地应道："将在军，君命有所不受。"他见来使骄狂，便又叫来军法官，问道："乱在军营跑马，按军法应当如何处理？"军法官答道："该斩。"来使吓得面如土色。穰苴不慌不忙地说道："君王派来的使者，可以不杀。"于是下令杀了他的随从和三驾车的左马，砍断马车左边的木柱。然后让使者回去报告。

穰苴军纪严明，军队战斗力旺盛，果然打了不少胜仗。

李斯献策灭韩

战国晚期，是诸侯争雄，互相兼并，龙虎相斗的时代。在偌大的政治舞台上，秦王嬴政采纳李斯的计谋，韩国在六国中第一个被灭亡。李斯所用的正是指桑骂槐之计。

从秦孝公任用商鞅实行变法图强开始，秦国逐渐走向富强，到秦王嬴政时，秦国已是兵强国富，实力远远超过了关东六国。秦国席卷四海、统一天下的形势已基本形成，需要进一步考虑统一的时机、谋略和步骤。

这时李斯向秦王进言，劝秦王抓住历史机遇。诸侯互相兼并，关东只剩下六国，现在是秦国万世难逢的好时机，千万不能坐失良机。但是，对关东六国不能只是硬攻，要善于运用谋略，恩威并用，软硬兼施。他建议秦王派出谋士间谍，去游说诸侯，并让他们多带珠宝金玉，贿赂各国的权臣名士。让他们为秦国工作，蒙蔽其君王，陷害其忠良，离间其君臣关系，阻止君王与别国联合反秦。金钱收买不了的，就派刺客去杀掉他，这会使六国内部越来

三十六计 解析 ◎ 第五套 并战计

越乱。最后,秦国扫平六国,统一天下,就不难了。秦王对这番进言,很是赞扬,立即采纳建议,不久提升李斯为客卿,专门负责统一六国的战略计划。

正当李斯春风得意之时,不料起了一场风波。韩国是秦国近邻,国小势弱,常受秦国欺凌。为减轻秦国的军事压力,韩国就派了一个叫郑国的水工到秦国去,建议秦国在关中修建一条三百多里长的大水渠,凿山开道,引泾水灌溉田地。韩国的原意是使秦国耗费大量人力物力,疲劳不堪,就腾不出手来向东征伐。秦国不知道其用心,认为这是增强关中经济实力的好主意,就接受了。但工程进行到一半,韩国的阴谋就被发觉。于是秦国一些本来就对秦重用异国异姓的政策不满的宗室贵族,就以水工郑国的事为借口说,其他国人来到秦,都是为他们的君主做间谍的,请秦王下逐客令。秦王迫于压力,下了逐客令。

来自楚国上蔡的一介平民李斯也不得不打点行装归去。但他不甘心,于是立刻上书秦王,指出:"秦国赶走异国之客是错误的,历数自秦穆公这位强秦的奠基之君到秦昭王的四位国君,都是靠任用客卿而为秦国的发展建立了功勋,如由余、蹇叔、商鞅、张仪、范雎等都是异国的来客,假如拒客而不纳,疏才而不用,秦就不可能有今天这样的富强。"李斯又以秦王对来自异国的珠宝、良马、乐曲等的喜爱为例,问秦王:"为什么这些不因非秦所产而摒斥,独独对士人,则非秦者去,为客者逐呢?"说明秦王重声色珠玉而轻人才,这不是想要"跨海内、制诸侯"的君王应有的态度。又进一步说要建立帝业的君王,必须要有泰山和河海一样的博大胸怀;今天的逐客,无异于给敌国送兵器,把天下智谋之士推向敌国,这对秦国来说是太危险了。这就是李斯著名的《谏逐客书》。他铿锵有力的言辞,使秦王立刻改变了主意,取消逐客令,追回已经上路离开秦国的李斯,并让他官复原职。一场因修渠引起的逐客风波平息了。而郑国渠的完工,不仅未能"疲秦",反而增强了其经济实力,把平定六国提上了日程。

李斯提出平定六国需要选择弱点,正面突破,先灭韩国,再灭两翼,最后灭齐。所以首先应以韩国为突破口。他分析了六国的地理位置和实力状况,认为韩国地处天下之中,又正当秦军东向之路,韩国国势弱小,如做突破口,这一炮容易打响。第一炮打响,不但可振军威,而且敲山震虎,从心理上慑服其他五国。

于是秦军向韩国边境进击,使韩王极度恐慌。李斯又亲自出使韩国,威逼利诱,迫使韩王向秦称臣。于是韩王就找韩非商量。韩非是韩国的王室贵族,他曾和李斯一起跟老师荀况学习,都是荀况的学生,韩非曾提出更张强韩之策,未被采纳,就闭门著述。他的著作集先秦法家思想之大成,风行一时。秦王嬴政读过他的著作,十分仰慕。韩王考虑韩非有这些条件,就决定派他去秦国,想通过外交努力,保存韩国。但韩非处于两难境地,作为一个深谙历史大势的思想家,他知道秦灭六国已是水到渠成,不可逆转。但作为一个韩国贵族,自然不忍他祖宗的基业毁于一旦,还得做一次最后努力。于是上奏章劝秦王缓攻韩而急攻赵。李斯立刻反驳韩非的"存韩"之论。他说韩非此来,只能是维护韩国利益,不可能为秦着想,这也是人之常情。而秦灭韩是不可动摇的。过去韩国每每在关键时刻和魏联合起来对付秦国,对秦是一个心腹之患。秦国和韩国的地形就像一块织锦一样交错在一起,韩国的存在,对秦国来说,就像木头里长有蠹虫一样,太危险了。一旦天下有变化,对秦国构成祸患的国家,没有比韩国更厉害的。别看他现在顺服于秦,实际是顺服于强力,一旦秦保留韩国而去攻赵、齐,难保它不与赵、齐、楚合谋,从后面来夹击秦军,故韩国不可信。力劝秦王不要为韩非的辩辞所惑,要明察其心。最后,李斯建议,自己前往韩国,诱使韩王入秦。秦就以韩王为人质,胁迫其

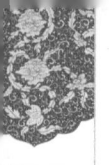

大臣俯首归顺。

于是秦王按李斯建议，一面把韩非关进监狱，一面命李斯出使韩国。韩王眼见秦国的大军压境，再也无计可施，只得交出传国玉玺，向秦国称臣归属。三年以后，秦又借口韩国背叛，向其全面进攻，韩在六国中第一个被灭亡，李斯的战略首举成功。接着，在不到十年的时间里，由近到远，各个击破，赵、燕、魏、楚、齐五国也先后灭亡，中国的历史翻开了新的一页。

第二十七计　假痴不癫

"假痴不癫"，本意是假装痴呆，实际上却不糊涂。形容外表看似愚钝，实际上心里十分清楚。这是一种韬光养晦的计谋。在实力还不够强大、时机不够成熟的时候，表面上装疯卖傻，隐藏自己的真实企图，一旦时机成熟，便打敌人一个措手不及。

原文

宁伪作①不知不为，不伪作假知妄为。静不露机②，云雷屯③也。

【按语】假作不知而实知，假作不为而实不可为，或将有所为。司马懿之假病昏以诛曹爽，受巾帼、假请命以老蜀兵，所以成功；姜维九伐中原，明知不可为而妄为之，则似痴矣，所以破灭。兵书曰："故善战者之胜也，无智名，无勇功。"当其机未发时，静屯似痴；若假癫，则不但露机，且乱动而群疑。故假痴者胜，假癫者败。或曰："假痴可以对敌，并可以用兵。"宋代，南俗尚鬼。狄青征侬智高时，大兵始出桂林之南，因佯祝曰："胜负无以为据。"乃取百钱自持，与神约："果大捷，则投此钱尽钱面也。"左右谏止："倘不如意，恐沮师。"青不听。万众方耸视，已而挥手一掷，百钱皆面。于是举兵欢呼，声震林野，青亦大喜；顾左右，取百钉来，即随钱疏密，布地而贴钉之，加以青纱笼护，手自封焉。曰："俟凯旋，当酬神取钱。"其后平邕州还师，如言取钱，幕府士大夫共祝视，乃两面钱也。（《战略考·宋》）

注释

①伪作：假装、佯装。

②静不露机：静，平静、沉静。机，这里是指的心机。

③云雷屯：语出《易·屯·象》："云雷，屯，君子以经纶。"草茅穿土初出叫作"屯"。《屯卦》为震下坎上。坎为雨，为云，震为雷，云在雷上，说明茅草初出土时，即遇雷雨交加。《屯卦》又是九五陷于二阴之中，并为上六所覆蔽，有阴阳相争不宁之象，更意味着事物生长十分艰难。所以说"屯，难也"。面临这样的艰难局面，人们必须冷静处置，认真调理，周密策划，要"经纶运于一心"而不动声色，要"'盘桓'安处于下"而以屈求"伸"，要因势利导，待机而动，而决不可"快意决往，遽求自定以为功"。（以上引文均系王夫之语）

译文

宁肯装作无知而不采取行动，不可装作假聪明而轻举妄动。要保持沉静而不泄露任何心机。这是从《屯卦》象辞"云雷，屯，君子以经纶"一语中悟出的道理。

【按语】假装一无所知，而实际上却非常清楚；现在假装不行动，实际上却是行动的条件还不成熟，等待将来时机成熟才能行动。三国时，魏国重臣司马懿假装老昏病笃来麻痹曹爽，并进而诛杀了曹爽。他率军同诸葛亮对峙时，接受诸葛亮送来用以羞辱他的女人服装，不以为意，并上表请命，让魏主传谕坚守不战，以疲劳蜀军。司马懿所具备的这些品格，是他获得成功的重要因素。而蜀将姜维曾九次北伐中原，明明知道难以成功，却仍然轻举妄动，像个傻子，这是他失败的重要原因。兵书上说："善于指挥作战的人取得胜利，没有机智多谋的名声，没有勇敢杀敌的战功。"当行动的时机还不成熟时，镇静得如同白痴；如果癫癫狂狂，不但会暴露心机，而且混乱的行动还会引起众人的猜疑。所以，装作愚痴的人能赢得胜利，以癫狂的方法行事的人则将招致失败。有人说：假痴可以用于对敌作战，也可用来治军。宋代，南方崇拜鬼神的风俗很盛。北宋名将狄青奉命征讨侬智高的起义时，大军进至桂林以南，狄青假装拜神祷告说："这次用兵，胜负难以预料。"于是，自己取出一百枚铜钱向神许愿说："如果能大获全胜，那么，这些钱撒在地上，钱的正面都会朝上。"左右部将谏阻说："倘若不如心愿，恐使军心沮丧。"狄青不听。万众耸肩注目而视，狄青挥手一撒，钱的正面都朝上。于是，全军欢声雷动，声震山林原野。狄青也十分高兴，吩咐左右取一百个钉，按照钱在地面上的分布，逐一钉牢，并用青纱覆盖。又亲自加上封条，并说道："等到打了胜仗，班师凯旋，一定取出钱来酬谢神灵。"后来狄青平定了邕州（治所今广西南宁）还军到达这里，按先前所立之言取钱酬谢神灵，他的幕僚们拿起来一看，原来钱的两面是相同的。

◆◆ 计名探源 ◆◆

本计计名是从民间俗语"装疯卖傻""装聋作哑"等转化而来。《孙子·九地篇》中也有此类思想，云："能愚士卒之耳目，使之无知；易其事，革其谋，使人无识；易其居，迂其途，使人不得虑。"意思是说，要能蒙蔽士卒的视听，使他们对于军事行动毫无所知；变更作战部署，改变原定计划，使人无法识破真相；不时变换驻地，故意迂回前进，使人无从推测意图。

品 读

"假痴不癫"中的"假"，意思是伪装，装聋作哑，痴痴呆呆，而内心却特别清醒。此计运用在军事上，有时为了以退求进，必得假痴不癫，老成持重，能起到迷惑敌人，缓兵待机，后发制人的作用。这就如同云势压住雷动，且不露机巧一样，最后一旦爆发攻击，便出其不意而获胜。"假痴不癫"是一种老成持重的谋略，对指挥员心理素质要求很高。只有沉着镇定、戒骄戒躁、不被暂时的功利所打动的指挥员，才有可能运用好这一计谋。

【经典案例】

楚庄王宽宏大量

一次宴会上,楚庄王命令他所宠爱的美人给群臣和武士们敬酒。傍晚时分,一阵狂风把灯烛吹灭了,大厅里一片漆黑。黑暗中不知是谁用手拽住了美人的衣袖,美人急中生智把那人系帽子的带子扯断,然后来到楚庄王的身边,向他哭诉了被人调戏的经过,并说那个人的帽带已被扯断,只要点上灯烛就可以查出此人是谁。

楚庄王听后不以为然,他安慰了美人几句,便向大家高声说:"今天喝酒一定要尽兴,谁的冠缨不断,就是没喝足酒。"群臣众将为讨好楚庄王纷纷扯断冠缨,喝得烂醉如泥。等点灯时,大家的冠缨都断了,就是美人自己想查出调戏她的那个人,也无从下手了。

三年后,楚国与晋国开战。楚军中有一位勇士一马当先,总是冲在前头。楚庄王很奇怪,问他为什么如此拼命。勇士回答说:"末将该死,三年前我在宴会上酒醉失礼,大王不但不治我的罪,还为我掩盖过失,我只有奋勇杀敌才能报答大王。"

在这个故事中,楚庄王听说有人调戏美人,认为酒醉失礼是难免的,所以来个假痴不癫,故意让大家扯断冠缨。楚庄王的宽容大度后来得到了应有的报偿。

孙膑诈癫避大难

战国时,孙膑与庞涓同为鬼谷子弟子,共学兵法,曾有八拜之

三十六计 解析

第五套 并战计

203

交，结为异姓兄弟。庞涓为人刻薄寡恩，孙膑则忠诚谦厚。

一年后，庞涓听闻魏国正厚币招贤，访求将相，不觉心动，乃辞师下山。临行，孙膑相送话别，庞涓说："我与兄有八拜之交，誓同富贵，此行若有进身机会，必举荐吾兄，共立功业。"

庞涓到了魏国，魏惠王见他一表人才，韬略出众，便拜为军师，东征西讨，屡建奇功，败齐一役，声震诸侯，相约联翩来朝，庞涓之名，惊动各国。庞涓虽显赫不可一世，却还忌惮一个人，那就是他的师兄孙膑，他认为孙膑据有祖传"孙子十三篇"，所学胜己，一旦给予机会，便会压倒自己，故始终不予举荐。

鬼谷子与墨翟（墨子）相好，时相过从。一次，墨翟往访鬼谷子，见到孙膑，交谈之下，叹为兵学奇才。墨翟到了魏国之后，在魏惠王面前举荐孙膑，说他独得其祖孙武之秘传，天下无有对手。惠王大喜，知孙膑与庞涓是同窗兄弟，乃命庞涓修书聘请。

庞涓明知若孙膑一来，必然夺宠，但魏王之命，又不敢不依，乃遵命修书，遣使往迎。鬼谷子深通阴阳之术，算知孙膑之前途得失，但天机不可泄漏，只改其名为孙膑，并给以锦囊一个，吩咐必须到至危急时候方可拆看。

孙膑拜辞先生，随魏王使者下山，登车而去。见了魏王，叩问兵法，孙膑对答如流，魏王大悦，欲拜为副军师，与庞涓同掌兵权。庞涓却说："臣与孙膑，同窗结义，膑实臣之兄，岂可以兄为副？不如权拜客卿，候有功绩，臣当让位，甘居其下。"于是拜孙膑为客卿。

从此，孙庞两人又频相往来了。但此时相处，没有当年那样真挚，因庞涓心怀鬼胎，欲除义兄而后快，却以孙膑熟读孙武兵法，待其传授后才下毒手。

卒至因一次摆演阵法之后，庞涓不及孙膑，乃迫不及待，开始用阴谋陷害孙膑，在魏惠王面前说孙膑身在魏邦，心怀齐国，又里通外虞。后来更假造证据，骗孙膑请假回齐省墓。惠王见表大怒，认为孙膑有背魏向齐之心，乃削其官位，发交庞涓约束监视。庞涓趁机落井下石，私奏魏王，说孙膑虽有私通齐国之罪，但罪不至死，不若砍掉他的双脚，使成废人一个，终身也不能归齐国，既全其命，又无后患，岂不两全？魏王依奏，庞涓当晚就下毒手，将孙膑一对膝盖削去，又用针刺面，成"私通外国"四字。庞涓还猫哭老鼠般，假哭一阵，派人给孙膑疗伤，抬入书馆，好言安慰。

孙膑堕此术中，身虽残废，但对庞涓还是感激万分。庞涓一心念着经过鬼谷子注解的孙子兵法，便试探孙膑，孙膑慨然答应以木简刻写出来。

服侍孙膑的仆人诚儿，见孙膑无辜受害，反生怜悯之心。一天，庞涓召见诚儿，问孙膑每天缮刻多少。诚儿答：孙将军两足不便，长眠短坐，每日只写两三策。庞涓大怒，说："如此迟慢，何日可完？你可与我加紧催促！"诚儿惶恐退出，遇一近侍，便说："军师要孙将军写书，又何必如此催迫？"那近侍小声告诉："你有所不知了，军师与孙君，外虽相好，心实相忌，目前使他苟延残命，不外欲得此兵书，到写完之时，会即绝其饮食了，你切不可泄露风声！"

诚儿闻言大惊，心想军师竟是如此不义之人，回去将此话密告孙膑，孙膑才知底细，想此不义之人，岂可以传兵法？继念若不写，他必发怒，吾命将危在旦夕。左思右想，欲求脱身之计。忽然想起老师鬼谷子当日给的锦囊及吩咐的话："到至急时，方可开看。"遂将锦囊打开，乃黄绢一幅，上写着"诈疯魔"三字，"哦，原来如此！"孙膑叹了一声，倒轻松了许多。

晚上，饭送来了，孙膑正举箸，忽然扑到地上，做呕吐状，一会儿又大声叫喊："你何以要毒害我？"跟着将饭盒推倒落地，把写过的木简，向火焚烧，口里喃喃谩骂，语无伦次。

诚儿不知是诈，慌忙奔告庞涓。次日庞涓来看，见孙膑痰涎满面，伏地哈哈大笑，忽然又大哭。庞涓问："兄长为何又笑又哭呢？"孙膑答："我笑魏王想害我命，而不知我有十万天兵保护；我哭的是魏国除我孙膑之外，无人可当大将。"说完，瞪眼盯住庞涓，复叩头不已，口叫："鬼谷先生，你救我一命吧！"庞涓说："我系庞某，休认错人了。"孙膑拉住其袍，不肯放手，乱叫："先生救我！"庞涓命左右将孙膑扯脱，才回府去。

庞涓回府，心中还疑惑，认为孙膑是诈癫扮傻，想试探其真假，乃命左右把孙膑拖入猪栏里，粪秽狼藉，臭不可闻，孙膑披头散发，若无其事地便倒身卧落屎尿中。有人送来酒食，说是偷偷瞒过军师送来的，是哀怜先生被刖之意。孙膑心知这是庞涓玩的把戏，便怒目大骂："你又来毒我吗？"将酒食倾翻在地，使者顺手拾起猪屎及臭泥块给他，他却抢住送到口里吃了。使者将情况回报庞涓，庞涓说："他已真狂了，不足为虑矣。"从此对孙膑不加防范，任其出入，只派人跟踪而已。

孙膑这"疯子"行踪无定，早出晚归，仍以猪栏为室，有时整夜不归，睡在街边或荒屋中，在外时捡食污物，时笑时哭，没有人怀疑他是诈癫扮傻。

这时，墨翟云游到了齐国，住在大臣田忌家里，其弟子禽滑厘亦从魏国来，墨翟问他："孙膑在魏国得意与否？"禽滑厘遂将孙膑被刖膝之事告之。墨翟闻后惊骇，叹曰："我当日本欲荐他，今反而把他害惨了。"

于是，墨翟乃将孙膑之才，及庞涓妒忌之事，转告田忌，田忌又转奏齐威王，齐王以本国有如是之将才，见辱于别国，不只丢脸且是损失，便说："寡人即刻发兵迎孙膑回国！"田忌却说："投鼠须忌器，孙膑既不见容于魏国，又怎容他回齐国呢？此事只可以智取，不可以硬碰！须如此如此，这般这般，密载以还，方保万全。"

齐威王用其谋，即令客卿淳于髡为使，禽滑厘装作随从，假以

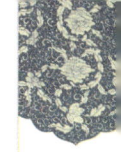

进茶为名,到魏国去相机行事。淳于髡到了魏国见过惠王,致齐侯之命,惠王大喜,安顿淳于髡于迎宾馆住下,随从禽滑厘私下去找孙膑。见孙膑靠坐在井栏边,对着禽滑厘瞪眼不语。禽滑厘行近前,垂泪细声说:"我是墨子的学生禽滑厘,老师已把你的冤屈告之齐王,齐王命我跟淳于髡假以进茶为词,实欲偷载你回齐国去,为你报此刖足之仇,你不必疑及其他。"好一会儿,孙膑才点头,流着泪说:"唉,我以为今世永无此日了,今有此机会,敢不掬心相告。但庞涓疑虑太甚了,恐怕不便掣带!"禽滑厘即答:"这一层你可放心,我已计划好了,到起程时我会亲自相迎。"同时约好第二天碰头地点及时间才离开。

次日,淳于髡一行要回国了,魏王置酒相待,庞涓亦在长亭置酒饯行,但禽滑厘已先一夜把孙膑藏在马车里,叫随从王义穿起孙膑的衣服,披头散发,以稀泥涂面,装作孙膑模样在街上疯疯癫癫的,瞒过了盯梢的,也瞒过了庞涓。

禽滑厘驱车速行,淳于髡押后,很快就把孙膑载回了齐国。过了几天,那位假孙膑亦脱身回来。跟踪的人但见孙膑的脏衣服散在河边,报告庞涓,都认为孙膑已投水死了,根本不疑他会回到齐国去。

孙膑秘密回国,仍不出名,不露面。后来赵魏交战,孙膑以"围魏救赵"之计,大败庞涓。韩魏之役,孙膑再以"增兵减灶"之计,诱敌深入,终把庞涓射死于马陵道。

一盘妙棋

明朝中期,大臣海瑞与嘉靖皇帝下了一盘绝妙的象棋,一盘棋没下完,竟使全国老百姓的沉重赋税减去了三分。

嘉靖年间,赋税繁重,有增无减,出现了"四海无闲田,农夫犹

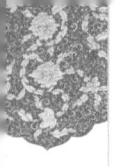

饿死"的悲惨局面。民怨沸腾，天下不安。而嘉靖皇帝迷信道教，梦想自己长生不死，永享人间的乐趣，对老百姓的疾苦却不闻不问，并且不准呈奏议论。一些忠臣良将只好小心翼翼，缄默其口了。

刚直不阿、敢于"为民请命"的海瑞，却不能保持沉默。但又考虑到嘉靖皇帝厌恶进谏，不能直截了当地把问题摆出来，那就取巧妙的对策了。这一天，海瑞被嘉靖皇帝召去下象棋，海瑞的棋艺是好的，但这次棋路不顺，走得很别扭，因为他心里惦记着民间的疾苦，考虑如何想办法能让嘉靖皇帝减轻老百姓的田税。

"将军！"随着一声清脆的棋响，嘉靖皇帝得意地喊道。这喊声提醒了海瑞，心头不禁一亮。他开始专注在两军对峙的棋盘上。他调整布局，巧运兵力，很快转入主动。轮到他"将军"了，他叫道："'将军'，天下钱粮减三分。"

嘉靖皇帝只注意海瑞的"当顶炮"了，并没听清海瑞说了句什么话。

过了一会儿，海瑞又跳了个"卧槽马"，同时一字一板地喝道："'将军'，天下钱粮减三分。"

这一次，嘉靖皇帝听清楚了，但仍不明白这句没头没脑的话是什么意思，反倒觉得念着押韵，很有意思。等到他"将军"的时候，也学海瑞的腔调高声叫道：

"'将军'，天下钱粮减三分。"话音未落，海瑞连忙弃棋离席，跪倒在地，说："微臣领旨！"

嘉靖皇帝愣住了，在场侍候的太监、妃子也都丈二和尚摸不着头脑。皇帝问海瑞这是怎么回事。海瑞回答："万岁刚才不是说'天下钱粮减三分'吗？臣一定照办！"

封建时代，皇帝是至高无上的，他说出的每一句话都是金科玉律，都得照办。嘉靖皇帝无奈，只好下令把全国老百姓的赋税减轻三分。

第二十八计　上屋抽梯

"上屋抽梯",原意指把人诱惑上楼之后,却把梯子搬走,使人无法再下来。比喻诱使人上前而断其退路,使人处于困境,再彻底予以消灭。要"上屋抽梯",先得"置梯"诱敌,给敌人一些便利,待其上当,便拆掉"梯子",围歼敌人。

原文

假之以便①,唆②之使前,断其援应,陷之死地③。遇毒,位不当也。④

【按语】唆者,利使之也。利使之而不先为之便,或犹且不行。故抽梯之局,须先置梯,或示之以梯。如:慕容垂、姚苌诸人怂秦苻坚侵晋,以乘机自起。(《晋书·苻坚传》)

注释

①便:便利。

②唆:唆使,这里引申为诱使。

③死地:中国古代兵法用语,指一种进则无路,退亦不能,非经死战难以生存之地。

④遇毒,位不当也:语出《易·噬嗑·象》。《噬嗑卦》为震下离上。震为雷,离为火、为电。雷电交加,有威猛险恶之象。又,《噬嗑卦》为以柔居刚,故不当位,更显形势严峻。噬嗑的本意为食干肉,"干肉虽小而坚,不易噬者也。强欲食之,则不听命而必相害"(王船山语)。把它运用于军事上,即因贪图小利而盲目进军是有很大的危险的,如果硬要强

行进军,必将陷于危险的死地。

译文

假给敌方以某种便利,诱使它(盲目)前进,然后再截断其应援之路,就能陷敌军于死地。这是从《噬嗑卦》象辞"遇毒,位不当也"一语中悟出的道理。

【按语】什么是唆?就是用利益去引诱敌人。但是不为他获利提供便利。他也不会以身犯险贸然行动。因此上屋抽梯先要放把梯子在楼口,或者明白地让对方看见有把梯子。只要敌人上了梯子,就由不得他不中计。苻坚就是中了慕容垂、姚苌的上屋抽梯之计,没有看清他们怂恿自己攻打东晋的动机,结果大败于淝水。慕容垂、姚苌的势力趁此就迅速扩张起来,前秦分崩离析。

◆◆ 计名探源 ◆◆

此计语出《孙子兵法·九地》。《孙子》里说:"帅与之期,如登高而去其梯;帅与之深入诸侯之地,而发其机。"意思是,将帅向军队赋予作战任务,要像使其登高而抽去梯子一样;将帅率领士卒深入诸侯国土,要像弩机发出的箭一样一往无前。另,此计有一典故。东汉末年,荆州刺史刘表的儿子刘琦因不容于继母,向诸葛亮求救。诸葛亮不想干预刘家私事,多次拒绝。一日,刘琦请诸葛亮上楼观书,等诸葛亮上楼,刘琦即刻命人把梯子抽走。诸葛亮无奈,只得给他出了一计。

品 读

此计用在军事上，是指利用小利引诱敌人，然后截断敌人之援兵，以便将敌围歼的谋略。这种诱敌之计，自有其高明之处。敌人一般不是那么容易上当的，所以，你应该先给他安放好"梯子"，也就是故意给以方便。等敌人"上楼"，也就是进入已布好的"口袋"之后即可拆掉"梯子"，围歼敌人。

【经典案例】

韩信用计斩陈余

汉高祖三年（前204年），韩信驻兵平阳，准备伐赵，可巧张耳领兵到来与韩信会师。两支人马合军东行，进攻代郡，前锋直抵阏与。代郡为陈余封地，由夏说镇守。夏说闻知汉军已到阏与，当即领兵迎敌，大败，夏说战死，汉军攻入代城，随即又挥兵南下，进至离井陉口约三十里处安营扎寨。

赵相陈余得知代地失守，便格外严防，厄险固守，阻止汉军继续前进。这时，谋士李左车向陈余献策道：韩信、张耳乘胜远斗，锋不可当。但他远道来此，利在速战，好在我国有井陉口天险，道路崎岖狭隘，车骑很难行走，他们如从这里进军，难以同时兼运粮草，一切辎重都将留后面。因此，我请求领兵三万，截取汉军粮草辎重，您只需在此深沟高垒，不与交锋。这样，汉军将前不能战，后不能还，荒山之间，又无从寻找粮草，不出十日，汉军便将为我打败。否则，我军虽有井陉天险，也难以长久固守，万一天险被敌攻破，我们就将全军覆没了。

不料，陈余书生气十足，迂腐之至，自称是统率义兵，不搞诈谋，不仅不听李左车的意见，还把他给辞退了。韩信听到这个消息，很是高兴，连忙叫来骑都尉靳歙，如此这般地交代一番，又叫来左骑将傅宽，如此这般地授以密计，然后等到半夜时分，率领全军进抵井陉口。天刚亮时，韩信命令裨将向士卒分发干粮，只教权且充饥，等今日破赵，再会食不迟。同时又挑选精兵万人，叫他们渡过泜水，背靠河岸，列阵等待；韩信、张耳也相偕渡河。到达对岸后，韩信命令军士扬旗示众，摆鼓助威，大模大样地闯进了井陉口。

陈余听说汉军已到井陉口，便大开营门，挥兵出战。赵军仗着人多势众，一拥向前，要围韩信、张耳。韩信命令军士抛去帅旗，掷掉战鼓，一齐返奔，退至泜水。赵军以为得胜，自然拼力追击，还有据守大营的赵兵，也想乘势邀功，甚至把赵王歇都拥了出来，掠取汉军旗鼓，真正是洋洋得意，喊声震天。那时韩信、张耳等人已退到泜水，泜水上面本有汉军列阵，韩、张二人随即进入阵中，出战陈余。韩信令决一死战，后退者立斩不赦。汉军本无退路，只能拼力向前，争先杀敌，自辰时斗至午时，双方难分胜负，陈余恐将士饥饿，不能再战，便叫收军回营，哪知才走至半途，遥望大营之上已遍插汉军旗帜，原来是韩信安排的靳歙一路，趁着赵军倾巢而出追赶韩信时，已经把赵军大营给占领了。陈余见到大营有失，不由得心惊胆战。正在慌忙的时候，斜前方又杀出一支军马，乃是汉左骑将傅宽。陈余急忙迎战，且战且走，忽又遇到一路人马兜头拦住，为首将领乃是汉常山太守张苍，吓得陈余不知所措，反从后面倒退。傅宽、张苍合兵赶杀，把陈余逼至泜水边，前有阻拦，后有追兵，走投无路，终被汉军乱刀砍死。

上屋抽梯，突发制人

　　春秋初年，郑武公去世后，公子寤生即位，他就是郑庄公。郑庄公心里明白，自己虽然当了国君，但政敌们绝不会就此善罢甘休，自己还得拼力争斗。不过，用什么方式与政敌斗争才好呢？他颇为惆怅，因为那政敌不是别人，却是他的亲生母和胞弟！

　　原来，郑庄公出生时，因脚在先，头在后，母亲武姜几乎难产送命，所以武姜十分讨厌他，而偏爱他的胞弟公叔段。兄弟俩长大之后，武姜曾几次请求立公叔段为继位人，但武公碍于传统习惯，没有答应。对于这事，武姜和公叔段一直心怀不满，所以武公一死，他们便加紧了夺权步骤。

　　首先，由武姜出面，以母亲的身份为公叔段求封地，要庄公把制邑封给公叔段。制邑是军事要塞，庄公没有答应，武姜又替公叔段要求封在易守难攻的京地，庄公只好答应了。

　　公叔段一到京地，就加高、加宽城墙。郑国大臣们对此意见纷纷。祭仲对庄公说："各等级都邑城墙的高度，先王都有规定。如今公叔段不按规定修城，您应及时阻止他，以免后果难以收拾。"庄公何尝不明白这个道理？但他心里另有打算，所以说："我母亲希望这样，我又有什么办法呢？"

　　公叔段看哥哥没有对自己采取限制措施，便更加放肆起来，下令让西部、北部边陲守军听命于自己，并私自收取了周围的城邑来作为自己的封地。这种举措使郑国将士们愤愤不平。大将公子吕对庄公说："应及早下手制止他，否则军队慢慢就会被他掌握了！"郑庄公还是不紧不慢地说："用不着。不仁不义的事做多了，就会自取灭亡。"

　　公叔段看到哥哥还没有反应，更加肆无忌惮起来，聚集粮草，修治武器，扩充步兵和车卒，准备攻打庄公的国都，并约好了母亲

作为内应。这下子举国上下的百姓都义愤填膺。庄公高兴地说："时机到了！"派人探听到公叔段起兵的日期，先发制人，提前派公子吕率领二百辆战车向京地压过去。京地军民纷纷倒戈，公叔段跑到鄢地。庄公猛追穷寇，又打到鄢地，公叔段只好逃亡到共国去，庄公返回头来又对付母亲武姜，把她软禁起来，并发誓永远不再拜见她。

对弟弟的夺权野心和母亲的所作所为，郑庄公是了然于胸的。但他并不怜骨肉之情妥善调解，而是采用"引其发展，陷其不义，突发制人"的阴谋手段，先放纵对方，任其胡为，争取到臣心、军心、民心后再置对方于死地。

窦建德河间破隋兵

公元617年，黄河下游的瓦岗农民起义军发展到几十万，占领了河南的大部分郡县，成为直插隋朝腹心的一把利剑。隋炀帝急令在涿郡（今河北涿州市）留守的心腹将领薛世雄奔袭瓦岗军，解救东都洛阳（今河南洛阳）。隋炀帝还给了薛世雄沿途镇压起义、临机处置的权利。薛世雄接到命令后，立即率领所部三万精兵南下。

当时，在河北地区也有一支农民起义军，就是窦建德领导的农民武装队伍。这支队伍发展到十多万，建立了农民政权，窦建德在寿县（今河北献县）自称长乐王。当不可一世的薛世雄军路过他所控制的河涧县（今河北河间市）时，窦建德为了麻痹薛世雄，瓦解隋军的斗志，便派人四处散布说："窦建德听说朝廷派薛世雄将军率大军南下，不敢阻挡，都吓得逃走了，为薛世雄将军过境让出了道路。"这话一传十、十传百，很快传入薛世雄的耳中。骄傲的薛世雄信以为真，认为窦建德根本不敢与自己相抗衡，因此在行军和宿营中完全放松了戒备。

窦建德摸清情况后，选拔出武艺精湛、机智勇敢的战士二百八十名，组成敢死队，其余武装埋伏在河涧县的水泽中。在一个大雾弥漫的黎明，窦建德亲率敢死队猛冲薛世雄的大营。这突然一击，打得隋军猝不及防，整个大营乱作一团。农民军利用天时、地利、人和，横冲直撞，放手杀敌，不多时，隋军全军溃散。薛世雄本人受伤，在几名骑兵的保护下逃回涿郡，不久就羞愤而死。这次围歼战的胜利，使窦建德领导的农民起义军声威大震。

"上屋抽梯"先要屋门大开，使敌人便于进，愿意上。窦建德摸准了薛世雄由于得宠而骄狂轻敌的心理，故意示弱，制造舆论和气氛，大开屋门设梯诱敌入伏，然后利用各种有利条件，以中心突破、四面合围的战法，打了一个速战速决的歼灭战。

第二十九计 树上开花

"树上开花",原意是说本来不开花的树木,却可以人为地制造一些假花装点上去,让不知情者一眼看去,难辨真假。作为一种计谋,"铁树开花"指通过各种办法,制造种种假象来壮大自己的声势,以迷惑敌军,从而达到己方的目的。

原文

借局布势①,力小势大②。鸿渐于阿,其羽可用为仪也。③

【按语】此树本无花,而树则可以有花,剪彩贴之,不细察者不易觉。使花与树交相辉映,而成玲珑全局也。此盖布精兵于友军之阵,完其势以威敌也。

注释

①借局布势:局,局诈。势,阵势。全句意为:借助某种局诈的方法,布成一定的阵势。

②力小势大:力,力量,这里是指军队的兵力。势,这里是指声势。全句意为:兵力小而声势却造得很大。

③鸿渐于阿,其羽可用为仪:此语出自《易·渐》上九爻辞:"鸿渐于陆,其羽可用为仪也,吉。"《渐卦》为艮下巽上。艮为山,巽为风、为木。该卦象辞为:"山上有木,渐,君子以居贤德善俗。"意思是:树木在山上渐渐地生长,象征着君子应该注重逐日修养自己良好的德行,并影响周围的人,形成一种善美的风俗。而此卦上九爻辞所说的"鸿渐于陆,

其羽可用为仪"，这里的鸿是指大雁，渐是指渐进。陆与"逵"通，这里是指天际的云路。羽是指鸿雁美丽的羽毛。仪是指效法。全句意为：大雁在高空的云路上渐渐飞行，它那美丽丰满的羽毛，使它更显得雄姿焕发，这是值得人们效法的。把它用于军事上，就是用"树上开花"计使本来实力弱小的军队显得声势浩大，这正是从《渐卦》上九爻辞所获得的启发。

译 文

借用局诈的方法布成阵势，使本来力量小的部队变得声势浩大。这是从《易·渐》上九爻辞"鸿渐于阿，其羽可用为仪也"一语中所获得的启示。

【按语】这棵树上本来没有生长花朵，然而可以人为地使它有花，把彩色绸绢剪成花朵粘在枝上，不仔细察看的人就不容易发觉。让美丽的假花和树交相辉映，就可造成一棵精巧逼真的完美树花。这就是指精锐的兵力布置到友军的阵地上，形成一个完整的阵势以震慑敌人。

◆◆ 计名探源 ◆◆

"树上开花"由"铁树开花"转化而来，佛教语中应用较多。如宋代普济《五灯会元》卷二十《焦山师体禅师》："铁树开花，雄鸡生卵，七十二年，摇篮绳断。"宋代圜悟《碧岩录》四十则曰："休去歇去，铁树开花。"都用"铁树开花"形容极难发生的事。

品 读

树上开花和偷梁换柱一样，都是和友军作战时控制友军并歼击敌军的战略。偷梁换柱是以自己的精锐之师安插在友军的梁柱部位，以操纵并兼吞友军。树上开花是"布精兵于友军之阵，完其势以威敌也"，以友军为树为枝，以我军为花朵，即以友军为梁为柱，我军为辅为助，以友军之主力破敌，消耗友军实力，而保存了我军实力，是一箭双雕之策。

【经典案例】

田单破燕之战

周郝王三十一年（前284年），燕昭王重用乐毅，命他领兵进攻齐国，六个月内，连下七十城，最后只剩下莒州、即墨两城尚未攻下。当时乐毅认为，齐国只剩下两城，再也起不了什么大风波了，因此他想采取和平方式，"以恩结之"，让他们自己投降，免得再动刀兵。就这样，把即墨城围了三年之久。

即墨城的守将已死，军中无主，大家都说田单有领兵才能，便拥立他为将军。于是田单率领全城军民日夜防守，不稍松懈。不料，燕国内部出现了上层权力斗争。大夫骑劫与燕太子资交谊深厚，骑劫自以为有勇有谋，想夺乐毅的兵权，便对太子资说：齐王已死，齐国只剩下两座城了，乐毅却不把它攻下来，这是乐毅想以恩结好齐国，以后好自立为齐王！太子资听信骑劫的挑唆，把它告诉给燕昭王，谁知昭王非但不听，还把太子打了二十大板，并决意封乐毅为齐王。乐毅坚决不受齐王之封，燕昭王因此便更加信任乐毅。

这件事被田单打听到了，他感到非常失望，叹息道：看来要恢复齐国，燕昭王在世时是不行了，需要等到昭王以后才有希望。说来凑巧，果然就在这以后不久，昭王因迷信神仙，乱服丹药，中毒而死。太子资即位，为燕惠王。

田单立即派人去燕国散布流言，说乐毅当初不愿受齐王之封，是因为要感恩昭王的厚遇，而其之所以迟迟不攻即墨、莒州二城，则是因为要等待时机，自立为王，现在昭王已死，惠王即位，乐毅就会要称王齐国了。燕惠王本来就对乐毅心存疑虑，现在听到这样的流言，与骑劫原来所讲的话相吻合，更是信以为真，于是，一道诏命把乐毅召回都城，由骑劫取代乐毅为将。乐毅是个聪明绝顶的人，知道再留在燕国，必受惠王、骑劫之害，便悄悄地离开燕国到赵国去了。

且说这边骑劫取代乐毅为将，他上任伊始，便一改乐毅定下的章程，引起燕军将士的普遍不满。他才到军营三天，便下令攻打即墨城。一天，田单清早起来，对全城军民说：昨晚我做了一个梦，老天爷在梦里对我说了，齐国还能再强盛起来，燕国准得败落；再过几天，老天爷会派一个军师来，燕军就快打败仗了。其实是田单故意在军中挑选了一个机灵的小兵，叫他装作老天爷派来的军师，给他穿着特别的衣裳，叫他朝南坐着。此后田单每次下令，都要先禀告"军师"，因而他的命令便格外受到军民的尊重。

而城外的燕国士兵听说城内来了一位老天爷派来的军师，也都害怕起来，彼此相互传说道："老天爷都帮助齐国，我们还有什么办法呢?！"同时，田单还派几个心腹到城外去议论说：还是从前的乐毅好，抓了俘虏都好好优待，所以城里的人都不怕燕军。要是燕国军队把捉去的俘虏都割去鼻子，齐国人还能不怕吗？又说，齐国人的祖坟都埋在城外，如果燕国军队把祖坟都刨了，那可怎么办呀！如此等等。这样的议论一传十，十传百，慢慢地传到骑劫耳里。愚蠢的骑劫竟真的把抓来的俘虏都割去鼻子，把城外的坟墓也都给刨了。即墨的人见到燕国如此残暴，一个个恨得咬牙切齿，一心要报仇雪恨，纷纷向田单请战。

田单又想出一计：挑选五千名先锋队，一千头牛进行训练，准备摆一次火牛阵。同时又搜集一批黄金，派几个人打扮成即墨城的富翁给骑劫送去，对骑劫说：城里的粮食已经吃光了，不出三天就得投降，请求燕军进城时能保全我们家小的性命，骑劫听了欢天喜地，满口答应。真以为可以净等着田单前来投降，用不着再打仗了，于是放松了戒备。

那些被派出的"富翁"回来向田单报告情况，田单认为时机已到，决定使用他的火牛阵出战。他把一千头牛都披上画有稀奇古怪彩色花纹的布，每头牛的犄角上都捆着两把尖刀，牛尾上系着一捆浸透了油的麻和芦苇。又将五千名冲锋队的脸上也画上各式各样彩色的花纹，一个个拿着大刀、阔斧跟在牛背后。到了半夜，拆去几处城墙，把牛赶到城外，把牛尾点起火来，一千头牛被烧疼了，没命地往燕营冲去，后面五千名敢死队也紧跟着杀进去。这时，城里的老百姓纷纷拿着脸盆、铜壶狠命地敲着，呐喊助战。燕国军队从梦中惊醒，猝不及防，只见到成千成万的怪物尾巴烧着火，头上长着刀，后面又跟着一群"妖怪"。有些胆小的，吓得腿也软了，只说是老天爷派来的鬼怪，一个个只图逃命要紧，哪里还敢抵抗呢？骑劫坐着车，打算杀出一条血路，可巧正碰上田单，只几个回合便被杀死了。从此之后，田单乘胜反攻，收回了失去的七十座城池。

寇准借助皇威退辽兵

宋朝北部边疆与辽朝接壤，经常处在辽军入侵的威胁之下，宋人对辽颇有畏惧。宋真宗时，辽军再次大举南下，兵临澶州城下。

边境将领驰书告急，一夜之间竟有五次。但是，这些告急文书都被寇准扣住不发。皇帝闻知，大为惊骇，招寇准询问，寇准回答说："陛下若想了结此事，不出五天定见分晓。"皇帝问如何了结，寇准请皇帝御驾亲征。

朝臣们一听，知事体重大，心生恐惧，纷纷准备退朝，以免皇帝怪罪。寇准不让大家走，让大家侍候皇帝起驾出征。皇帝不想亲征，又不好说出口，便说回宫思考一下，寇准说："陛下一入深宫，臣见到您就难了，国家安危大事如何收拾？还是不走为好。"大臣毕士安也力劝皇帝接受寇准的建议，皇帝只好暂且应允。

宋朝上下都知辽军厉害，皇帝虽答应了亲征之事，却心里犯难，有些朝臣为性命着想，更惊恐不安，极力阻止亲征。临安（今浙江杭州）人王钦若请皇帝暂避金陵（今江苏南京），阆中（今属四川）人陈尧叟则请皇帝暂往成都。

皇帝犹豫不决，同寇准商议，寇准说："谁为陛下出此下策，其罪当斩。陛下神武英明，兵士团结和睦，倘御驾亲征，敌人必闻风丧胆，落荒而去。纵使不亲征，或出奇兵击败敌人的计谋，或坚守阵地疲劳敌兵，此皆能稳操胜券，何必弃宗庙社稷而远走金陵、成都？真这样做，必人心涣散，上下解体，大宋江山危矣！"听了这话，皇帝觉得甚是有理，亲征的信心坚定起来。

皇帝一行抵达澶州，远远望去，辽军阵营整齐，声势浩大。澶州城临河而建，被河水划分为两部分，随行大臣们都惶惶不安，请求皇帝就地驻扎，不要过河，寇准一再坚请："陛下如不毅然渡过

黄河那么我军人人自危，而敌军却不会受到震慑，这不是取威决胜之道。况且我方王南率领精兵屯于山中，扼住辽兵的咽喉，李继隆、石保吉分兵以掣辽兵左右肘，四方援兵陆续到来，为何迟疑不敢前进？"高琼也一再坚请渡河，还指挥卫士赶快准备好车辇。

皇帝无奈，率众人渡过黄河，来到北城的门楼之上。远近的宋军望见皇帝的华盖，士气高涨，欢呼万岁，其声音数十里外都能听到。辽军见宋军士气高昂，颇为惊惧。皇帝将军事大权委与寇准，寇准号令严明，处事果断，士卒对他很敬畏佩服，不久，辽军数千骑兵逼近城下，寇准命令士卒出击，斩杀俘虏了辽兵大半。辽军损失惨重，只得退去。

皇帝返回宫内，留寇准在北城之上坐镇指挥。过些时候，皇帝去看寇准在干什么，只见寇准正与别人饮酒下棋，歌声、戏谑声、欢呼声，不绝于耳，根本不像面临强敌的，倒像是在游山玩水。皇帝得知，非常高兴，说："寇准如此从容镇定，我还担忧什么呢？"寇准的行为不但使皇帝放下心来，也大大稳定了军心，增强了大家的胜利信心。辽朝见军事上占不到什么便宜，就想通过谈判获得些利益。于是派遣大臣韩杞一起前来请求结盟，让宋朝把关南的土地割让与辽。

皇帝说："割地之事，毫无道理。若辽坚持割地，只有决一死战。若只是索要金银锦帛，对朝廷大体无甚伤害。"寇准一听，力加劝谏，他反对以银帛求和，还建议让辽向宋称臣，并向辽索要幽、蓟二州之地。他说："必如此，才可保边境百年无事，不然，数十年后，他们又起贪心了。"

皇帝不听，想尽快结束对峙状态，命曹利用前往辽军议和，说："实在不得已，每年给辽百万钱亦可。"寇准闻知，把曹利用召到帷幄之中，说："虽有圣旨，你答应辽的岁币不得超过三十万，否则我就杀你的头。"

曹利用知寇准之言非同儿戏，在谈判桌上极力坚持，辽见宋军士气旺盛，当时无隙可乘，也不敢强求，最后双方达成协议，辽与宋约为兄弟之国，尊宋帝为兄，宋每年给辽白银十万两，丝绢二十万匹。和约定后，辽军北还，宋境复安。

辽是宋的宿敌，时时刻刻威胁着宋的安全。宋太宗时，攻灭辽所扶植的北汉，趁机进击，包围了辽南京（今北京）。但在高梁河之战中，宋军遭到惨败，从此，宋军不敢北进，而辽军时时南下，但从实力上看，宋朝地大物博，兵力众多，并非不堪一击，辽军若想长驱直入，却也不是一件易事。

因此，面对辽军的攻势，宋朝中央政府必须冷静，稍有不慎，轻则丧师失地，重则国破家亡。在这危急存亡之时，寇准力促皇上出征。皇帝亲临前线，虽不能冲锋陷阵，却极大地鼓舞了士气。

张飞计退曹军

三国时期，张飞在当阳桥以三十余名骑兵，吓退曹操追击刘备的数万大军，用的就是树上开花之计。无人不知张飞是一员猛将，而他却是一个有勇有谋的大将。

刘备起兵之初，与曹操交战，多次失利。刘表死后，刘备在荆州，势孤力弱。这时，曹操领兵南下，直达宛城。刘备慌忙率荆州军民退守江陵。由于老百姓跟着撤退的人太多，所以撤退的速度非常慢。曹兵追到当阳与刘备的部队打了一仗，刘备败退，他的妻子和儿子都在乱军中被冲散了。刘备只得狼狈败退，令张飞断后，阻截追兵。

张飞只有二三十个骑兵，怎敌得过曹操的大队人马？张飞临危不惧，临阵不慌，顿时心生一计。他命令所率的二三十名骑兵都到树林子里去，砍下树枝，绑在马后，然后骑马在林中飞跑打转。张飞一人骑着黑马，横着丈二长矛，威风凛凛地站在长坂坡桥上。

追兵赶到，见张飞独自骑马横矛站在桥中，好生奇怪，又看见桥东树林里尘土飞扬。追击的曹兵马上停止前进，以为树林之中定有伏兵。张飞只带二三十名骑兵，阻止住了追击的曹兵，让刘备和荆州军民顺利撤退，靠的就是这"树上开花"一计。

第三十计　反客为主

"反客为主",本意是客人反过来成为主人。比喻变被动为主动。作为计策,"反客为主"指寻找敌人防御上的漏洞,趁机插入其腹地而攻其要害,控制敌方指挥系统,从而使我方由不利、被动变为有利、主动,逐渐取得领导权、支配权。

原文

乘隙插足,扼其主机①,渐之进也②。

【按语】为人驱使者为奴,为人尊处者为客,不能立足者为暂客,能立足者为久客,客久而不能主事者为贱客,能主事则可渐握机要,而为主矣。故反客为主之局:第一步须争客位,第二步须乘隙,第三步须插足,第四足须握机,第五乃成为主。为主,则并人之军矣,此渐进之阴谋也。如李渊书尊李密,密卒以败;汉高视势未敌项羽之先,卑事项羽,使其见信,而渐以侵其势,至垓下一役,一举亡之。(《隋书·李密》《史记·汉高祖》)

注释

①主机:主要的关键之处,即首脑机关。

②渐之进也:语出《易·渐·象》:"渐之进也,女归吉也,进得位,往有功也。"按《易经增注·下经·渐》的解释:"天下事动而躁则邪,静而顺则正。渐则进而得乎贵位,故行有功。"意思是说,天下的事情,凡是行动盲目而急躁,就会走入邪途;凡是冷静而顺乎客观规律,就会登上正道。一步一步地循序渐进达到显要的地位,便会行而有功。

译文

乘着对方的空隙,插足其中,以致(最后)掌握其首脑机关,这是循序渐进的结果。

【按语】受别人驱使的人是奴仆,受别人尊敬的人是客人。在别人家做客而不能站住脚的是暂时的客人,能够站住脚的是长久的客人。作为长久的客人却不能主事的是地位低贱的客人,能够主事并且可以逐渐掌握其首脑机关便就成为主人了。所以,使用"反客为主"的诈谋:第一步必须争到客位;第二步便要乘隙而入;第三步便须设法插足;第四步便须掌握其关键部位或首脑机关;第五步便要成为主人。做了主人之后,便可以将别人的军队据为己有了。这是一个循序渐进的阴谋。就像当年李渊给李密写信,对他大加尊崇,最后李密终于被李渊打败。又如当年汉高祖看到自己的势力还不能与项羽相抗衡时,便主动示弱,使项羽日益骄横,放松警惕,以致垓下一战,刘邦把项羽彻底消灭了。

计名探源

本计古典文献里所语较多,但出自何典尚无定论。有以下几种可以参考:《唐太宗李卫公问对》中,李靖对唐太宗说:"臣较量主客之势,则有变客为主,变主为客之术。"《十一家注孙子》载:"我先举兵,则我为客,彼为主;为客则食不足,为主则饱有余。"《三国演义》第七十一回,法正对黄忠说:"夏侯渊为人轻躁,恃勇少谋。可激励士卒,拔寨前进,步步为营,诱渊来战而擒之。此乃'反客为主'之法。"

品读

"反客为主"本意为客人反过来成为主人,比喻变被动为主动。

作为成语，它的意思是指在日常生活中，主人不会招待客人，而反受客人的招待，但引作计谋的计名，当然有更深刻的意思。循序渐进是实施此计的要诀。首先要安于客位，时刻寻找机会。第二步要乘隙而入，将自己的势力逐渐向外渗透。最后一步是果断行动，变客位为主位。就这一计谋的本意来说，它是用来对付盟友的，具体来说，就是乘支援盟军的机会，把脚插进去，试图反客为主，然后再有计划地控制盟军。

【经典案例】

隐忍自重

项羽与刘邦同为反秦联军的大将，各领大军分路朝秦都咸阳挺进。联军以项羽军为主力，刘邦的部队则为偏锋。可是拿下咸阳的竟是刘邦的部队。

刘邦捷足先登，使得项羽很不是滋味，气愤难消之余，他竟起了攻打刘邦的意图。此时，刘邦的兵力只有十万，项羽则拥有四十万大军。刘邦毫无胜算，万不得已，带着几名随从，向项羽谢罪。这就是史上有名的"鸿门宴"。

其实刘邦并没有犯错，只因兵力不如项羽，只好隐忍一时，向他低头。没多久，进行战后的论功行赏，项羽掌握主导权，刘邦饱受不平等待遇。按理讲，事先已经言明谁先拿下咸阳，谁就是关中之主。然而，刘邦分到的却是偏地——汉中。刘邦怒气难耐，决意与项羽决一死战。后来在参谋的劝告下，忍气吞声，远赴汉中。刘邦在汉中发奋图强，不久，趁项羽的缺失，引兵讨伐，终于取代项羽而一统天下。

要使"反客为主"之计成功，就要学习刘邦在准备期"隐忍自重"的作为。

梁山好汉反客为主

《水浒传》中，晁盖、吴用等七位英雄好汉初投梁山泊时，梁山泊寨主王伦待他们如宾客，为他们安排客馆歇息。王伦乃嫉贤妒能之人，生怕众豪杰势力超过他，吴用看出这一点，担心王伦不会收留他们。吴用发现林冲对王伦的态度极为不满，因此设计促使林冲火并王伦。

有一天，一个小喽啰来相请，说道："今日山寨里头领请众好汉去山南水寨亭上赴宴。"晁盖打发小喽啰回去，让众头领身边各带了器械，暗藏在身上，结束得端正，才来赴席。行不多远，便见宋万骑马，又来相请。众人来到南山水寨一个水亭。王伦、杜迁、林冲、朱贵，都出来相接，邀请到那水亭子上，分宾主坐定。王伦招呼小喽啰摆上酒宴。酒至数巡，菜过五味，晁盖和王伦盘话。但提起入伙一事，王伦便用闲话支吾开去。吴用见林冲只是低头喝着闷酒，不由开始头疼。

饮酒至午后，王伦回头叫小喽啰取东西来。三四个人去不多时，只见一人捧个大盘子，里边放着五锭大银。王伦便起身把盏，对众人说道："感蒙众豪杰到此聚义，只恨敝山小寨，是一洼之水，如何安得许多真龙？聊备些薄礼，万望笑纳，烦投大寨歇马，小可使人亲到麾下纳降。"

晁盖便道："小子久闻大王招贤纳士，一径地特来投托入伙，若是不能相容，我等众人自行告退。"林冲见状大喝起来："前番我上山来时，也推道粮少房稀，今日晁兄与众豪杰到此山寨，你又发出这等言语来，是何道理？"吴用便说："头领息怒，自是我等来的不是,倒坏了你山寨情分。我等自去罢休。"林冲更是怒火中烧:"这是笑里藏刀,言清行浊的人!我今日放他不过。"吴用又道:"只因我等上山相投,反坏了头领面皮,只今办了船只,便当告退。"晁盖等七人便起身要走。林冲气极,抽出一把刀来,吴用假意劝仗,其他豪杰也趁势守住其他头领,林冲拿住王伦大骂:"你这嫉贤妒能的贼,不杀了,要你何用!你也无大量大才,也做不得山寨之主!"骂得性起,林冲顺势一刀刺进了王伦的心窝。王伦既死,林冲提议立晁盖为山寨之主。

长达三代的企图心

司马懿从年轻时代就是众人瞩目的干才。当时,气势"如日中天"的曹操,很赏识他。经由曹操的发掘,他才有机会出仕魏国。然而,刚开始他们处得不怎么融洽。

司马懿仍是太子(曹丕)随从的时候,有一天,曹操梦见三匹马在一个马槽吃饲料,于是警告曹丕说:"司马懿很可能推翻我们魏国,对他可要特别小心。"曹操还提议,趁仲达羽毛未丰时,把他解决了。

虽然仲达受到曹操如此猜忌,仍然忠心服侍曹操,以他的尽忠职守,逐渐化除曹操对他的戒心。曹操过世后,他就成为曹丕的心腹。曹丕去世之后,他就成为魏国的元老,威重如山。司马懿以臣子之身终其一生,司马家篡位建立晋朝,是仲达之孙——司马炎那时候的事。

也就是说,司马家历经父、子、孙三代才完成"反客为主"之计。

第六套 败战计

本套为处于败军态势之计谋，共有美人计、空城计、反间计、苦肉计、连环计、走为上六计。

"美人计"顾名思义就是用美女来诱惑对方，令其心智迷乱；"空城计"是风险之策，用计者要深谙敌方主帅心理；"反间计"是强调间谍的作用，尤其指将敌方的间谍为我所用；"苦肉计"需要故意伤害自己，由此迷惑敌人，获取其信任，赤壁时曹操曾败于此计；"连环计"的要义是用计谋让敌人互相牵制，然后再去进攻敌人；最后一计"走为上计"，是指自己处于下风时，不可硬拼，而是要保存实力，尽快撤退。

第三十一计　美人计

"美人计"本意是用美女来诱惑对方，从而达到某种目的。作为计策，指用美色勾引对方，使其贪图享乐，丧失战斗力，进而一举消灭。爱美之心人皆有之，因此美人计很早便被兵家所用，成为胜敌的一种重要策略。

原 文

兵强者，攻其将；将智者，伐其情。①将弱兵颓，其势自萎。利用御寇，顺相保也。②

【按语】兵强将智，不可以敌，势必事之。事之以土地，以增其势，如六国之事秦，策之最下者也。事之以币帛，以增其富，如宋之事辽金，策之下者也。惟事之以美人，以佚其志，以弱其体，以增其下之怨。如勾践以西施、重宝取悦夫差，乃可转败为胜。

注 释

①将智者，伐其情：将智者，指足智多谋的将帅。伐其情，即从感情上加以进攻、软化，抓住敌方思想意志的弱点加以攻击。《六韬·文伐》中就主张以乱臣、美女、犬马等手段攻其心，摧毁其意志上的屏障。

②利用御寇，顺相保也：语见《易·渐象》："……利用御寇，顺相保也。"御，抵御。寇，敌人。顺，顺利，顺势。保，保存。全句意为，此计可用来瓦解敌人，顺利保存自己。

译文

对强大的敌军,要对付它的将领;对英明多智谋的将领,要设法动摇他们的斗志。将领斗志衰退,士气消沉,战斗力自然萎缩。就像《渐卦》象辞所启示的,要利用敌人的弱点抵御敌人,顺利地保存自己。

【按语】势力强大,将帅明智,这样的敌人不能与之正面交锋,在一个时期内,只得暂时向对方屈服。下下策是用献土地的方法,这势必会增强敌人的力量,如战国时期,六国争相以自己的领土取悦秦,并没有什么好结果。下策是用金钱珠宝、绫罗绸缎去讨好敌人,这必然会增加敌人的财富,像宋朝侍奉辽国、金国那样,也不会有什么成效。独有用美人计才见成效,这样既可以消磨敌军将帅的意志,削弱他的能力,还可以增加他的部下的怨恨情绪。春秋时期,越王勾践败于吴王夫差,便用美女西施和贵重珠宝取悦夫差,让他贪图享受,丧失警惕,后来越国终于打败了吴国。

计名探源

此计语出《六韬·文伐》。《文伐》里说:"养其乱臣以迷之,进美女淫声以惑之。"意思是说,对于敌国的君主,要和他的乱臣交好,以便乱臣迷惑君主;向敌国君主进献美女,以便消磨他的意志。

品读

古代对于直接用武力难于征服的敌国,就用大量的珠玉贿赂他,用美女讨好他,从而助长敌国君主的享乐行为,扩大他的荒淫意趣。将帅斗志衰退,部队肯定士气消沉,就失去了作战能力。我方胜券自然在握。施展美人计在世界通用,"英雄难过美人关",随着时代的发展,美人计在外交、商战、公共关系、广告、情报等方面都得以广泛

的应用。现代战争中,甚至政治斗争中,也不乏使用美人计的例子。美人计有强烈的现代色彩,多采用间谍的方式实施,利用金钱贿赂加美人诱惑,以图达到不可告人的目的。

【经典案例】

陈平巧计突围

公元前200年,汉高祖刘邦率领大军与匈奴交战。刘邦求胜心切,带领小股骑兵追击匈奴人,不料中了敌人的埋伏,被困在白登山。这时,汉军的后续部队已被匈奴人阻挡在各要路口,无法前去解围,形势万分危急。

到了第四天,被困汉军的粮草越来越少,刘邦君臣急得就像热锅上的蚂蚁,坐立不安。谋士陈平灵机一动,从匈奴单于的夫人阏氏身上想出了一条计策。

在得到刘邦允许之后,陈平派一名使者带着一批珍宝和一幅画秘密会见了阏氏。使者对阏氏说:"这些珍宝是大汉皇帝送给您的。大汉皇帝欲与匈奴和好,特送上这些珍宝,请您务必收下,望您在单于面前美言几句。"使者又献上一幅美女图,说道:"大汉皇帝怕单于不答应讲和的要求,准备把中原的头号美人献给他。这是她的画像,请您先过目。"

阏氏接过来一看,真是一个貌似天仙的美女:眉似初春柳叶,脸如三月桃花;玉纤纤葱枝手,一捻捻杨柳腰;满头珠翠,引得蜂狂蝶浪;双目含情,令人魂飞魄舞。阏氏心想:如果丈夫得到了她,还有心思宠爱自己吗?于是,阏氏说:"珍宝留下吧,美女就用不着了,我请单于退兵就是了。"

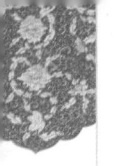

阏氏打发走了汉军使者后,立即去见单于,她说:"听说汉朝的援军就要到了,到那时我们就被动了。不如现在接受汉朝皇帝的讲和要求,趁机向他们多索要一些财物。"单于经反复考虑,觉得夫人的话很有道理。

双方的代表经过多次谈判,终于达成了协议。单于得到物质上的满足后,放走了刘邦君臣。陈平因这次谋划有功,后来被刘邦封为曲逆侯。

陈平利用阏氏的争宠心理,虚献美女,从而达到了讲和的目的。陈平的美人计妙就妙在根本没有美女,但同样收到了良好的效果。

王允巧施美人计

东汉末年,权臣董卓因镇压黄巾起义有功,被封为破虏将军,掌握重兵。董卓拥兵自重,野心日渐膨胀。之后,董卓废了汉少帝,改立年仅九岁的陈留王为帝,是为汉献帝。至此,董卓彻底掌握了东汉政权。董卓为人阴险狡诈,所以满朝文武对董卓又恨又怕。

王允在汉献帝初年被任命为司徒和尚书令。他看到董卓把握朝廷大权,作威作福,大臣与百姓屡遭迫害,心里愤愤不平。但是,董卓势力强大,而且身边还有一个骁勇善战的义子吕布保护,所以没有人能斗得过董卓。

王允府中有一歌女,名叫貂蝉。这个歌女不但容貌美丽,而且歌舞技艺也很好。王允素闻董卓和吕布都是好色之徒,便想让貂蝉利用美貌离间二人。于是,王允向貂蝉提出了他的计划,貂蝉为报答王允对自己的恩德,答应了他的请求。

第二天,王允派人送给吕布一顶金冠。吕布非常喜欢,便亲

自到王允家道谢。王允趁机提出将貂蝉许配给吕布为妾。吕布欣然答应了。酒席散后，王允对吕布说："等我选个良辰吉日，就把貂蝉送到您府上。"吕布再三拜谢。

过了几天，王允又请董卓到家里做客，酒席间让貂蝉献舞。董卓一见，馋涎欲滴。王允说："太师如果喜欢，我就把这个歌女奉送给您。"董卓假意推让一番，高兴地把貂蝉带回府中去了。

当天，吕布知道这件事后，非常生气，当面斥责王允言而无信。王允辩解说："太师要看看自己的儿媳妇，我怎敢违命！太师说今天是良辰吉日，决定带回府去与将军您成亲。"

吕布急忙赶到董卓府上，却听说董卓已经将貂蝉据为己有，一时不知道怎么办好，只好回去。

一天，吕布实在太想见貂蝉了，便趁董卓不在，偷偷来到他的府里。吕布在后堂找到了貂蝉，二人在凤仪亭相会。貂蝉一面对吕布诉说着思念之情，一面控诉董卓霸占自己的卑劣行径。最后，两人相拥而泣。这个情景正好被回府的董卓撞见，董卓大怒，欲杀吕布，吕布仓皇而逃。王允见时机成熟，便劝说吕布杀了董卓。吕布犹豫不决，王允便拿夺妻之事激怒吕布，吕布最终同意刺杀董卓。

于是，王允立即假传圣旨，说天子要禅位给董卓。董卓高高兴兴地进宫受禅，不料吕布突然一戟，直穿董卓咽喉。董卓就这样死在了义子吕布手下。

洪德献美女救父

西周末年，君主周幽王是一个荒唐无道的昏君。他在位时，根本不考虑发愤图强、振兴周朝，而是重用奸臣，剥削百姓，使西周社会十分混乱。当时，大臣褒珦直言劝谏，却被周幽王关进了

大牢。他的家人为了救他，试了很多办法，但都没有成功。

有一次，褒珦的儿子洪德去乡下收地租，看到了一个绝色美女在挑水。洪德十分惊讶，心想，在这乡下怎么会有如此美丽动人的女子？于是他便向人打听了一下这个女人的消息。原来这个女人叫褒姒，是当年周幽王的一个宫女所生，生下之后便被扔到皇宫外面的河中，顺着河流漂到这里后，被人救了上来，并且养大成人。洪德想了想，突然觉得父亲有救了。

洪德回到家后找他的母亲商量："周幽王十分好色，经常挑选各种美女去充实他的后宫。我们要想救父亲，恐怕只能投其所好了。我今天见到了一个十分美貌的女子，名叫褒姒，如果我们把她买来献给天子，天子一定会喜欢，到时候就能把父亲救出来了。"洪德的母亲觉得可行，于是叫洪德抓紧去办。

洪德又来到了乡下，用三百尺的布帛把褒姒买了下来，将她带回家梳洗打扮了一番。准备好之后，洪德便带着褒姒来到了京城。他买通了一个周幽王的心腹，求他对周幽王说："罪臣褒珦之子洪德，找到了一个叫褒姒的美貌女子，特地献给天子，求求天子把褒珦从牢中放出。"周幽王一听有美女，赶紧下令把褒姒献上来。见到褒姒，周幽王惊为天人，便把褒姒留在了宫中，并同意了洪德的请求，把褒珦从大牢中放了出来。

此后，周幽王与褒姒日夜享

乐，并为看褒姒一笑而玩出了"烽火戏诸侯"的把戏，最终使西周王朝走向了灭亡。

要想成功地运用好"美人计"，最关键的一点就是能投其所好。周幽王喜欢美色天下皆知，而洪德恰好发现了褒姒这样的美女。于是，洪德为了救父亲，便抓住周幽王喜欢美色的弱点，利用"美人计"，投其所好，顺理成章地把褒姒献给周幽王。最终，周幽王在十分高兴的情况下放了褒珦。

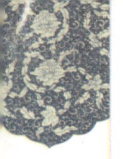

第三十二计　空城计

"空城计",原指在己方守城的情况下,故意向敌人暴露己方城内空虚,使敌方见疑而退兵。比喻暴露自己力量的不足,以使对方迷惑或后退。这是虚而又虚的"险策",使用此计的关键是要清楚地了解并掌握敌方将帅的心理状况和性格特征。

原 文

虚者虚之①,疑中生疑②;刚柔之际③,奇而复奇④。

【按语】虚虚实实,兵无常势。虚而示虚,诸葛而后,不乏其人。如吐蕃陷瓜州,王君焕死,河西汹惧。以张守珪为瓜州刺史,领余众,方复筑州城。版干裁立,敌又暴至。略无守御之具,城中相顾失色,莫有斗志。守珪曰:"彼众我寡,又疮痍之后,不可以矢石相持,须以权道制之。"乃于城上置酒作乐,以会将士。敌疑城中有备,不敢攻而退。又如齐祖珽为北徐州刺史,至州,会有陈寇,百姓多反,珽不关城门。守陴者,皆令下城,静坐街巷,禁断行人,鸡犬不乱鸣吠。贼无所见闻,不测所以,或疑人走城空,不设警备。珽复令大叫,鼓噪聒天,贼大惊,顿时走散。

注 释

①虚者虚之:第一个虚字,空虚,与实相对,指军事力量不敌对方。第二个虚字,动词,显示虚弱的样子。全句意为:劣势的军队面临强敌,却还故意显示空虚。

②疑中生疑:第一个疑字指可疑的形势。第二个疑字指怀疑。意为

面对可疑的形势更产生了怀疑。

③刚柔之际：这里是指敌我双方悬殊的时刻。

④奇而复奇：奇妙之中更加奇妙。

译文

本来兵力空虚，又故意把空虚的样子显示在敌人面前。使敌人不知底细，怀疑我方有实力。在敌我力量悬殊的情况下，采用这种计谋，乃是奇法中的奇法。

【按语】用兵常常是虚虚实实，没有固定的方式。本来处于劣势，更把不加防备的样子显示给敌方。自从诸葛亮以来，运用这条计谋的人为数不少。如唐玄宗时（727年），吐蕃人攻陷了瓜州，守将王君㚟战死，河西一带老百姓非常震惊。朝廷派张守珪为瓜州刺史。张守珪率领市民修复城墙，刚装好筑墙的夹板木桩，敌人突然来进攻，城中没有防御的器械，市民们大惊失色，面面相觑，毫无斗志。张守珪说："敌众我寡，战争创伤还没有修复，不能用利箭、礌石与敌人对抗，必须用智谋对付敌人。"就在城墙上摆好酒席，与将士们饮酒作乐。吐蕃见了，怀疑城中有伏兵，不敢进攻，便撤退了。又如，北齐祖珽任北徐州刺史，刚到任，就有南陈大军入侵，许多民众惊慌失措。祖珽命令不关城门，叫守城士兵坐在街巷里，街道上禁止行人通行。全城寂然无声，鸡不鸣，狗不叫。入侵的军队什么也看不见，什么也听不到，不明情况，怀疑是座空城，正当敌人迷惑不解之际，祖珽命士兵大声叫喊，叫声震天，南陈军大吃一惊，纷纷逃散了。

◆◆ 计名探源 ◆◆

"空城计"的语源不可考。历史上有许许多多以"空城计"退兵的例子，最早的见于《左传》，春秋时期，郑国以"空城计"智退楚军。

但其影响远远不及罗贯中《三国演义》第九十五回里诸葛亮用"空城计"吓退司马懿大军的故事。其主要情节为：街亭失守，司马懿大军直逼西城，诸葛亮无兵御敌，却大开城门，并在城楼抚琴，司马懿疑有埋伏，遂退兵。

品读

敌我交会相战，某些情况下运用空城计可产生不费吹灰之力就能取胜的奇妙功效。虽然说此用兵之法特别奇妙，但在实际运用中，是带有很大风险的，此计属于"风险之策"。但在战争舞台上，风险往往同利益成正比。即所谓"不入虎穴，焉得虎子"。此计的巧妙就在于能否正确地把握住敌人将帅的心理状况和性格特征，因人因事地实施此计。

【经典案例】

孔明坐镇唱空城

蜀汉丞相诸葛亮，字孔明。他带领五千名士兵前往西城，准备把存放在那里的粮草运回汉中。这时十几个密探接二连三飞马来报，说魏国统帅司马懿率领一支十五万人的军队如黄蜂一般正向西城拥来。而此时，孔明身边只有一些文官，连一名战将都没有。他率领的五千名士兵有一半以上已押运粮草离开了西城，现在城中只剩下不到二千五百名士兵。随行官员们得知这一消息，都大惊失色。孔明马上登上城楼瞭望，只见天边尘烟滚滚，司马懿的大军已离这儿不远了。孔明下令："将城上旗帜落下藏好，士兵各就各位，不准擅自离位或大声喊叫，否则斩首。城门大开，每

门留二十名士兵，穿上百姓服装，清扫街道。如果司马懿的军队来了，谁也不能擅自行事。我自有计策。"

随后孔明身披鹤氅，头戴纶巾，在两个小童的伴随下，携一张古琴登上城楼。在栏杆前坐定，又点燃了几炷香，然后，开始抚琴。

这时，司马懿先头部队的侦察兵已到达了城下，看到这般情景，急忙回去向司马懿报告，司马懿听了大笑。他命令部队停下，自己策马向前，从远处观望城中情况。事情果然如侦察兵报告的，但见孔明面带微笑，从容不迫地端坐在城楼上抚琴，座前香烟缭绕。他左边的小童双手捧着一柄宝剑，右边小童手执拂尘，城门附近有二十几个百姓在默默地打扫街道。司马懿看后，心中顿生疑团。他策马而归，急命后军变前军，掉头向北山方向退去。路上，他的次子司马昭不解地问："诸葛亮肯定手中无一兵一卒，才设下这个圈套，父帅为何命令大军撤退？"

司马懿答道："诸葛亮为人谨慎，凡事都是三思而行。他从未冒过一次风险，今天城池四门大开，其中必有埋伏。一旦我军进了城，就正中了他的计，你还不明白啊！赶快撤退不会错！"

司马懿军队撤走后，孔明抚掌大笑。官员们无不惊讶，他们问道："司马懿是魏国著名将领，今日率十五万大军来犯，见了您就仓促而退，是何道理？"

孔明答道："这个人认为我思维周密，

办事谨慎,不会冒风险。他看到我们城门大开,就以为有埋伏,于是便撤。我原本不愿冒险,今日用此计,实是无奈。"

在场的官员听后都赞叹不已,说道:"丞相真是神机妙算!若是我们遇到此事,恐怕早就弃城而逃了。"

孔明说:"我只有不到二千五百名士兵,若弃城而逃,跑不了多远,司马懿就会将我们全部生擒。"

后人有诗赞说:瑶琴三尺胜雄师,诸葛西城退敌时。十五万人回马处,土人指点到今疑。

误入白登城

汉朝初,韩王姬信勾结匈奴王冒顿,兴兵作乱,盘踞晋阳、代州等地,扰犯边疆。汉高祖刘邦御驾亲征,率精兵三十万,猛将百员,浩浩荡荡地开向前线。

姬信、冒顿却施行一个坚壁清野的战术,把精壮人马以及粮食辎重都藏匿起来,暴露在营外的尽是残兵老卒,瘦羊蹩牛。汉军前哨看到这般情况,不敢轻进,回报大本营。

汉高祖闻报,要挥大军进攻,陈平却说:"冒顿凶悍无比,加上一个诈奸多谋的姬信,恐怕这是一个诱敌之计,须再派一亲信去打听真实,方可进兵。"

那时,汉高祖已被胜利冲昏了头脑,骄傲地说:"冒顿、姬信是什么东西?他们比项羽怎样!"

但经不起陈平苦苦劝谏,汉高祖便派刘敬去探听,刘敬去了几天,回来报告,说:"两国相争,都是想夸张军营,以声势夺人的。现在冒顿故意显示老弱,分明是一个'请君入瓮'计,恳请陛下,不宜轻进。"

"呸!"汉高祖责怪起来,"你懂什么?敢妄言扰乱军心,是不

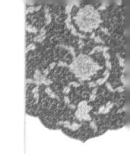

是受了姬信贿赂,替他说话?"立即把刘敬拘禁起来。什么人劝谏也不行了,汉高祖立即下令三军拔寨起程,沿途所遭遇的抵抗,都如摧枯拉朽,不堪一击。

于是挥军进占白登城,正在整顿军马的黄昏时候,忽然城外一声炮响,冒顿的兵漫山遍野而来,密密麻麻地把白登城围得水泄不通,这时汉高祖才后悔当初没有听刘敬的话。

赵云勇设空营计

在诸葛亮收复汉中的战争中,赵云和黄忠得到诸葛亮的将令,去汉水旁的北山脚下烧曹操的粮草。

二将一同上路,赵云试探黄忠说:"曹操有二十万大军屯扎在汉水,我们去夺他的粮草,是虎口拔牙。这可不是件小事,将军有什么妙计?"黄忠说:"我自有劫粮办法,将军只候佳音就是了。"赵云说:"还是我先去为好,老将军年迈,一旦有失,于军不利。"黄忠一听这话怒气冲天,一定要先去,对赵云说:"丞相令你随我来,当然我要先去,这件头功还是由我来做吧。"赵云说:"老将军一定要先去亦可以,我们还是约个时间为好,如果你午时不回来,我去接应你。"黄忠欣然应诺,便率兵去偷袭北山。赵云率军安营扎寨。

黄忠来到北山屯粮之地正要烧粮时,魏将张郃率军马杀到。黄忠只好回头迎敌。这时曹操又派大将徐晃、文聘去应援张郃。三支军马把黄忠围困在核心,情势十分危急。

赵云在寨中见午时已到,仍不见黄忠归来,便令张翼守寨,自己率三千军马去接应黄忠。一路逢敌将就杀,一直杀透重围,救出老将黄忠。所到之处,无敌将敢正面迎战。

曹操正要把黄忠困死在重围之中,忽见赵云率兵救出了黄忠,恼怒不已。便亲自率二十万大军追击赵云、黄忠。

　　黄忠被赵云救出后，率兵在赵云营寨不远处安营扎寨。赵云回寨后，见后面尘土飞扬，知道是曹操率大军追来。部将张翼对赵云说："将军，我们是否关闭寨门，到敌楼上去防守？"赵云说："可大开寨门，把营内旌旗都扯下来，把刀枪都隐匿，人员都埋伏在壕沟里，准备弓弩，不许暴露目标，待我下令后，再射敌。"于是自己单枪匹马站在营外。

　　张郃、徐晃带兵追击在军前，追到赵云营寨前，天色已晚，却见蜀营内偃旗息鼓，只有赵云单枪匹马，像木雕一样静立在营门外，寨门大开。二将见此情形，十分惊疑，便派人报告曹操。曹操亲自赶到军前，见此情形，自恃人多势众，下令众军一齐向前攻寨。众军得令后，大喊一声，杀到营前。这时仍见赵云不动声色。当赵云坐下战马一声长嘶，前面的曹兵吓得返身就往回跑。前军往回一退，后面的军将像得了号令一样，也回头就撤。这时，赵云下令出击，壕沟内弓弩一齐发射，喊声大震，鼓角齐鸣，赵云率蜀军随后向曹兵追杀过去。黄忠也乘势率军追袭。曹操也不知后面有多少蜀兵追杀，拼命溃逃，军兵自相践踏，一直退到汉水旁，落水淹死的就不计其数。经此一败，曹操只好收拾败军逃到南郑城中。

第三十三计 反间计

"反间计",本意是反用敌方派来的间谍。后指用计使敌方不团结。采用反间计的关键是"以假乱真",造假要造得巧妙,造得逼真,才能使敌人上当受骗,信以为真,做出错误的判断,采取错误的行动。

原文

疑中之疑①。比之自内,不自失也。②

【按语】间者,使敌自相疑忌也;反间者,因敌之间而间之也。如燕昭王薨,惠王自为太子时,不快于乐毅。田单乃纵反间曰:"乐毅与燕王有隙,畏诛,欲连兵王齐。齐人未附,故且缓攻即墨,以待其事。齐人唯恐他将来,即墨残矣。"惠王闻之,即使骑劫代将,毅遂奔赵。又如周瑜利用曹操间谍,以间其将,亦疑中之疑之局也。

注释

①疑中之疑:疑,怀疑。全句意为:疑阵中更布置疑阵。

②比之自内,不自失也:语出《易·比·象》:"比之自内,不自失也。"比,亲比,辅助,援助,勾结,利用。此句可以理解为利用敌人派来的间谍为我服务,可以有效地保全自己,攻破敌人。

译文

在敌人怀疑、犹豫的情况下,再给敌布疑阵。勾结、利用敌方派来的间谍为我服务,可以收到保全自己,争取胜利的好效果。

【按语】所谓间谍，就是使敌人内部互相怀疑和猜忌的人；所谓反间，就是利用敌人派来的间谍转而离间敌人的计谋。如战国时燕昭王死后，其子惠王在做太子时就和大将乐毅有私仇。齐国大将田单于是乘机用反间计，故意派人到燕国散布谣言说："乐毅与燕惠王有私仇，怕惠王杀他，所以他想联合齐国军队，称王于齐国。只是由于齐人还没有投降他，所以他才不肯马上攻下即墨，目的是为了等待时机，成就大事。齐人最怕燕国改派别的大将取代乐毅，若那样即墨城早就陷落了！"燕惠王听信了谣言，于是就派骑劫为大将，取代了乐毅，乐毅被迫逃往赵国。又如三国时东吴大将周瑜曾利用曹操派来的间谍进行反间活动，使曹操斩杀了大将蔡瑁、张允，同样也是疑局中再设疑局的谋略。

◆◆ 计名探源 ◆◆

此计出自《孙子兵法》，书中特别强调间谍的作用，认为将帅打仗必须事先了解敌方的情况，而要了解敌方的情况，"必取于人，知敌之情者也"。这里的"人"，指的就是间谍，意思是说将帅要想了解敌方的情况，必须通过间谍。《孙子兵法》中专门有一篇《用间篇》，列举五种间谍，以论述间谍在作战中的重要意义。

品读

此计是说在布下一重重的疑阵之后，能使来自敌内部的间谍归顺于我。《孙子兵法·谋攻篇》说："知彼知己，百战不殆。"知彼的最常用的手段是谍报活动，派遣谍报人员进入敌方内部，刺探敌方情报。于是伴随战争的，每每有谍报战。反间计即利用打入我内部的敌方间谍，或收买敌方间谍，直接为我方服务，或者有意泄漏假情报，让敌方间谍带回去，扰乱敌方视听，使之无法知道我方的真实情况。但也得清楚，收买敌方间谍并不算多么高明，可以被我方重金收买的间谍，一定也可以被他人以更多的金钱收买，弄不好还是自己上当受骗。

【经典案例】

晋国纵囚退楚军

鲁成公十六年（前575年），晋军在鄢陵把楚军逼入险境。楚国大臣叔山冉对养由基说："虽然君王有命令，但为了国家，你一定要射箭。"养由基便向晋军射击，射了两次，被射的人都死了。叔山冉抓住晋兵投向晋军，砸在战车上，将车前横木砸断，晋军才停止了进攻。晋国囚禁了楚国的公子茷。

晋国大夫栾望见楚国令尹子重的旌旗，便请求晋厉公说："楚国的俘虏说，那面旌旗是子重指挥作战用的，那大概就是子重。从前我出使楚国时，子重问我晋国的武勇表现在哪，我对他说：'喜好整齐，有条不紊。'子重又问我：'还有什么？'我回答说：'喜好从容不迫，弛张相宜。'现在两国交兵，不派使者，称不上做事按部就班；临战事而说话不算，称不上从容不迫。请您派人替我向子重敬酒。"

晋厉公同意了。遂派使者携带酒具去向子重献酒，并说："我们国君缺乏使臣，又让栾望持矛在身边侍候，因此不能前来慰劳您的部下，特派我来替他向您献酒。"子重说："栾望在楚国曾和我说过按部就班、从容不迫的话，肯定是这个原因，他的记性还真不错呀！"子重接过酒杯一饮而尽，送走使者又击鼓进攻。从早战到晚也没停止。

楚国司马子反命令军吏察看士兵伤情，补充好步兵和车兵，

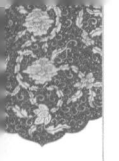

修整铠甲武器，阵列战车马匹，要求鸡叫时吃饭，绝对听从主帅的指挥。晋国士兵忧虑不安。晋国将领苗贲皇通令全军："检查好战车，补充够士卒，喂饱战马，磨快武器，整顿战阵，巩固队列，早晨在寝席上吃饭，再次祈祷求胜，明天再战！"并有意放跑楚国俘虏。楚共王获得情报，忙召子反商量。谷阳竖献酒给子反，子反喝醉了不能见楚共王。楚共王说："上天要使楚国战败呀！我不能坐以待毙。"便连夜逃跑了。

将遇良才，智者胜。楚兵不谓不多，将不谓不勇，然而乏智。晋国的栾望则以斗智为先，使人敬酒，表面上是不食言，而实际上是示以武勇，从心理上威慑对方。楚国修兵列阵，晋国针锋相对下战表，又故意让楚国的战俘逃走，传我信息，自然又是智高一筹。待到晋国买通内间，使楚将不能议事之后，楚王便成了孤家寡人，若不坐以待毙，则只好连夜溃逃了。

陈平设计除范增

在楚汉战争最激烈的时刻，汉王刘邦听从陈平的计策，趁项羽伐齐之机，率领五十万大军攻占了项羽的巢穴彭城。进驻彭城之后，刘邦耽于酒色，一味享乐，又自恃兵多，麻痹轻敌，放松戒备，加上汉军虽号称五十万，却多是临时归顺的诸侯军，联盟不牢，军心不齐。

项羽听了从彭城逃出来的虞氏兄妹哭诉后，立即命大将龙且和钟离昧带二十万人马平定各国，自己带范增、项庄、季布、桓楚、虞子期等大将率三万精兵回师彭城，杀得汉军猝不及防。联盟解体，刘邦带着少数残兵落荒逃到荥阳城，结果又被乘胜追击的楚军团团地围在城内达一年之久。刘邦请求割荥阳以西以求和，项羽又不允，面对这危机的形势，刘邦情绪低落，沮丧地对陈平说:"天下纷纷扰扰,何时可得安宁?"

陈平胸有成竹地说:"主公不必忧虑,眼下情势正在发生变化。只要主公扬长避短,天下顷刻可定。"刘邦欲问其详,陈平道:"项王主要依靠范增、钟离眛、龙且和周殷几个人。主公如能舍得几万斤黄金,可施反间计,使他们君臣相互猜疑。项羽本来就好猜忌信谗,必然引起内讧而互相残杀。到那时,我军趁机反攻,势必破楚。"刘邦欣慰地给陈平四万斤黄金,任其支配。

陈平于是就开始用这笔钱积极地在楚军中施行他的反间计。他一面派使者入楚,致书项羽,一面又用重金收买了一些楚军将士,让他们四处散布流言蜚语,说范增、钟离眛等大将为项王带兵打仗,功劳很多,却始终得不到项王的分封,也得不到侯王的爵号,他们心里有怨气,打算同汉军联合起来,去消灭项氏,瓜分项氏的土地而自立为王。项羽见过汉王的求和书信,自然不肯答应。但对那些流言,却疑心顿生,于是便派使者进城探听虚实。

楚王使者进入荥阳城,陈平带人列队迎客,摆下酒席。陈平假意作陪,殷勤问道:"范亚父派贵使前来有何见教?范老先生和钟离将军一切都好吧?他们有书信吗?"楚使者被问得莫名其妙,不知如何回答,只好说:"我乃霸王亲遣的使者,如何有范老先生和钟离将军的信札?"陈平听罢,故意皱起眉头说:"噢!原来你

三十六计 解析 第六套 败战计

不是范老先生和钟离将军派来的。"陈平说罢，白了楚使一眼，立即放下手中的酒杯，站起身大步走了出去。楚使者看着这一切，心里十分纳闷，正在发愣，进来一些侍从，七手八脚就把满案饭菜撤掉了。一会儿，进来一个侍女给他换上粗陋的吃食。楚使者一见，十分恼火，心想：他们把范增、钟离昧看得如此尊贵，而把项王视同草芥，这其中必有奥秘，说不定范增、钟离昧早就和他们串通一起了！

楚使者受到羞辱，不胜其忿，一返回楚营，便把详情一五一十地向项王禀报了。项羽听罢顿时大怒，自语道："怪不得近日营中议论纷纷，说亚父和钟离将军私通汉王，心存异志，看来是无风不起浪呀……"项羽起了疑心，对钟离昧渐不信任，对范增也日益疏远。范增是不主张与汉军谈判的，希望楚军能一鼓作气，攻下荥阳，捉住刘邦。他越劝项羽进攻荥阳，项羽就越是怀疑他在与刘邦耍什么花招。范增非常气愤，请求退隐山林。项羽也不阻拦，竟然准其所请。范增解甲归田，在回老家居巢（今安徽桐城南）的路上，又气又恼，背生痈疽，一病而死。

巧用曹军间谍

东汉献帝建安十三年（208年），赤壁大战前夕，既是曹吴的军事较量准备阶段，又是双方政治间谍大战的序幕。蜀军的军师诸葛亮借来东风，东吴大将周瑜见出兵击曹的好时机到了，于是连忙调兵遣将。

在双方政治间谍战中，蔡中、蔡和是曹操派到吴军中来的两个间谍，他们时时都在刺探军情，不断暗中往曹营送情报。这时，见周瑜部署军马，估计要出兵打仗了。但为了将情报核实准确，他们便试探着向周瑜打听："周都督，东吴兵强马壮，粮草也很充足，人们都急着打仗立功呢。我们兄弟俩也恨不能马上杀进曹营。"周瑜对这两个家伙的身份早已知晓。听了此话，便故意不动声色地对他们说："立功的时机到了，我正想要重用你们俩。"周瑜见左右闲杂来往人员太多太乱，便向他俩使了个眼色说："咱们出去一下吧，我有事要与你们商量。"于是，他们一起走出军帐，进入树林，又沿小路登上山顶。蔡中、蔡和见此处僻静无人，断定要谈军机大事，暗自高兴。但见周瑜突然拔出剑来，他俩心里一惊，以为身份暴露，周瑜要杀他们。周瑜将此一切都看在眼里，然后不慌不忙地对着一块山石磨起宝剑来，一边磨一边说："养兵千日，用兵一时，今天晚上就要大破曹兵，我要重用你们二人。"

此二人才将上提的心放了下来，又进一步套周瑜的话说："我俩熟悉曹营的情况，都督想知道那里的什么情况，我们都能够说个清清楚楚、明明白白，不知道你是不是用得着我们？"周瑜没有回答，只顾埋头磨剑，直磨得宝剑雪亮闪光，才住了手。周瑜这时才问他们："听说曹营的战船都连了起来，是吗？"他俩也不隐瞒，便说："是的，简直成了水上营寨，实在难攻得很呢。"周瑜一听，禁不住哈哈大笑起来说："我要放一把火呢？好大的东南风呀！这是天助我也。"蔡中、蔡和一听几乎吓得叫出声来，同时又急欲将此情报送回曹营。于是，便假惺惺地说："火攻必胜，我们二人愿做先锋。"说完正要告辞退走，周瑜却仰天大笑说："慢着！还有更重要的事情要重用你们。"此二人立即跪拜，说："谢都督抬举，不知有何差遣？"周瑜走近二人身旁说："我要借二位的头，试我的剑！借二位的血，祭我的旗！"迅即将二人斩杀，这两个政治间谍在最后核实了重要情报后，也终于人头落地。接着，赤壁大战便紧张地开始了。

周瑜对曹操派来的蔡中、蔡和这两个政治间谍，在发现其身份后，既未秘密审讯，也未捕获，而是暗中监控其行迹。在大战前夕，他为了进一步核实情报及用计的可行性，于是便施逼吓之计，将此敌间用完之后逼杀，以化害为利。其施计的步骤是：第一步，诱间出帐，周瑜借二蔡试探军情之机，骗以重用之事，诱以出帐上山；第二步，试其心计，周瑜借当晚要大破曹兵之举，试出二人对曹营情况的熟悉之事；第三步，核其敌军情报，周瑜乘势问及曹军战船连寨情况，二蔡只得吐露实情，且自得地认为难攻难破，周瑜终于最后核实了情报；第四步，测其计之可行度，周瑜借二间谍的反应，直接透露欲乘风用火攻曹军战船，二蔡立即反应既惊且忧，又急欲逃走送报。这一切终于使周瑜从反面证实了此计的确出乎曹军所料，大为可行。于是便按计行事。随即将两个政治间谍斩杀，以防情报的泄露。二蔡虽是害，但最终却在最关键时刻，被周瑜巧施逼吓之策，化害为利了。

第三十四计　苦肉计

"苦肉计",就是自己伤害自己,以蒙骗他人,从而达到预先设计好的目标。此计的特点是为了取信于敌人,进行自我伤害,以假乱真,从而麻痹敌人,实现自己的企图。人都不愿伤害自己,也不愿被别人伤害,苦肉计正是建立在这一"人之常性"之上。

原　文

人不自害,受害必真。①假真真假,间以得行。②童蒙之吉,顺以巽也。③
【按语】间者,使敌人相疑也;反间者,因敌人之疑,而实其疑也。苦肉计者,盖假作自间以间人也。凡遣与已有隙者以诱敌人,约为响应,或约为共力者,皆苦肉计之类也。如郑武公伐胡而先以女妻胡君,并戮关其思(《韩非子·说难》);韩信下齐而郦生遭烹。

注　释

①人不自害,受害必真:正常情况下,人不会伤害自己,一旦自我伤害,别人就会毫不怀疑地相信。

②假真真假,间以得行:(利用这种人之常情)以假作真,以真作假,那么反间计就可以顺利实施。

③童蒙之吉,顺以巽也:出自《易·蒙·象》:"童蒙之吉,顺以巽也。"意思是说:不懂事的孩子单纯幼稚,顺着他的特点逗着他玩耍,就会把他骗得乖乖的。

译 文

人一般都不会自我伤害,自我伤害必定会被认为是真实的;但如能以假作真,并使敌人深信不疑,就能施行离间计了。抓住敌人"幼稚朴素"的心理进行欺弄,就能顺着他的弱点达到自己的目的。

【按语】间谍所从事的活动是唆使敌人相互猜疑;反间,就是要利用敌人原有的疑惑,使他原来所怀疑的东西成为现实。用苦肉计,就是假装自己去做敌人的间谍,而实际上则是借此打入敌人内部去从事间谍活动。凡是派遣同自己有怨恨的人去诱惑敌人,或相约作为内应,或相约共同起事的,都属于苦肉计一类的计谋。如郑武公想攻伐胡国,便先把自己的女儿嫁给胡国的国君,接着又杀掉了主张讨伐胡国的关其思,胡国因此放松了戒备,郑国突然出兵,一举灭了胡国。又如刘邦派郦食其劝齐王降汉,使齐王不做防御汉军进攻的准备,韩信乘机加兵于齐,齐王因此烹杀了郦食其。

◆◆ 计名探源 ◆◆

此计见于元朝关汉卿《单刀会》第一折:"亏杀那苦肉计黄盖添粮草。"但其知名程度远不及《三国演义》第四十六回周瑜打黄盖的故事。主要情节为:三国时期,曹操率大军攻吴,周瑜见曹操战船都连在一起,便想用火攻。为了让曹操毫无防备,便和黄盖演了一出苦肉计。黄盖扬言要投降,被周瑜痛打五十军棍。曹操派人前去探查,果见黄盖皮开肉绽。曹操不再疑惑,接受了黄盖的降书。后来黄盖准备好二十只大船,装上易燃物开向曹营,一路畅通无阻。周瑜的火攻之计遂成。

品 读

从一般的情理来看,人是不会自己伤害自己的,一旦受伤,说是

被别人伤害的,多数人都会相信。那么我们就利用人心理上的这一特点,制造假象蒙骗敌人,敌人肯定不会怀疑,这样苦肉计就算是成功了。其实,从根本上说,苦肉计也是一种离间计,实施的人心甘情愿地接受主将的责罚,在外人看来就是我方内部矛盾激化,这时受到责罚的人再前去投奔敌人,敌人定然不会怀疑,受罚的人趁这个机会打入敌营,刺探敌人的军情,这便是苦肉计的目的。

【经典案例】

要离刺庆忌

春秋时期,姬光杀君夺位,利用专诸刺杀了吴王僚,自立为王,即吴王阖闾。吴王僚的儿子庆忌逃奔在外,招纳死士,联合邻国,欲待时乘隙伐吴报仇。

阖闾素知庆忌健步如飞,快马莫及,勇猛非常,万人莫敌,今闻有此企图,深以为忧,想派人去行刺,又一时找不到适当的人。

伍员给他聘来了一位勇士,名叫要离。阖闾一见要离不满五尺,腰大貌丑,大失所望,很不高兴地问:"你是伍大夫介绍的勇士要离吗?"

要离答:"臣细小无力,当风则伏,背风则倒,何勇之有?但如果大王有所差遣的话,必定尽我所能!"阖闾听了,更不高兴。伍员已知其意,便说:"好马不在高大,只要能负重跑得远就是良马。要离形貌虽丑,却非常机警能干,一定会顺利完成王命!"

阖闾见伍员力荐,便邀要离到后宫去密谈,要离便问:"大王心中所患,要差遣小人的,是不是庆忌的事呢?我能够刺杀他!"

阖闾笑着说:"庆忌是个了不起的人,他骨腾肉飞,走逾奔马,矫健如神，万夫莫当，恐怕你制伏不了他。"

要离说："善杀人者，在智不在力，臣只要能接近庆忌，就可以把他杀了！"

阖闾说："庆忌是聪明人，怎肯轻易接近人呢？"

"我有办法要他接近我，非相信我不可。"要离充满信心地说："他现在正要招收亡命之徒，图谋不轨，我正可诈是罪臣，投奔于他，大王请斩我的左手，杀我的家人，这样，庆忌岂有不相信我之理？"

"你无罪，怎可下此毒手？"阖闾皱眉说。

要离慷慨激昂地说："臣听说，安于妻子之乐，不尽事君之义的，不能说是忠；贪恋家室，忘君之忧者，不是义士所为。我如果能全忠全义，就是毁了全家，亦是甘心的！"

伍员从旁怂恿，说："要离为国忘家，真是忠烈之士，若在成功之日，追封他的功业，旌表他的妻子，使其扬名后代，这是一举两得的义举呢！"阖闾想了好一会儿才答应这样做。

翌日，伍员偕要离入朝，保荐要离为将军，率兵进攻楚国。阖闾闻奏，怒斥伍员："看要离身矮力微，杀鸡无胆，骑马无威，怎能做官带兵？真是胡说八道，岂有此理！"

要离跟着启奏："大王可谓忘恩至极了，伍员为王安定了江山，王却不替伍员报楚王之仇……"阖闾拍案大怒，说："这是国家大事，非你所知的，居然还当面责辱寡人？"立即下令把要离的左臂砍了，押他入狱，并拘留他的妻子。伍员叹息而出。

过了几天，伍员暗叫狱官放松对要离的监视，要离趁机越狱跑了，阖闾下令把要离的妻子斩首，弃市示众。

要离跑出吴境，一路上逢人诉冤，访得庆忌在卫国，便跑到卫国去求见。庆忌疑他诡诈，不肯收容，要离便把衣服脱下来，庆忌见他已被斩了左臂，方才相信，便问他："阖闾既然砍了你的手，

把你变成残废,究竟来见我有什么意图?"

要离说:"臣闻阖闾杀了公子父亲,夺了王位,现在公子勾结诸侯,想复仇雪恨,所以特跑来投靠,虽然不能冲锋陷阵,但做向导还可以,我对吴国的山川形势是相当熟悉的,只要公子报了仇,我亦雪了杀妻之恨,就心满意足了。"

庆忌犹未深信,刚巧有心腹人来报告,说要离的妻子已被阖闾斩首示众了。要离一听,大哭起来,咬牙切齿地遥指阖闾大骂,这样,庆忌方才深信不疑。

"阖闾目前用伍员和伯嚭为谋士,练兵选将,国内大治,我兵微力寡,又怎可以和他抗衡,泄胸中怨气?"庆忌问。

要离说:"伯嚭乃无谋之辈,没有脑袋的饭桶,不足为虑;只有一个伍员还算个人才,智勇备足,但今亦与阖闾貌合神离了。"

"怎解?"

要离说:"伍员之所以尽力帮助阖闾,目的在借兵伐楚,报其父兄之仇,但现在楚平王已死,仇家费无极亦亡,阖闾安于王位,

三十六计 解析 ◎ 第六套 败战计

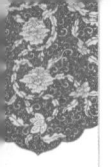

天天只顾酒色，不想替伍员复仇了。就以目前的事来说，伍员保荐我率兵伐楚，阖闾便当面指斥他，还杀鸡儆猴地加罪于我，故伍员怨恨阖闾已为势所促成了。老实说，我这次能越狱逃跑，亦是伍员买通狱官的。他曾嘱咐过我：'你此去先见公子，察看如何动静，若肯为我伍员报仇，愿为内应，以赎过去杀君之罪。'公子不乘此时发兵入吴，更待何时？怕再无报仇的日子了。"说完大哭，猛在地上撞自己的头。

"好，好！"庆忌把他劝止，"我听你的话，一定会在最短期内起义！"

庆忌把要离带回根据地艾城，作为心腹，委他负责去训练军士，修治兵船。

三个月过去了，庆忌在要离的怂恿之下，大举义旗，出兵两路，水陆并进，浩浩荡荡地杀往吴国去。

庆忌和要离同坐一艘兵船，驶到中流，后船忽然跟不上，要离对庆忌说："公子可在船头坐镇，船工看见就不敢不卖力了。"

庆忌坐在船头上，要离只手持戟侍立。忽然山上起了一阵怪风，要离转过身去，忽然一戟插在庆忌的心窝上，直穿出后背，庆忌身体魁梧，两手倒提起要离在水中溺三次，再抱他放在膝上，苦笑着说："你可算是勇士，连我都敢行刺！"左右就想把要离刺死，庆忌说："此乃勇士，放他走好了。"言罢，因流血过多，庆忌倒地而死。

要离见任务已经完成，便也夺剑自杀了。

周瑜打黄盖

赤壁大战前夕，东吴兵马总督周瑜召集众将说："曹操率百万之众，连营三百余里，与我们隔江对峙已近月余，看来这不是一时

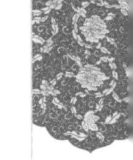

可以决胜的战役。诸将可领三个月的粮草，做长期御敌的准备。"老将黄盖说："别说三个月，就是三十个月的粮草，东吴也支付得起。不过，当初都督在我主面前夸下海口说，不日即可破曹。如今却要迁延三个月之久。我看一个月内能破便破，不能破敌，不如依张昭之言，弃甲倒戈，北面降曹算了。我跟随吴主三世，纵横南北，还从未打过这样的窝囊仗呢！"

周瑜见黄盖在众将面前如此放肆，怒发冲冠，厉声说："我奉主公之命，督军破曹，主公有言在先，军中敢有人言降者必斩，你今天在两军交战之际，动摇军心，不杀你难以服众。"当即喝令左右将黄盖推出帐外斩首。黄盖见周瑜要杀他，便大声怒斥说："黄口孺子，我打江东祖业之时，你还是个无名之辈！今天却在我面前逞威，主公在我面前还要让三分。"

大将甘宁劝周瑜说："黄将军是东吴老将，请都督宽恕他吧。"周瑜转而斥责甘宁说："你怎么敢在军政大事上多言多语，乱我军法度？"说着下令让军士把甘宁打出帐外。

此刻在座所有众将都跪地求周瑜说："黄盖违令乱法固然该杀，但大敌当前，先杀大将恐于军不利，请都督先记下这桩罪过，待破了曹操之后，再杀他也不晚。"周瑜转而指着黄盖说："如果不是众官求情，今天就斩了你，待破了曹操，定斩无疑。"说罢，命左右军士先打黄盖一百杀威棒。打了五十之后，众官又求情，周瑜对黄盖说："你还敢小看我吗？暂且先寄下五十军棍，如有怠慢，二罪并罚。"说罢，带着怒气进了寝帐。

众将扶起黄盖，见他被打得皮开肉绽，心中无不惨然。在扶其回寨的途中，竟昏厥了几次。黄盖醒来时，只是长吁短叹，只字不语。

军机参谋阚泽来看黄盖时，黄盖令左右侍从统统退出，阚泽问黄盖说："你过去与都督有仇吗？"黄盖说："没有。"接着又恳切

地对阚泽说:"你我二人情同手足,别人不是我的心腹,我这有降书,求你替我转送给曹操。"阚泽说:"我愿为你效力。"黄盖一听他答应得如此痛快,激动得从榻上滚下来,向阚泽拜谢。

黄盖被打的消息,早已被在周瑜营中做内奸的曹将蔡中、蔡和用密书报告了曹操。阚泽向曹操献书,也得到了曹操纳降的应允,并遣阚泽回江东,为黄盖归降传递信息。

阚泽回来后,与黄盖商议一番,马上写密书告诉曹操说:"黄将军欲来,只因难得方便,寻到机会后,再告知丞相。"

几日之后,黄盖又遣人给曹操捎信说:"周瑜这几天守关严谨,因此一直不能脱身,今有鄱阳湖运粮军到,周瑜差遣我巡哨,我因此得便,今夜三更左右,我趁机杀掉运粮吴将,劫粮去降丞相,船上插青龙牙旗的便是所劫的粮船。"曹操接到信息后十分高兴,于是专候黄盖船到。

当晚,东南风初起,有人报告曹操说:"江南有一族帆幔,顺风而来,船上插的都是青龙牙旗,其中一面大旗上写着先锋黄盖的名字。"曹操笑着说:"黄盖投降,真是天助我也!"

这时,在一旁观望良久的谋士程昱对曹操说:"丞相,来船必有诈,不能让他靠近我寨。"曹操问:"你怎么知道?"程昱说:"粮在船中,必定是稳而重,我看这船却是轻而浮,再加上今夜是东南

风，如果敌人用火来攻，怎么抵挡？"曹操说："粮船是稳而重，草船也是浮而轻的，黄盖所劫之船粮草皆有，草船快，必然行在前，这有何可疑？"程昱说："周瑜既然痛打了黄盖，怎么又能用其为先锋呢？他打先锋旗号而来，必定是率军来火烧我水寨的！"曹操听罢，方有所悟，于是派大将文聘率水军去阻击。

文聘刚出水寨阻击，就被来船射倒在船中，船上一阵大乱。这时只见来船直冲入曹营水寨，各船一齐发火，船上军兵都纷纷跃入水中。顿时曹军水寨燃起了大火。

此时此刻，曹操才知道自己中了黄盖的苦肉计。

原来，周瑜本欲往曹营派内奸，以控制和把握曹操发起总攻的时机。但用谁为奸，一直想不出办法。这时，黄盖来营中议事，周瑜便把自己的苦衷说了出来。黄盖慷慨地说："我愿为都督行此计。"周瑜说："你是东吴旧将，无故降曹，他怎肯信呢？"黄盖说："依都督的意思应当怎么办？"周瑜说："看来只有用苦肉计了。"黄盖说："我受孙氏恩赐多年，今天即使是肝脑涂地我也无悔。"周瑜激动地说："将军肯行苦肉计，是我江东的造化，也是孙氏的大德啊。"黄盖说："都督不必多言，只管吩咐如何行计就行了。"周瑜说："我江东也少不了有曹操的奸细在此，你在这里受苦，曹操也一定会知道，你自己设法用计就行了。"二人如此商议好后，才有了上面的那段精彩表演。

王佐断臂

南宋时，金兵南侵，金兀术与岳飞在朱仙镇摆开决战的战场。金兀术有一义子，名叫陆文龙，这年十六岁，英勇过人，是岳家军的劲敌。陆文龙本是宋朝潞安州节度使陆登的儿子，金兀术攻陷潞安州，陆登夫妻双双殉国。金兀术将还是婴儿的陆文龙和奶娘

掳至金营，收为义子。陆文龙对自己的家世完全不知。一日，岳飞正在思考破敌之策，忽见部将王佐进帐。岳飞看见王佐脸色蜡黄，右臂已被斩断，大为惊奇，忙问发生了什么事。原来王佐打算只身到金营，策动陆文龙反金。为了让金兀术不猜疑，才采取断臂之计。岳飞十分感激，泪如泉涌。

王佐连夜到金营，对金兀术说道："小臣王佐，本是杨么的部下，官封车胜侯。杨么失败我只得归顺岳飞。昨夜帐中议事，小臣进言，金兵二百万，实难抵挡，不如议和。岳飞听了大怒，命人斩断我的右臂，并命我到金营通报，说岳家军即日要来生擒狼主，踏平金营。臣要是不来，他要斩断我的另一只臂。因此，我只得哀求狼主。"

金兀术同情他，叫他"苦人儿"，把他留在营中。王佐利用能在金营自由行动的机会，接近陆文龙的奶娘，说服奶娘，一同向陆文龙讲述了他的身世。陆文龙知道了自己的身世后，决心为父母报仇，诛杀金贼。王佐指点他不可造次，要伺机行动。

金兵此时运来一批轰天大炮，准备深夜轰炸岳家军军营，幸亏陆文龙用箭书报了信，使岳家军免受损失。当晚，陆文龙、王佐、奶娘投奔宋营。王佐断臂，终于使猛将陆文龙回到宋朝，立下了不少战功。

第三十五计　连环计

"连环计",就是一计又一计,一环套一环,环环相扣最终击败敌人。连环计的运用,最重要的就是布局。只有布局周密毫无漏洞,才能完美施展连环计。如果其中一环出现问题,就有可能破坏全局,前功尽弃。

原 文

将多兵众,不可以敌,使其自累①,以杀其势②。在师中吉,承天宠也。③

【按语】庞统使曹操战舰勾连,而后纵火焚之,使不得脱。则连环计者,其结在使敌自累,而后图之。盖一计累敌,一计攻敌,两计扣用,以摧强势也。如宋毕再遇尝引敌与战,且前且却,至于数四。视日已晚,乃以香料煮黑豆,布地上。复前搏战,佯败走。敌乘胜追逐。其马已饥,闻豆香,乃就食,鞭之不前。遇率师反攻,遂大胜。皆连环之计也。(《历代名将用兵方略·宋》)

注 释

①自累:指自相拖累,自相钳制。

②以杀其势:杀,减弱,削弱、刹住。势,势力、势头。杀其势,这里是指减弱、刹住敌军来势汹汹的势头。

③在师中吉,承天宠也:语见《易·师·象》:"在师中吉,承天宠也。"《师卦》九二以一阳而统群阴,处于险中,然而刚而得中,得制胜之道,所以吉利,无咎,犹如秉承上天保佑一样得宠。

译 文

敌军兵强势大,不能与他硬拼;应当设法使他们自相钳制,以削弱它的势头。正如《易经·师卦》所说:将帅处于险象时,刚而得中,指挥巧妙得当,就能如同天神相助一样吉利。

【按语】庞统让曹操把战船勾连在一起,然后纵火焚烧,这时想把它们分开都不行了。所以连环计的关键在于让敌人自己给自己找麻烦,然后想办法对付他。先用一计让敌人自我拖累,之后再用一计攻击他,两计环环相扣,能增强彼此的效用。比如宋代的毕再遇和敌人交战,时进时退好几次,等到天色已晚就用香料煮黑豆,把豆撒在地上,之后再和敌人交战假装败走。敌人追上来,但是他们的马匹闻到豆香都停下来吃豆子,怎么鞭打也不动。毕再遇再引兵反击,于是大胜。这些都是运用连环计的例子。

◆◆ 计名探源 ◆◆

"连环计"一词见于元杂剧《锦云堂暗定连环计》,剧中写的是王允设连环计除掉董卓的事。现在多以《三国演义》里王允"巧使连环计"和庞统"巧授连环计"为代表事件。王允"巧使连环计"指的是王允用貂蝉离间董卓和吕布,进而借吕布之手除掉董卓的故事。庞统"巧授连环计"是指庞统怂恿曹操把战船都用铁链勾连起来,以方便纵火焚烧而无法逃脱的故事。

品 读

事物都是相互联系的,只要抓住了要害的一点就会引起连锁反应。连环计,即一计用来累敌,另一计用来攻敌,两计如同连环一样紧扣起来,结合运用。任何强敌,攻无不克。连环计作为一种权术,主要是让敌方互相拖累，互相牵制，或者通过巧妙的方法使敌人不战自乱，减弱敌人的力量，或趁机进攻，或趁机撤退。

【经典案例】

救鲁国子贡巧施连环计

公元前484年，齐国的右相陈恒企图操纵国政，但又害怕朝中大臣国书、高无平从中作梗，便向齐简公建议，派国书等几位大臣领兵攻打鲁国，说是鲁国曾与吴国一道攻打过齐国，应该报仇雪恨。齐简公采取了陈恒的建议，派国书为大将，带着高无平等大臣率领兵车千乘来到汶水之滨扎营。

孔子听到这个消息，大吃一惊，与他的几个学生商量说："鲁国是我们的父母之邦，现在有难，不可以坐视不救，有谁能制止齐军攻打鲁国呢？"听了孔子的话，子贡自告奋勇地说他有办法解救鲁国面临的危难。

子贡先到齐国见到右相陈恒，他对陈恒说道：鲁国的城墙低而薄，护城河狭而浅，国君懦弱，大臣无能，军队不善于打仗，是个难于征伐的国家，而吴国城墙高而厚，护城河宽而深，兵多将广，是个比较容易征伐的国家啊！陈恒听了这话，很生气，认为子贡在戏弄他。子贡便让陈恒屏退左右，悄悄地对陈恒说："据我观察，相国与大臣国书、高无平有些不和。国书与高无平率军进攻衰弱的鲁国，一定能取胜；取胜的功劳自然属于国书与高无平，这些人的权势会不断增加，而相国您便将因此面临困境了。因此，假如您能设法使国书、高无平率兵攻打吴国，势必遭到失败，国书与高无平将面临困境，这对于相国您掌大权是很有利的啊！"

陈恒听了子贡的话，很是高兴，但考虑到齐军已开到汶水，忽然又叫他去打吴国，别人会怀疑他的动机，因而有些犹豫不决。

子贡了解到陈恒的思想顾虑，便又对陈恒说："只要您能叫他们按兵不动，我便立即到吴国去说服吴王来救鲁伐齐，这样，齐国就有理由攻打吴国了。"陈恒同意子贡的主意，竟以听说吴国将出兵攻齐为理由，叫国书暂不攻鲁。

子贡日夜兼程赶到吴国，对吴王夫差说："上次吴国和鲁国联合攻齐，现在齐国人为了报仇，已屯兵汶水之上，准备先攻打鲁国，再攻打吴国。大王您何不先发制人，兴兵伐齐救鲁？以吴国的强大，定能打败齐国，这样也可使鲁国听命于吴国了。"夫差说："上次打败齐军后，齐国表示服侍吴国，一直不来朝贡，我正要向他问罪呢。只是听说越国有侵犯吴国的野心，我准备先打越国，再进兵齐国。"

听了夫差的话，子贡表示自己愿意去说服越王，让越王亲自率军跟随夫差攻齐。夫差高兴地答应了。

子贡来到越国，告诉勾践：夫差怀疑越国将攻打吴国，吴国就要兴兵伐越了。勾践听了很着急。子贡便教给他一个办法：亲自率领一支军队，跟随吴王攻打齐国，这样可以消除吴国对越国的怀疑，将来如果吴国战败，力量就会削弱，吴军战胜，一定会与强大的晋国争霸，这样，后方必然空虚，越国便可以乘虚而入。勾践十分赞成子贡的主意。过了几天，越王便派文种向吴王献宝剑、精甲等礼物，并表示越王将亲率3000军士随吴伐齐。吴王很高兴。子贡又说服吴王，只要让越军参战就行，而越王勾践则不必亲自出征了。

接着，子贡辞别了吴王，又赶往晋国，对晋王说：人无远虑，必有近忧。吴军正要攻打齐国，如果吴军取胜，吴王一定会要和晋国争霸，晋国应有所准备。

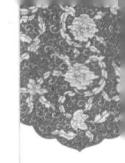

等子贡回到鲁国，吴军已打败齐国。不久，吴王又率大军北上伐晋。这时，越王勾践便趁机攻占了吴国都城。

子贡一番攻心游说，布置了一个使齐、吴、越、晋等国互相牵制的连环巧计，使鲁国免遭齐军的攻伐，又免受吴国的挟制，从而挽救了鲁国。

游击术扑朔迷离

宋代将领毕再遇就曾经运用连环计，打过漂亮的仗。他认为金人强悍，骑兵尤其勇猛，如果对面交战往往造成重大伤亡。所以他用兵主张抓住敌人的重大弱点，设法牵制敌人，寻找良好的战机。

一次又与金兵相遇，他命令部队不得与敌正面交锋，可采取游击游动战术。敌人前进，他就令队伍后撤，等敌人刚刚安顿下来，他又下令出击，等金兵全力反击时，他又令队伍跑得无影无踪。就这样，退退进进，打打停停，把金兵搞得疲惫不堪。金兵想打又打不着，想摆又摆不脱。

到夜晚，金军人困马乏，正准备回营休息。毕再遇准备了许多用香料煮好的黑豆，偷偷地撒在阵地上。然后又突然袭击金军。金军无奈，只得尽力反击。毕再遇的部队与金军战不几时，又全部败退。金军气愤至极，乘胜追赶。谁知，金军战马一来，东跑西追，又饿又渴，闻到地上有香喷喷味道，用嘴一探，知道是可以填饱肚子的粮食。战马只顾抢着吃豆子，任你用鞭子抽打，也不肯前进一步。金军调不动战马，在黑夜中，一时没了主意，显得十分混乱。

毕再遇这时调集全部队伍，从四面包围过来，杀得金军人仰马翻，横尸遍野。

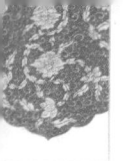

戚继光大败倭寇保家园

明中叶，戚家军在福建取得横屿战斗的胜利之后，便进军倭患严重的福清县，待机消灭敌人。戚继光将这次进剿的主要目标定为牛田。牛田距福清县城东南30里，离海很近，是倭寇在福建的最大巢穴。平时，倭寇经常四处掠扰，杀人放火，奸淫妇女，无恶不作，福清人民深受其害，心里盼着有一天官军能把倭寇肃清。

通过对敌我双方力量的分析，戚继光知道，只有将士们齐心合力，才能打胜这一仗。因此在出师前，他把驻守福清地区的各支部队的主要将领请到一起，歃血盟誓，誓词说："凡不同心勠力，恃势取财，与观望、妒忌者，有如此血。"为了有效地使用军队，戚继光把部队分为两路：戚继光亲自带领其中的一路；另一路的一部分设伏于大部队进击后的要道上，以防敌人抄袭，一部分扼断倭寇归路。两路从不同方向进入敌巢。戚继光积极进行作战准备的同时，却四处扬言："我兵远道而来，需要养精蓄锐，待时而动，非朝暮可计也。"倭寇侦知这个消息后，遂放松了警惕。

就在第二天夜里二更时分，戚家军借着夜幕的掩护，轻装衔枚，疾驰至牛田外围的杞店，神不知、鬼不觉地击杀敌人哨兵十余人，并将倭巢团团围住。倭寇以为戚家军不会短期内来进攻，因此一点防备也没有，戚家军从围墙爬入里面将寨门打开，兵士们一齐冲入，喊杀声震天。倭寇从睡梦中惊醒，慌得连衣服也顾不上穿就四下逃窜。戚家军又在四面放起火来，倭寇于慌乱中，不是被烧死，便是被戚家军擒杀。杞店的倭寇全部被消灭了。

战斗暂告一段落后，戚继光率领队伍开到离福清县城十里的锦屏山，安顿休息。正在这时，接到一个报告，说倭寇有偷袭锦屏山的企图。于是戚继光命部将赵记、孙廷贤等带数百名弓箭手、火器手，在山前设伏以待。五更时分，倭寇步、骑兵700多人果然前来偷袭戚家军的营地。当他们走进埋伏圈后,伏兵突起,箭、铳齐发。倭寇被打了个措手不及,偷袭不成,反被戚家军团团包围,消灭殆尽。

接着,戚家军乘胜直捣牛田倭巢,取得了巨大胜利。从此,福建境内暂告安宁。

"兵不厌诈"是兵家常用的计谋。戚继光在与倭寇作战中,用此法多次击败敌人。在攻打福建牛田倭寇巢穴的战斗中,他先散布部队远道而来,需要休整的舆论,使敌人上当,放松了警惕。然后用夜间突袭的办法,打得倭寇措手不及,从而夺取了战斗的胜利。

三十六计 解析 第六套 败战计

第三十六计 走为上

"走为上",原指事情发展到无可奈何的地步,没有其他办法,只能出走。比喻敌我力量悬殊的不利形势下,有计划地主动撤退,避开强敌,寻找战机,以退为进。"走"和"逃"不同,"走"是敌强我弱的时候,保存实力,主动撤退;"逃"是胆小怯懦,望风而溃。

原 文

全师避敌①。左次无咎,未失常也。②

【按语】敌势全胜,我不能战,则必降、必和、必走。降则全败,和则半败,走则未败。未败者,胜之转机也。如宋毕再遇与金人对垒,度金兵至者日众,难与争锋。一夕拔营去,留旗帜于营,豫缚生羊悬之,置其前二足于鼓上,羊不堪倒悬,则足击鼓有声,金人不觉为空营。相持数日,乃觉,欲追之,则已远矣。(《战略考·南宋》)可谓善走者矣!

注 释

①全师避敌:师,指军队。全,保全。全师,保存军事力量。避敌,避开敌人。

②左次无咎,未失常也:《易·师·象》说:"左次,无咎,未失常也。"这里的师是指军队、用兵。左次,是指军队向后撤退古时兵家尚右,右为前,指前进;左为后,指退却。全句为:部队后撤,以退为进,不失为常道。

译文

为了保全部队的实力,实行撤退也没有什么罪责,(因为)它并没有违背(用兵的)常道。

【按语】敌人的兵力处在绝对优势的情况下,我方不能与之死拼硬打,那就应该采取投降、媾和与撤退三条谋略。如果采取投降的手段就是彻底的失败,采取媾和的手段就是失败了一半,采取撤退的手段就不等于失败。没有失败,就会有转胜的机会。例如,宋代毕再遇和金兵对抗,因为金兵强大,而且每天来的援兵都很多,难以和金兵抗衡。于是他便在一天傍晚把队伍全部撤走了,只留下旗帜飘扬在营房前,并预先把羊捆吊起来,把羊的前腿放在鼓面上。羊受不了被倒悬,两腿乱蹬,就把鼓敲得咚咚作响。金兵根本没有察觉毕再遇把队伍全部撤走了。就这样相持了好几天,金兵才发觉情况异常,想追赶时,宋兵已经远走高飞了。这可称得上是"走为上"的优秀战例。

计名探源

语出《南齐书·王敬则传》,云:"檀公三十六策,走为上计,汝父子唯应走耳。"意思是说,败局已定,无可挽回,唯有暂时退却,方是上策。后人沿用此语。宋代释惠洪著《冷斋夜话》:"三十六计,走为上计。"明末清初,引用此语的人更多。其实这种思想在《孙子兵法》里就有,《孙子·计篇》里说:"强而避之。"就是"走为上"的道理。

品读

在于己不利的形势下,要避开敌人的决战,避免全军覆没,出路只有三条:一是投降;二是讲和;三是退却。三者相比,投降,表明彻底失败;讲和,算是一半失败;退却,则可保存实力,等待转机。

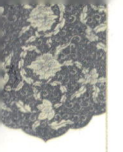

"走为上策"就是从这个比较中得出来的。当然,这个"走",绝不是消极地逃跑,而是为以后创造反攻条件而进行的有计划的主力退却,所以从形式上看它是消极的,但它含着积极的内容。"走为上计"的计谋,也给我们很好的启迪,它是处于劣势时取得胜利的最佳途径。

【经典案例】

曹操果断弃"鸡肋"

公元215年,曹操进攻汉中,在强大的军事压力之下,张鲁被迫投降曹操。曹操便下令张鸽、夏侯渊在汉中镇守。两年后,刘备率军驻汉中,与曹军相持在阳平关。219年正月,黄忠大败曹军,斩夏侯渊于定军山。得到这个消息,曹操十分气愤,亲自统率大军驰救,在阳平受到刘备的阻击。

曹操本打算速战速决,夺回汉中,但没想到刘备死死拖住,粮草供给接济不上,如果再相持下去,曹操肯定占不到一点便宜,如果撤退,把汉中之地让给刘备又实在不甘心,这时,曹操的内心十分焦急。一天,士兵送上一盆鸡汤,曹操夹起汤中的鸡肋,若有所思,并下意识地将"鸡肋"二字作为口令。面对曹操这种矛盾的心情,杨修巧妙地劝谏说:"鸡肋'食之无味,弃之可惜',但是终究啃不下多少肉来,不如趁早撤退为好。"被人猜出心思,曹操一时恼羞成怒,杀了杨修,但最后还是于当年五月知难而退,撤出了汉中。

曹操为了保存自己的实力,避免在自己处于不利的情况下与刘备决战,能够果断地忍痛割爱,及时地知难而退,尽管没有夺回汉中,但没有使自己的军队受到损失,这是非常明智的,尤其是能"杂于利割",不为口中"鸡肋"所贻误,实在难能可贵。

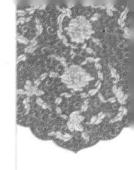

李泌归隐山林

公元755年，安史之乱发生后，唐玄宗逃到四川，太子李亨为了平定叛乱，在甘肃灵武即位当了皇帝，就是唐肃宗。当时，唐肃宗身边的文武官员不满三十人，整个临时朝廷什么都乱糟糟的。一些武将，也不大肯听指挥。唐肃宗坐卧不安。

登基后的八九天，忽然侍者引来一位身着白衣、道士模样的人，风尘仆仆，入门而来。唐肃宗一见，大喜过望，不等来人开口，马上起身惊呼："先生终于来了！"这位白衣道士模样的人，就是李亨当太子时极亲密的师友，一位足智多谋的奇士——李泌。

李泌原是长安人，小时候很聪明，读了不少书。当时的宰相张九龄看到他写的诗文，十分器重他，称赞他是个"神童"。肃宗当太子的时候，李泌向唐玄宗上了一份奏章，对国家大事提了一些意见。唐玄宗看了很欣赏，召见他，想给他一个官职。他推说自己年轻，不愿做官。玄宗就要他和太子交个朋友。以后，他经常到东宫去，太子也特别喜欢接近李泌，把他当作老师看待。后来，李泌看不惯杨国忠掌权，曾经写诗讽刺杨国忠。为此，他被杨国忠排挤出长安。他看到政局混乱，不愿受这个气，索性跑到河南颍阳隐居起来了。当李泌听说安禄山叛乱，唐肃宗在灵武，朝廷正万分困难的情形后，想到肃宗跟自己的交情，加上自己也有济世救民的抱负，就日夜兼程赶来灵武为肃宗出谋划策。唐肃宗看见李泌，喜出望外，大小事情，全都跟他商量。李泌有什么主意，唐肃宗无不听从。唐肃宗想封他当宰相，李泌可不愿意。他说："陛下待我像知心朋友一样，这就比当宰相的地位还尊贵了。"

肃宗见不能勉强他，也就算了。李泌在乡间隐居的时候穿的是布衣，到了灵武，还是那件旧的布褡子。

有一次，李泌陪唐肃宗一起骑着马巡视军队，兵士们在后面，指

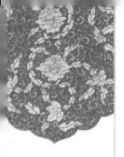

三十六计解析◎ 第六套 败战计

指点点说："那个穿黄袍的是皇上，穿白裌子的是山里来的隐士。"唐肃宗听到兵士们的议论，觉得这样太显眼了，就给李泌一件紫色的官服，硬要他穿上。李泌没办法，只好穿上。肃宗笑着说："你既然穿上了官服，还能没有个官衔？"说着，从袖里拿出一份诏书，任命李泌为元帅府行军长史。李泌还不肯答应，唐肃宗说："现在国家困难，只好暂时委屈你一下，等平定叛乱之后，还是听你自由。"当时，郭子仪也已经到了灵武。四面八方送来的文书，从早到晚没有间歇的时刻。唐肃宗命令把收到的文书，一律先送给李泌拆看，有特别紧要的，才送给肃宗。李泌忙得寝食难安。

唐肃宗一心想回长安，问李泌说："敌人这样强大，我们怎么办？"李泌说："安禄山发动叛乱，真心帮他出力的是少数，其余都是被迫参加的。照我的估计，不出两年，就可以把他们消灭。"接着，他又给肃宗制订了一个军事计划，暂缓收复长安，派郭子仪、李光弼分两路进军河北，攻打叛军老巢范阳，叫叛军进退两难，再发动各路官军围攻，把叛军消灭。

第二年春天，叛军发生内讧，安禄山的儿子安庆绪杀父自己称帝。郭子仪借了回纥（我国古代北方民族之一）的精兵，集中了十五万人马，才把长安攻了下来。安史之乱平定。唐军收复了长安和洛阳，唐肃宗觉得心满意足，用骏马把李泌接到长安。

唐肃宗的宠妃张良娣和宦官李辅国，嫌李泌权大，早就互相勾结，想把李泌除掉。太子李俶发现后，就告诉了李泌。李泌说："不打紧。我和皇上有约在先，等收复京城，我就归山，就没有事了。"这回，李泌见唐军收复两京，算是了却一个心愿，决心离开朝廷。李泌看张良娣受宠，宦官李辅国权力越来越大以及中书令崔圆三人向皇上进谗言，迫害自己，为了明哲保身，他决定退隐山林，在退隐之前，他决定尽最后一次努力，保全自己爱护的皇太子李俶。有一天晚上，唐肃宗请李泌喝酒，并且留他住宿宫中。李泌趁机会就对肃宗说：

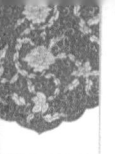

"我已经报答了陛下，请让我回家再做个闲人吧！"

肃宗说："我同先生忧患多年，应与先生同乐，您为何要离去呢？"李泌说："臣有五不可留，愿陛下让我离去，免予一死。"肃宗说："何谓五不可留？"李泌说："我遇陛下太早，陛下任我太重，宠任我太深，我的功劳太高，事迹太奇，有此五虑。"肃宗说："先生为何怀疑我，朕又没有病狂，干吗要杀先生呢？"李泌说："陛下不干杀我的事，我才敢请求归山，否则我怎么敢说？并且我说被杀，不是指陛下，是那五点原因。陛下对臣这么信任，有些话尚且不敢说，等天下安定了，我哪敢再说什么？"肃宗说："我知道了，先生要北伐，我不听从您的建议，你生气了。"李泌说："不是，我说的建宁王一事。"肃宗说："建宁王听小人的话，谋害兄长，想夺储位，我不得不把他赐死，先生还不知道吗？"李泌说："建宁王若有此心，广平王必怨恨他，可广平王每次与我谈话，都说弟弟冤枉，泪如雨下，况且以前，陛下欲用建宁王为天下兵马大元帅，我请改任广平王，建宁王要是想夺太子位，必恨臣，为什么他认为我是忠心，对我更加亲善呢？"肃宗听到此，也忍不住泪，哭着说："先生说得对，我知道错了，但事情已经过去。我不想再听这事了。"

李泌说："我不是追究以前的责任，是为了让陛下警戒将来。当年则天后有四个儿子，错杀太子弘，立次子李贤为太子，次子贤内心忧惧，作《黄台瓜》词，想使则天后感动，但则天后不予理睬，李贤被废后，死在贬所黔中。《黄台瓜》词这样说：'种瓜黄台下，瓜熟子离离。一摘使瓜好，再摘使瓜稀，三摘尤可为，四摘抱蔓归。'陛下已经摘了一个瓜了，千万不要再摘了。"肃宗说："我会把这首诗写在自己的带子上，时时警惕意外的情况出现。"

李泌深沉地说："陛下记在心上就行了，何必形于外呢？"这次谈话后，李泌即入衡山，归隐泉林去了，由于他的话受到肃宗的重视，虽然张良娣、李辅国屡屡意欲伤害太子，太子却屡次受到保护。